JN194068

よくわかる調理学

松本美鈴・平尾和子 編著

朝倉書店

はじめに

　日々の食事は，心身の健康を維持するうえで重要な役割をもつ．誰もがおいしく体に良い食事をとりたいと願っている．調理は，食品を食物にする最終段階の操作である．季節を考慮した食品の組み合わせと調理方法を考えて献立をたてる食事計画，食事計画にそって食品を食物にするために施される調理・調味操作，できあがった食物を器に盛り付け食卓に供するテーブルセッティング，これらはいずれも調理である．調理を適正に行うことにより，食事の安全性は確保され，栄養価は向上し，おいしく嗜好にかなったものとなる．調理過程における食品の微生物学的，化学的，物理的および組織学的変化を明確にし，食物の安全性，栄養性，嗜好性を制御する学問が調理学である．

　「日本人の食事摂取基準（2020年版）」では，2015年版を基にしつつ，生活習慣病の重症化予防に加えて，高齢者の低栄養・フレイル防止を視野に入れて検討がなされた．また，厚生労働省は平成29年及び30年度「管理栄養士専門分野別人材育成事業（教育養成領域での人材育成）」として，管理栄養士・栄養士養成のための栄養学教育モデル・コア・カリキュラムの検討を委託した．そこで作成されたモデル・コア・カリキュラムにおける調理学の分野では，健康を支える食事を実践するために食事の基本を理解すること，食品に含まれるさまざまな成分の性質，所在および機能を理解すること，各食材料の調理性および適切な調理操作方法，食べ物の嗜好性（おいしさ）の評価とその応用，対象者に応じた食事計画と調理・食事提供，日本の食文化を理解することが求められている．

　本書『よくわかる調理学』は，第1章に健康や環境を加えた調理学の概要，第2章に調理文化論，第3章に食事計画論を扱い，第4章では調理と嗜好性として各種評価の記述を充実した．また，第5章は調理操作論，第6章は食品の調理性，そして第7章は調理の設備・器具・エネルギー源とした。なお，本書に記されている食品の成分および食品群の分類は，原則として「日本食品標準成分表」（文部科学省）に準じている．

　栄養士・管理栄養士，家庭科教諭，フードスペシャリスト等を目指す学生，さらに，調理に関する一般的な知識を学ぼうとする方にも興味をもっていただけると考えている．本書をご利用いただいた方からのご意見，ご叱正によりさらなる内容の充実をはかりたいと願っている．

　2024年8月

　　　　　　　　　　　　　　　　　　　　　　松本美鈴・平尾和子

編　者

松本　美鈴（まつもと　みすず）　　元大妻女子大学教授

平尾　和子（ひらお　かずこ）　　愛国学園短期大学学長・同学教授

執 筆 者（執筆順）　　　　　　　　　　　　　　執筆分担

松本　美鈴	前掲	第1, 2章
藤谷　朝実（ふじたに　あさみ）	淑徳大学教授	第3章
谷澤　容子（たにさわ　ようこ）	甲子園大学准教授	第4章 1, 2
吉村　美紀（よしむら　みき）	兵庫県立大学教授	第4章 3, 第6章 3-3
江口　智美（えぐち　さとみ）	静岡県立大学講師	第4章 3, 第6章 3-3
大田原　美保（おおたはら　みほ）	大妻女子大学教授	第5章 1, 第6章 1-2
香西　みどり（かさい　みどり）	お茶の水女子大学名誉教授	第5章 2
長尾　慶子（ながお　けいこ）	元東京家政大学大学院教授	第5章 3
平尾　和子	前掲	第6章 1-1, 3-1
近堂　知子（こんどう　ともこ）	共立女子大学教授	第6章 1-3, 1-4, 1-5
真部　真里子（まなべ　まりこ）	同志社女子大学教授	第6章 1-6, 1-7, 3-2
石井　克枝（いしい　かつえ）	千葉大学名誉教授	第6章 2-1, 2-3
久木野　睦子（くぎの　むつこ）	活水女子大学名誉教授	第6章 2-2, 2-4
若林　素子（わかばやし　もとこ）	日本大学教授	第6章 4, 5
杉山　久仁子（すぎやま　くにこ）	横浜国立大学教授	第7章

目　　次

調理学の概要

1 調理学の意義

　調理は, 狭義では食物を調製する調理操作をさすが, 広義では食事計画, 食卓構成, 供食形式なども含む。人体に必要な栄養成分は何十種類もあり, 各栄養成分を理想的な割合で含んだ食品はなく, 数種類の食品を組み合わせて摂取する必要がある。食品を適切に組み合わせて必要な栄養成分を摂取するための食事計画は, 調理の重要な分野である。

　調理学は, 古くから行われている調理を科学的に解明し, 調理過程において食品に生じる変化を明確にし, その現象の法則性を見出し, 解明された法則を数量化する学問である。調理技術は, かつて長期の訓練や練習によって習得しなければならなかったが, 調理学を理解することで, 調理技術の習得, 新たな素材の効率的な調理方法や新しい調理器具や手法への対応を可能とする。

　自然界から自分で食料を調達していた時代は, 採取したものを安全で衛生的に処理することが調理のなかで重要であった。しかし, 社会制度の発展により, 食料の多くが栽培や飼育などで生産され, 品質管理が組織的に行われるようになった。現代は, 病原菌などによる汚染, 栽培や加工などの特殊な場合を除いては, 一般的に安全な食物を摂取することが可能になった。それにともなって人間の本能から生じるおいしさの希求, すなわち嗜好性の付加, そして健康維持のための摂取方法が重要になってきた。

　2013年12月, ユネスコ無形文化遺産に「和食：日本人の伝統的な食文化—正月を例として—」が登録された。優れた日本の食文化を実践し, 受け継いでいくうえでも調理学の果たす役割は大きい。さらに, 今日的課題として, 持続可能な社会をめざすためには, 食事計画や調理過程における資源やエネルギーの無駄をなくす試みも忘れてはならない。

　食品の衛生と安全性の確保, 栄養性の向上, 嗜好性の付加は, 調理の根本的な目的である。また, 食事が生活のなかで果たす社会的役割も大きい。それぞれの目的について述べる。

1-1 ▌安全性の確保

　食品の不可食部分を除き，付着している細菌などを死滅させ，食物としての安全性を確保することは調理の重要な役割である。野菜や果物などの洗浄，魚介類の内臓の除去，加熱などが行われている。また，多様な加工食品が製造されているので，調理の際には製品の品質，原材料名の表示，特にアレルゲンの確認には注意が必要である。

1-2 ▌栄養性の向上

　人間が生命を維持し，活動するために必要な栄養成分は，特殊な場合を除いて食物から摂取している。食事は一般に数種類の食品を組み合わせてつくられている。栄養成分によっては組み合わせることで，吸収効率が高まり，栄養性が向上する。生野菜などの切断やすりおろし，やわらかく煮るなどの調理操作は，咀嚼（そしゃく）や胃での消化機能を助け，消化酵素の作用を受けやすくし，栄養成分の吸収を高める。食物繊維は人の消化酵素で消化されないが，肥満予防・整腸作用・抗ガン効果などの生理作用がある。調理操作により食物繊維が軟化し咀嚼しやすくなると，腸管内での溶出効率が増加することにより生理機能性の向上も期待される。

1-3 ▌嗜好性の付加

　食物に対する嗜好性は個人によって異なるが，地域や民族などにより特定の食物に共通した嗜好傾向がみられる。食物のおいしさは食欲に影響し，食欲の昂進は消化吸収を助長する。おいしい食物をつくるには，調理にともなう食品の変化とおいしさとのかかわりを理解し，おいしさを創出する最適な調理条件を把握する必要がある。食物のおいしさには，料理の盛りつけ，供食の仕方，食事をする環境も影響する。

1-4 ▌社会的役割

　食事はひとりですることもあるが，家族や友人，職場の人などと一緒にすることが多い。会食や宴席などにおける共食は，コミュニケーションの媒体として活用され，家庭や地域などの共同体の親睦を深め，連帯感を高める役割を果たす。

1-5 ▌食文化への伝承

　食文化とは，民族・集団・地域・時代などにおいて共有され，それが一定の様式として習慣化され，伝承されるほどに定着した食物摂取に関する生活様式である[1]。日

---

1) 江原絢子・石川尚子編著『日本の食文化 新版「和食」の継承と食育』アイ・ケイコーポレーション，2016

本人の伝統的な食文化である和食は，自然の尊重を基本精神としており，食材を大切に使い尽くし，季節感を大事にした食事である。また，米を中心とした飯・汁・おかずの組み合わせは，健康的な食事に寄与してきた。日本の食文化を理解し，それを活かした食事計画や調理を実践することが，次世代への日本の食文化の伝承につながる。

1-6 ▍環境への配慮

　日常生活のあらゆる場面で，人は環境に負荷をかけている。食生活では，食料の生産・輸送・保存だけでなく，調理過程でもエネルギーや水資源が使われている。食事計画や調理過程における資源やエネルギーの無駄をなくす取り組みは，国際社会の環境問題につながる重要な課題である。

2 調理学と健康

　世界保健機関（WHO）憲章の前文において「健康とは単に病気でないというだけでなく，肉体的にも，精神的にも，そして社会的にも完全に良好な状態をいう」とあり，精神的にも社会的にも健全であるためには，健康な身体が必要である。体を構成する成分は，その人が食べた食物に含まれる成分にほかならない。どのような食品を組み合わせて，どのような調理を施し，どのような食事を整えるかという食事計画が，人の健康を左右するといっても過言ではない。

　平均寿命が延びても，自立した生活ができない人や生活習慣病にかかる人は減少していない。子どもにも生活習慣病の予備軍やアレルギー症状が多くみられる。このような状況の原因がすべて食生活にあるわけではないが，幼児期からの食習慣，日々の食事における食品の選択やそれらの組み合わせ，調理方法などの工夫によって改善することもできよう。高齢者の生活の質の向上には，咀嚼・嚥下しやすく，おいしい食物にする調理方法のさらなる工夫が求められる。それぞれの対象者に適した栄養性，嗜好性を有する食物にしあげるためには，適正な食事計画と調理過程における食品の変化を把握することが重要である。

3 調理学と環境

　20世紀に人類が追及した大量生産・大量消費による経済の拡大は，人びとの生活を便利で豊かにした。一方，経済の発展は，公害による健康被害，化石燃料・水・森林をはじめとする地球資源の枯渇をもたらし，地球環境を悪化させた。1992年リオ

デジャネイロで,「環境と開発に関する国連会議（地球サミット）」が開催され, 環境問題に対する国際社会の取り組みが始まった。しかし, エネルギー使用量は増加を続け, 二酸化炭素などの温室効果ガスにより地球の温暖化が進行している。

2002 年ヨハネスブルグで開催された会議では,「持続可能な開発に関するヨハネスブルグ宣言」が採択された。2015 年の国連総会では,「持続可能な開発目標（SDG s）」が採択され, 17 の目標が設定された。これは, 人間活動にともなう地球環境の悪化や気候変動という地球規模での課題には, 先進国と発展途上国がともに取り組むことが重要であるという認識が共有された結果である。

生活を営むあらゆる場面で, 私たちは地球環境に負荷をかけていることを意識する必要がある。食生活における環境への負荷を考えよう。

3-1 ▌ フードマイレージ

フードマイレージは, 食料の輸入量と食料の生産地から消費地までの輸送距離の積（t・km）で表される。現代は, 輸送機関の発達により国内だけでなく, 国外からも食料を輸入できる。しかし, 食料を輸送するとき, 二酸化炭素などのガスが排出される。フードマイレージは, 輸送距離をできるだけ短くして地球環境を守ろうというイギリスの市民運動「フード・マイルズ」から生まれた考え方である。食料の輸入を総合的にとらえる目安であり, 国ごとの比較をして, 日本の食料事情を明らかにすることを目的として活用されている。

3-2 ▌ 地産地消

地産地消とは, 地元生産・地元消費のことで, 各地域でとれた食料をその地域で調理・加工して食べようという考え方である。2010 年「食料・農業・農村基本計画」において, 地産地消の推進が農林水産省から取りあげられた。地産地消により, 新鮮な食料を食べることで地域経済の活性化が期待できる。

また, 食料輸送のためのエネルギー消費による環境への負荷（フードマイレージ）を削減し, わが国の食料自給率の向上につながる。

3-3 ▌ 食品ロス

食品ロスとは, 食べられるのに捨てられてしまう食品のことである。日本の食品ロス量の約半分は, 家庭から発生している。食べずに捨ててしまう理由には, つくった料理が食べきれなかった, 食品を傷ませてしまった, 賞味・消費期限が切れていたなどがある。食品ロスを少なくする取り組みとしては, 食品を購入する前に家にある食材を確認する, 使いきれる分量を購入する, 食品の保存方法を適正にする, 料理をつくりすぎないことなどがあげられる。

3-4 ▋ 調理における省エネルギー

　2016年に発効したパリ協定では，2013年度比として2030年までに26％の温室効果ガスの排出削減を日本はめざしている。エネルギー消費における産業部門の割合は大きいが，2005年以降消費量は企業の省エネルギーの取り組みにより減少している。一方，家庭部門では，2011年の東日本大震災を契機に節電意識が高まっているが，エネルギー消費は増加している。

　食生活とエネルギーのかかわりは，食料の生産や輸送だけではない。食品の購入，調理，後片づけにおいても，水・ガス・電気を使用する（後掲，**表7-5**参照）ので，エネルギーが消費されている。食品の洗浄にはため水を利用し，食器の汚れは紙や布で拭取ってから洗うと，水の使用を抑え，エネルギー消費を削減できる。加熱調理では，鍋底から炎をはみ出さないよう火加減を調節する，湯を沸かすときは蓋をする，ゆで水の量を適正にする，余熱を利用することなどがエネルギー消費の削減につながる（**表1-1**）。また，生ごみなどの焼却にもエネルギーを消費するので，生ゴミの水を可能な限り取る，ごみをできるだけ出さないように心掛けることも重要である。

　持続可能な社会とは，将来の世代の必要とするものを損なうことなく，現在の世代の欲求も満足させるような持続可能な開発が行われる社会である。地球で暮らす私たちは，持続可能な社会をめざし，地球資源を無駄遣いせず，大気汚染，水質汚濁，地球温暖化などの地球環境問題に取り組み，未来への責任を果たすことが求められている。地球環境の悪化や地球資源の枯渇を実感し，食品の購入や調理の場面で，一人ひとりができる範囲で行動に移すことが重要である。

表1-1　加熱時間および使用熱量に及ぼす内蓋と余熱の影響

水量〔mL〕	内蓋（ラップ）		調理時間		使用熱量〔kcal〕
			加熱時間〔分〕	余熱時間〔分〕	
200	なし		35.5	0	115.3
600	なし		23.5	0	140.9
1000	なし		23.9	0	172.0
200	あり		31.5	0	98.1
600	あり		23.5	0	129.7
1000	あり		23.7	0	163.0
200	なし		26.0	15.0	95.4
600	なし		16.0	15.0	121.0
1000	なし		13.5	18.0	149.4
200	あり		24.0	15.0	82.0
600	あり		14.0	18.0	109.3
1000	あり		12.2	27.0	138.3

四つ切りジャガイモ600 g，沸騰後火力0.15 kW，水量は，200 mL：イモの1/2程度が水中にある状態，600 mL：イモと同量，1000 mL：イモが十分水に浸かっている状態とする。余熱利用の有無によらずいずれもジャガイモの中心部が同じかたさになるまでを調理時間とする。余熱なしの場合は加熱時間と調理時間は同じ。

　資料：香西みどりら「加熱調理における省エネルギー的調理条件の検討」『家政学雑誌』37（7）1986, p.537

調理文化論

1 日本の食文化

1-1 ▌日本の食事の歴史

　日本の現代の食事は，有史以前から日本列島に住んでいた縄文人の食生活をもとに，外来文化が導入されてできあがったものである。縄文時代晩期に大陸から稲作，その他の野菜類の栽培方法や調理・加工技術をもった人びとが渡来し，食生活は大きく変化した。その後，現代に至るまでさまざまな国から文化とともに多種類の食品，食事様式が導入されて現在の日本の食が形成された。特に，稲作の伝来，古代の仏教伝来にともなう食物の変化および食事様式の導入の影響は大きい。幕末の開国を経て明治時代に入った近代には，大陸や欧米諸国から学んだ政治の制度，科学技術とともに多くの食品や食事様式が入ってきた。さらに，第二次大戦後，困窮した食生活の時代を経て，高度経済成長時代の昭和30年代以降，一般家庭の食事の欧米化が急激に進んだ。

　わが国は，気候，風土，地形などから稲作が発達し，米を中心に魚介類，大豆とその加工品，野菜類，海藻類が多く食べられてきた。四季折々の季節が感じられる食材，新鮮な素材のもち味を活かした薄味の調味，昆布やかつお節などから抽出しただしのうま味の活用，さしみに代表される「包丁さばき」にみられる繊細な技，形や色彩を重んじる盛りつけ，器の芸術性などが日本料理の特徴である。

　時代とともに食習慣もわずかずつ変化しているが，米を主食とする食習慣，魚介類を用いた料理や和風定食にみられる一汁二菜あるいは一汁三菜の献立形式は依然として日本独特の食事文化を形成しており，2013年にユネスコ無形文化遺産に「和食」が登録された。日本の伝統的な食は季節感のある多種類の食材を取り入れ，地域の行事や祭りと関連し，健康と長寿を促進してきた価値のある生活文化であり，今後も次世代に伝承していくことが重要である。

1-2 ▌日本の食事様式

（1）　本膳料理

　現代の和食の基礎になっている日本料理の正式な様式である。これは平安時代に中

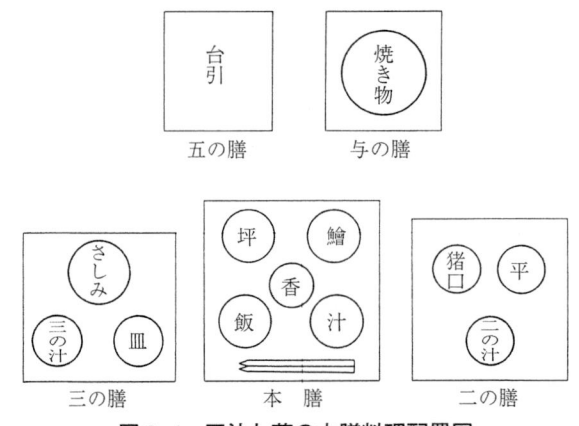

図2-1　三汁七菜の本膳料理配置図

表2-1　本膳料理三汁七菜の献立内容

膳	構　成	内　容
本膳	汁　（一の汁）	みそ汁仕立て
	なます　　（鱠）	魚のなま物，酢の物類
	つぼ　　　（坪）	蒸し物，煮物
	飯	白飯または炊き込み飯
	香の物	2，3種取り合わせる
二の膳	汁　（二の汁）	すまし仕立て
	ひら　　　（平）	魚，肉，野菜の料理，または盛り合わせた煮物
	ちょく（猪口）	和え物
三の膳	汁　（三の汁）	かわり汁仕立て
	皿	ひたし物，揚げ物
	さしみ	さしみに準じた料理
与の膳	焼き物	姿焼きが最も正式である
五の膳	台引	引物菓子，かつお節などでみやげ物とする

国大陸から伝来した食事様式をもとにし，室町時代に和食としての献立形式が成立した。**本膳料理**は，本膳とよぶ脚つきの膳を中心に，2～6個の膳が配置される食事様式である。本膳料理が供される前にくみかわされる酒を**式三献**という。この式三献は，婚礼のときの三三九度の杯に残されている。江戸時代に庶民が食事を楽しむようになると，あまりにも形式的な本膳を簡略化した二の膳までの**袱紗料理**という料理様式ができた。これが現代の和風献立に引き継がれている。本膳料理の配置図は，三汁七菜の例を**図2-1**と**表2-1**に示した。

(2)　懐石料理

　茶道において茶事に入る前にたしなむ料理で，安土桃山時代に成立した。懐石とは禅宗の僧侶が修行中に空腹を抑えるために温かい石を懐に入れたということに由来するものである。**懐石料理**は茶事に先立って茶をおいしく飲むためのごく軽い食事であ

り，脚のない折敷という膳に飯，汁，向付をのせて提供され，食べ終わるごとに次の料理が運ばれ時系列で進められる。一汁三菜を基本とし，箸洗い[1]と八寸[2]が加えられ，強肴[3]が出ることもある。簡素で新鮮な素材を用いる料理である。

(3)　会席料理

　酒席向きの供応料理で，形式的な作法や決まりがなく，料理を楽しむことを主とする料理様式である。江戸時代に連歌や俳句の会のあとに供されたもので，これを会席とよんでいたことにちなんでいる。一汁三菜を基本とし，汁物（吸い物），さしみ，焼き物，煮物で，これに前菜，揚げ物，蒸し物，酢の物・和え物を加えることもあり，酒の席が終了すると飯，みそ汁，香の物（後掲，**表 2-2，図 2-2**）が出される。最近は香の物も菜の数に入れて数えることが多い。

(4)　精進料理

　鎌倉時代に大陸から禅宗とともにもち込まれ，動物性食品を排除した料理で，寺院を中心につくられた。肉食禁止令が普及していた日本の中世・近世に，一般庶民の間にも仏事の行事などとともに普及していった。たんぱく質源を大豆や小麦などに求め，ごまや種実を多く利用することで脂質を補い，栄養的バランスをとっていた。

(5)　普茶料理

　明より来朝した隠元禅師が，中国の黄檗宗の寺院で行われていた料理を江戸時代初期に日本に伝えた。京都の万福寺，その他黄檗宗の寺院に伝わる中国式の**精進料理**である。座禅や法要のあとの会食で使われていたもので，献立は偶数から構成される二汁六菜を基本とする。長方形の食卓に数人が一緒につき，皿に盛りつけられた料理を各自の取り皿に取って食べる。食卓は四脚の卓袱台を用いることが特徴である。代表的な料理は，麻腐（ごま豆腐），料理の下ごしらえで出てくる野菜くずを使って葛あんをかけた雲片などである。調理法の特徴は，植物油とくず粉の巧みな利用である。油を使った精進揚げは，現在一般に普及している。

(6)　卓袱料理

　江戸時代初期に，長崎の唐人屋敷に居留する中国人から伝わった中国料理である。数人で食卓を囲み，自分のとり皿に料理を取って食べることは，**普茶料理**と共通しているが，料理に肉や魚を用いること，食卓で椅子を使うことが，普茶料理と異なる。中国大陸から伝来したものであるが，現在は長崎市の伝統料理である。

1）箸洗い：小吸い物。
2）八寸：八寸角の盆に山海のものを盛る。
3）強肴：酒を進める肴。

2 外国の食文化

　世界の国々では，それぞれ気候風土が異なるので産物も異なっている。また，同じ食品でも調理法に違いがみられる。

2-1 ▍西洋料理

　ヨーロッパにアメリカを加えた欧米の料理を西洋料理とよんでいる。しかし，西洋料理の中心はフランス料理である。世界的に正餐の献立はフランス料理にすることが多い（後掲，**表 2-3**，**図 2-3**）。

　西洋料理の特徴としては，獣鳥肉類とその加工品，乳・乳製品の利用が多いことである。獣鳥肉類は国や地域により異なり，羊，豚，牛，鶏の他に，兎や鴨なども食べられている。小麦の生産量が多いことからパン，パスタなど小麦粉を使った料理も多様である。調味の基本は食塩で，油脂，香辛料（スパイス），香草（ハーブ）が用いられ，風味を引き立たせる。主食，副食の区別がなく，料理は一品ずつ味や食品の組み合わせが独立したものになっている。

（1）　フランス料理

　16 世紀，フランスのアンリ王子にイタリアの富豪メディチ家のカトリーヌが輿入れしたことを契機に，ルネサンス期にイタリアで発展した洗練された料理法や食卓作法が伝わり，フランス料理に多いに影響を与えた。その後，ルイ王朝時代の宮廷料理としてフランス料理は発展した。18 世紀末，フランス革命を経て貴族階級の料理は一般民衆のなかに広まっていった。

　獣鳥肉類，卵，牛乳，乳製品を多用する。特にチーズはフロマージュといって食事の最後にその風味を賞味する。やわらかくマイルドな風味のカマンベールとブリーは，国民的なチーズである。トリュフやフォアグラなどの高級食材を用いることも特徴である。パンは，皮がパリパリしたバケットやバターを多く使ったクロワッサンなど多種類である。なかでも，バケットはフランスパンの代表であり，国民的なパンである。

　小麦粉を油脂で炒めたルウでつくるソースが多種類で，フランス料理はソースで食べるといわれるほどソースが料理に豊かな風味を与える。また，ソースのもととなるフォン（だし）には，フォン・ド・ボライユ（鶏のだし），フォン・ド・ボー（子牛のだし），フュメ・ド・ポワソン（魚のだし）などがある。古典的フランス料理ではソースは濃厚であったが，ヌーベル・キュイジーヌ[4]ではルウやバターなどの使用を控え

4）ヌーベル・キュイジーヌ（nouvelle cuisine）：フランス語で「新しい料理」を意味し，1972 年にはじまった料理の新しい潮流である。19 世紀に完成したグランド・キュイジーヌに対してポール・ボキューズ，トロワグロ，アラン・シャペルなど若手料理人により軽く繊細な料理が追及された。

た軽いソースへと変化している。

　フランス北西部のブルターニュは，クレープ発祥の地であり，リンゴのシードルの産地である。パリを中心とするイル・ド・フランスでは，イセエビのビスクや牛フィレのベアルネーズソースなど伝統的な料理がある。アルザスロレーヌ地方は，ドイツの影響を受けた料理が多く，ソーセージやキャベツを酢漬けにして発酵させたザウアークラウトなどがある。キッシュロレーヌもこの地方の名物である。東部のブルゴーニュは，ワインとブドウのつるで育てるエスカルゴの産地である。南東部のプロバンスは，ニンニク，オリーブ油，トマトの使用が多く，地中海の影響が強い。この地では，ブイヤベース，ラタトゥイユなどの料理が有名である。

(2)　イタリア料理

　イタリアは，南ヨーロッパに位置し，アルプス山脈から地中海に南北に伸びた長靴形の半島である。イタリアにはイタリア料理はない。あるのは地方料理であるといわれるほど，各地域に特徴的な食文化が形成されており，郷土色が濃い。北部ではバターやチーズが多用され，ミラノの郷土料理のひとつは米料理のリゾットである。アッラ・ミラネーゼとは，料理に米が入っていることを意味する。トウモロコシ粉でつくる粉粥のポレンタは，国民食として知られているが特にミラノで人気がある。南部では，オリーブ油やトマトが多用され，トマトソースを用いたスパゲティやピザが有名である。それぞれの土地と不可分の食を見直し，普及させていこうというスローフード運動は，ファストフードに対置されたものであり，1989 年に北イタリアのブラで誕生した。

　イタリアの有名な食べ物は，パスタ，ピザ，生ハム，パルメザンチーズ，ジェラートなどである。パスタには，スパゲッティ，バーミセリなどの麺類，挽肉などの具材を包んでゆでるラビオリ，クリームソースやトマトソースをかけてオーブンで焼くカネロニやラザニアなど多様なパスタ料理がある。料理には，オリーブ油が欠かせない。

　朝食は，コーヒーとパンと軽めで，メインの食事は通常は昼食である。前菜（アンティパスト），スープまたはパスタ（プリモ・ピアット），魚または肉料理（セコンド・ピアット），野菜，サラダ，デザートなどで食事は構成されている。

(3)　スペイン料理

　コロンブスの新大陸発見によりもたらされたトウモロコシ，トマト，ジャガイモ，チョコレートなどは，スペインをはじめヨーロッパの食文化に影響を与えた。現在のスペインは，オリーブおよびオリーブ油の主要生産地である。オリーブ油は多くの料理，揚げ物に使われる。バルはスペインの居酒屋で，そこで酒の肴として提供される軽食をタパスとよぶ。ジャガイモが入ったオムレツのトルティーヤは，タパスの代表である。

　アラブ人による占領により，バレンシア地方では，米の栽培がされるようになり，サフランを使った国民食のパエリアが生まれた。カタルーニャでは，新鮮な魚介類や煮込み料理が食べられる。ピレネー山脈の西端に位置するバスク地方は，塩ダラ，乾燥豆，キノコなどが重要な食品であり，イカのすみ煮が生まれた地である。男性だけの美食クラブ[5] が存在することで有名である。

(4)　ドイツ料理

　ドイツ料理には，肉，ジャガイモ，パン，ビールなどの家庭料理が多い。豚をハム，ベーコン，ソーセージなどさまざまに加工して保存する優れた技術がある。ソーセージ（ヴルスト）には，スモークしたローヴルストやフランクフルトソーセージタイプのブリュースヴルストなどさまざまな種類がある。ハンバーグステーキも世界的に有名である。ザウアークラウトやジャガイモ料理も多い。9月末から10月初めの十月祭（オクトーバフェスト）では，ソーセージとビールを楽しむ。

(5)　イギリス料理

　イギリスは，グレートブリテン島（イングランド，ウェールズ，スコットランド）と北アイルランドからなる。食事は実質的で，調理法や味つけは比較的シンプルである。

　イングランドの代表的料理は，ローストビーフであり，ヨークシャープディングを添えて，ホースラディシュソースをかけて食べる。挽肉，タマネギ，マッシュポテトを重ねて焼くシェパーズパイやキドニーパイなどのオーブン焼きにも特徴がある。食事は，朝食，昼食，**アフタヌーンティー**，夕食の構成が一般的である。朝食は，イングリッシュブレックファストとよばれ，ベーコンエッグ，塩づけニシンの燻製，パン，バター，マーマレード，紅茶などから構成される。アフタヌーンティーには，紅茶と小ぶりのサンドイッチ，スコーン，ケーキなどが提供される。**ハイティー**は，午後5〜6時ごろの時間に早い夕食として紅茶と一緒に肉料理などのしっかりした食事が提供される。フィッシュ・アンド・チップスは，衣をつけて揚げた白身魚とフライドポテトを組み合わせたファストフードである。

2-2 ▌その他の料理

(1)　トルコ料理

　世界三大料理といえば，中国料理，フランス料理，そしてトルコ料理である。14世紀から20世紀の初めまでオスマン帝国は，旧世界のアジア・アフリカ・ヨーロッパの三大陸にまたがる広大な文化圏であった。また，東西の交通の要所であり，東洋から西洋へと香辛料が運ばれてゆく道であった。東洋と西洋の両方の影響を受けたサ

5）美食クラブ：スペインとフランスの国境地域であるバスク地方は，造船業と製鉄業の経済基盤から早くから美食の伝統を築いてきた。美食愛好家が多い土地柄，男性が集まって料理をつくり食事と会話を楽しむ美食クラブがいくつもある。

ルタン宮廷料理が発達した。この地域にはイスラム教徒が多く，肉は羊肉が基本で，野菜，油を多く使う。油を使う料理は清潔であるとされ，揚げ物も多い。

代表的な料理は肉を焼いたケバブや米料理のピラフなどがある。また，ムサカやドルマのような肉と野菜を組み合わせた煮物や蒸し物もある。ヤプラク・ドウルマスウは，松の実とブラック・カランを加えた米をブドウの葉で包んで調理した冷製野菜料理である。酒を飲まないので甘い菓子が好まれる。焼き菓子の代表的な料理はバクラヴァである。ピスタチオやクルミなどのナッツ類を砕いてパイ皮風の生地の間に挿んでオーブンで焼いてから濃い糖蜜を浸み込ませる。アナトリアの庶民の味であるケシュケキは，麦と羊肉のかたまりを長時間煮込んでからつぶしてつくる羊肉入り粥である。ケシュケキは，アナトリアでは婚礼などの祝宴に特別に振るまわれる料理であり，ユネスコ無形文化遺産に登録された。

(2)　インド料理

ほとんどのインド人は，ヒンドゥー教徒で，牛肉を食べない，肉食をしない人びともいるなど独特の食習慣がある。カーストの高い人は乳製品を摂取する菜食主義者である。肉としては鶏や羊を使った料理が多い。また，インドはスパイスの国である。もっとも重要なスパイスは，こしょうである。スパイスやハーブを粉に挽いて乾燥させたマサラは，カレーソースのベースに使用される。ギーで炒めたタマネギにマサラを入れて食材を加えたカレー料理は，チキンカレー，野菜カレー，エビカレーなど多彩である。豆類が豊富であり，豆を用いたダールをよく食べる。米や小麦粉を用いたナン，チャパティなどを主食にしている。国民的飲料は，砂糖とミルクがたっぷり入ったチャイである。食事作法は，右手を使っての手食が基本であるが，近年はフォークやスプーンなどを用いる。

インドは国土が広く，地域により産物や料理が異なる。北部では小麦粉が一般的で，**タンドール**を使った料理が多い。タンドールとは，上部に開口部がある坪型かまどで，これを使ってタンドールチキンを焼き，このかまどの内壁に張りつけてナンを焼く。南部では米とココナッツが多く消費される。香辛料の使い方も地域により異なり，北インド料理はマイルドで，南インドは北インドに比べスパイスをより多く使い辛さも強い。

(3)　タイ料理

タイ料理の原点はチャクリー王朝のラーマ5世により洗練された宮廷料理であり，調味が複雑で手間をかけた料理である。米は，食料の中心的な役割を担っており，ほとんど毎食米を食べる。米は，飯と麺（クイティアオ）として食される。とうがらしをたっぷり使うので，世界で最も辛い料理のひとつである。タイ料理の味は，酸味，塩味，甘味，うま味ととうがらしの辛味の組み合わせである。魚介を発酵したナンプラー（魚醤）やカピ（ペースト）は塩味とうま味を有し，調味料として多用される。

香辛料としては，とうがらし，にんにく，しょうがに加えて，レモングラス，コリアンダー，タマリンドなどが用いられる。トムヤムクンは，辛くて酸っぱいタイの代表的スープである。トムヤムはスープ，クンはエビのことで，レモングラスやバイマックルーなどを加えてつくる。カレー（ケーン）は，野菜を多用し，辛みの主体はとうがらしであるが，ココナッツミルクが風味をマイルドにする。屋台などで購入した麺類やお菓子などを間食として食べることが多い。

（4）　メキシコ料理

　トウモロコシは，メソアメリカを起源とし，メキシコ料理の基盤である。メキシコのパンであるトルティージャは，トウモロコシを石灰水でゆで，浸しておいたものを水切り後，表皮を取り除き，粉砕して生地（マサ）をつくり，円盤状に伸ばし，焼いてつくる。インゲンマメやとうがらしも重要な食料である。インゲンマメのたんぱく質がトウモロコシのたんぱく質を補う。とうがらしは，味とビタミンを補給する。果物は，オレンジ，バナナ，グアバ，マンゴー，レモン，ライムと豊富である。七面鳥とチョコレートは，メキシコで昔から食べられていた。一方，牛や豚などの肉とミルク，バター，チーズなどの乳製品は，16世紀にスペイン人によりもたらされた。メキシコ料理は，インディオ料理とスペイン料理の融合（フュージョン）である。トマト，とうがらし，タマネギでつくる辛いサルサは，食事の必需品である。アボカドは，マヤ時代のインディアンが常食していた貴重な食料であった。熟したアボカドをマッシュし，刻んだトマトやタマネギ，とうがらし，コリアンダーを混ぜたペーストのワカモーレも有名である。

（5）　中国料理

　中国料理は，世界で最も古くから発達してきた料理である。中国には，紀元前16世紀頃に殷王朝に続いて周が成立しており，紀元前に秦が統一国家をつくり，権力をもった各皇帝が広大な土地を支配して，各地からおいしい珍しい食材が集められて料理が発達し，食文化が形成された。

　料理の基本的な味は，鹹（塩），甜（甘），酸，辛，苦の五味であるが，これに鮮（うま味）や香を加える場合もある。各地域の味の特徴を「東酸西辣北鹹南淡」（トンスワンシイラーベイシェンナンタン）と表す。地方によって独特の調味料があり，香辛料の種類も多い。塩漬けや乾燥品などの加工品を戻して調理するのも特徴で，山海の珍味など特殊な乾燥食品も多い。さらに，食べるものは体にとって薬にもなるという「医食同源」や「薬食一如」の思想を食生活の基本としてきた。

　中国は国土が広く，地域により気候，風土，産物が異なるため，地域ごとに特色がある。一般に北部は寒いので，北方の料理は，小麦粉，肉類，油脂，豆などを使った濃厚な味の料理が多い。政治の中心であった時代が長く，各地から料理の粋が集められている。代表的な料理は，北京ダックやジンギスカン鍋である。加熱料理が主で，

強火で炒め，あるいは焼く手法が発達した。

東方の料理は，海に近い上海を中心に発達し，海水魚，長江や池の淡水魚，野菜，米などに恵まれた地方で，材料のもち味を活かした淡白な料理が発達している。代表的な料理は，上海ガニ，草魚の蒸し料理，豚バラ肉の角煮などである。

西方の料理は，四川料理が代表である。山岳地帯が多いが，土地は肥沃で野菜や果物に恵まれ，塩は岩塩が多く産出され漬物が発達した。また，シルクロードを通じて西アジアの文化・物産が入ってきており，香辛料が多く使われている。代表的な料理は，豆板醬を使った麻婆豆腐，担々麺などの辛い料理である。

南方の広東料理は，気温が高く，雨が多いなどの気候条件により，米や魚介類が豊富であり，その料理は古くから発達した。同時に，海路によって西欧の文化が早くから入ってきており，世界に向けた中国料理の発信地でもあった。代表的な料理は，酢豚や焼き豚などである。ふかひれやつばめの巣などの料理も有名である。

(6)　韓国料理

食生活は米を主食としている。食事は，飯，スープ，主菜，キムチから構成される。金属の箸と金属のスプーンを食具として使用する。食事には五味五色をそろえるようにしている。五味とは，塩味，甘味，酸味，苦味，辛味であり，五色とは，赤，緑，黄，白，黒である。

肉類は，牛肉，豚肉，鶏肉などを食するが，牛肉が人気である。肉は，加熱する前に酢，しょうゆ，ネギ，ごまなどのたれに漬け込む。味つけした肉は，食卓に設置したコンロやグリルで焼くことが多い。特殊食材である高麗人参は，代表的な強壮薬であり，朝鮮半島の特産品である。高麗人参やもち米をひな鶏の腹に詰めて煮込んだスープの参鶏湯は，夏バテ回復料理として人気がある。

キムチは，白菜などの野菜を塩，とうがらし，塩辛などと一緒に漬けて乳酸発酵させた漬物で，家庭料理に欠かせない重要な副菜である。また，野菜の和え物であるナムルも，代表的な副菜である。キムジャンは，冬季に備えて大量にキムチをつけることであり，2013年キムジャン文化がユネスコ無形文化遺産に登録された。

3 特別食

供応食や**行事食**は，日常（ケ）の食とは違う非日常（ハレ）の食，すなわち特別な食事である。その目的にふさわしい献立を立て，嗜好性を重視し，盛りつけや食器など食卓セッティングにも心配りが必要である。

3-1 ▌供応食の料理様式

(1)　日本料理

　供応食として用いられているのは会席料理である。献立構成は，一汁三菜(四品献立)を基本とし，5品，7品，9品と規模に応じて品数を増やす（**表2-2**）。

　会席料理の配膳は，本膳料理の流れと懐石料理の流れに沿う形式である。前者は大半の料理を最初から全部膳に並べる平面式配膳，後者は料理を献立順に1品ずつ時系列で供する方法である。配膳例を**図2-2**に示す。酒の献酬を主体に酒の肴として料理を味わう時系列配膳の場合は，最後に飯，みそ汁（止椀），香の物とする。

表2-2　会席料理の献立構成

順序	構　成	内　　容
1.	前　菜	珍しいもの2〜3種取り合わせ。酒とともに供する
2.	向　付	魚介類のさしみ，酢の物。膳の向こう側に置くことに由来する名称
3.	吸い物	すまし仕立ての汁。椀種は色，形，季節感を大切にする
4.	口取り	山海の美味なもの数種の盛り合わせ。植物性が主の場合を口代わりという
5.	鉢　肴	肉や魚の焼き物，あるいは揚げ物，蒸し物
6.	煮　物	野菜や乾物2〜3種，あるいは野菜を主に肉，魚をあしらった煮物
7.	小　丼	酢の物，和え物，浸し物を小型の器に盛る
8.	止　椀	多くはみそ仕立ての汁。飯と香の物とともに供する

最初から配膳する場合

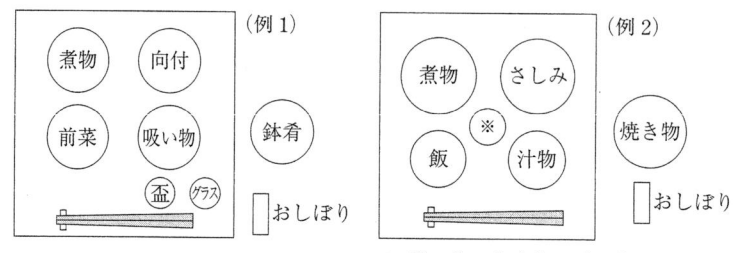

※ 酢の物，和え物，香の物

献立順に一品ずつ時系列で供する場合

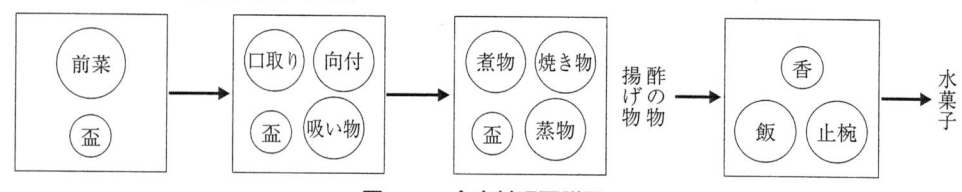

図2-2　会席料理配膳図

（2） 西洋料理

供応食として最も多く用いられるのは西洋料理である。西洋料理の中心はフランス料理である。献立は前菜（オードブル），スープまたはこのいずれかで始まり，魚料理，肉料理を献立の中心に置き，野菜，サラダと続いてデザートで終わる。また，各料理にふさわしい酒類が供される。最も整った正餐（Dinner）は，前菜からコーヒーまで10のコースで構成される（**表2-3**）。

正餐の食卓にはテーブルクロスをかけ，プレイス・プレート（位置皿）を中心にグラスなどの食器を配置する。ナイフやフォークなどの食具（カトラリー）は，魚料理，肉料理，デザートなど料理ごとに異なるものを用いる（**図2-3**）。

表2-3　西洋料理の献立構成

順序	構成	内容	飲み物
1	前菜 Hors d'oeuvre（仏） Appetizer（英）	食事の初めに供し，食欲を引き起こす	シェリー酒または軽い白ワイン
2	スープ Potage（仏） Soup（英）	食欲増進の役目をもち，晩餐には必ず供する。澄んだスープ（ポタージュ・クレール），濁ったスープ（ポタージュ・リエ）がある	
3	魚料理 Poisson（仏） Fish（英）	種々の魚介類，甲殻類の料理	白ワイン
4	アントレ Entrée（仏）	肉類の料理で，献立のなかで最も豪華なものとする。数種の野菜を添える	赤ワイン
5	氷酒 Sorbet（仏） Sherbet（英）	アルコール飲料入りのシャーベット。口直しのために供する	
6	蒸し焼き料理 Rôti（仏） Roast（英）	獣鳥肉を塊のままオーブンで蒸し焼きしたもの。肉料理はアントレかロティのいずれか1品を供する	
7	野菜料理 Légume（仏） Vegitable（英）	肉料理のつけ合わせ（ガルニチュール Garniture〈仏〉），または，蒸し焼き料理のあとに生野菜のサラダとして供する。単独の野菜料理を出すこともある	
8	アントルメ* Entremets（仏） Sweets（英）	以下，デザートコースとなる。温菓（プディング，スフレ），冷菓（ゼリー，ババロア），氷菓（アイスクリーム，シャーベット）から1品	シャンパン
9	果物 Fruits（仏，英）	季節の果物	
10	コーヒー Café（仏） Coffee（英）	ごく濃いめに入れて，デミタス（Demi-tasse）カップ（1/2の大きさ）で供する	リキュール

パンとバターは別につける。
*食事を締めくくるデザートコースは，フランス式であればチーズから始まる。

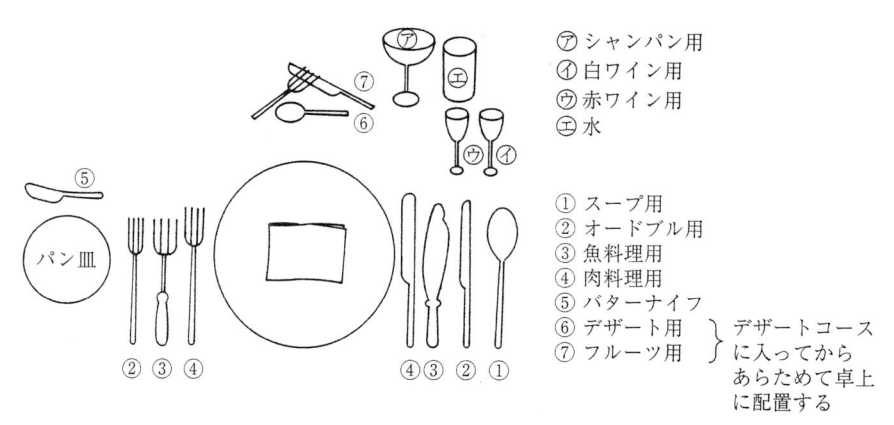

図2-3 西洋料理正餐用食器配膳図例

アシャンパン用
イ白ワイン用
ウ赤ワイン用
エ水

① スープ用
② オードブル用
③ 魚料理用
④ 肉料理用
⑤ バターナイフ
⑥ デザート用 ┐ デザートコース
⑦ フルーツ用 ┘ に入ってから
あらためて卓上
に配置する

(3) 中国料理

　料理は 菜 と 点 心 に大別される。菜は 前 菜 と 大菜で構成され，一般に前菜は冷料理の数種盛り合わせ，大菜は温かい料理が主で，塩味から甘味料理へ，あっさりした味から濃厚料理へ，からりとした揚げ物から煮物へと組まれ，前菜→大菜→湯 菜（スープ）→ 鹹 点心（飯，麺など）→ 甜 点心（デザート）の順に時系列で供される（**表2-4**）。銘々の食器や食具は**図2-4**のように配置する。料理は大皿盛りにして酒とともに供され，各自が好みの量を取り分ける。日本の中国料理店では，卓は中心部が回転する二重円卓が多く使用される。

表2-4 中国料理の献立構成

	構 成	内 容
前菜	冷葷（冷たい前菜）	冷めても味の変らないもの。同じ材料が重ならないよう変化をもたせる。2種または4種類と偶数の品数とする。
	熱葷（熱い前菜）	炒め物，揚げ物が主で，分量は少なめにする。省略することも多い。
大菜（主要料理）	炒菜（炒め物料理）	清炒，乾炒，京炒などの炒め物。
	炸菜（揚げ物料理）	清炸，乾炸，軟炸，高麗などの揚げ物。
	蒸菜（蒸し物料理）	清蒸（材料のまま），燉（スープを加える）などの蒸し物。
	溜菜（あんかけ料理）	揚げる，蒸す，炒めるなどの料理にあんでとろみをつける。
	煨菜（煮込み料理）	弱火でゆっくり煮込む料理。汁の多少で炒め物に近い料理から，スープのような煮物まで。
	烤菜（直火焼き料理）	子豚，かも，鶏などを炉や天火で直火焼き。
	拌菜（酢油かけ，和え物料理）	材料を生のまま，あるいはゆでる，炒めるなどして用いる。
	湯菜（スープ料理）	清湯（澄んだ汁），奶湯（濁った汁），羹（とろみをつけた汁），燴（中身の多い汁）など。
点心	鹹点心（塩味）	軽い食事代わりになるもの。炒麺，冷麺など麺類，餃子・焼売など粉製品，炒飯・かゆなど飯類。
	甜点心（甘味）	甘味菓子，寄せ物，飲物などデザートになるもの。

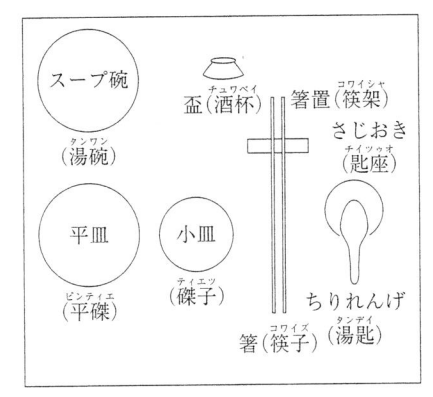

図 2-4　中国式接客用配膳図

3-2 ▌行事食

　行事食には，年中行事にちなんだ食物，個人の人生の節目である通過儀礼の食物，家族の記念行事の食物などがある。行事食は，日常生活に変化をつける楽しみであり，家庭や地域などの共同体の親睦を深める意味もある。行事の意義を理解し，行事にかかわる食物を伝え継ぐことは大切である。

(1)　年中行事における食

　年中行事は，奈良時代以降，中国大陸との交流により宮中行事として取り入れられた。一方，民間の年中行事は農作業を中心にした暦にしたがって行われ，自然に左右されざるを得なかった農業の豊穣を祈る心と，収穫に感謝する気持ちが込められているものや健康を願うものが多い。**表 2-5** に食物が関連している年中行事を示した。最近はクリスマスやハロウィーンなどを祝う家庭も多くなった。

(2)　通過儀礼にともなう食

　通過儀礼とは，誕生日，入学，成人，結婚といった人生の節目で経験する行事である。

　子どもの出生のお祝いに赤飯を炊き，生後百日目にお食い初めとしての膳がつくられ，1年目の誕生日には大きな餅（米一升を餅にするなど）を背負わせるなどの行事をすることがある。節句には子どもの健やかな成長を願って，女の子は3月3日の上巳に雛祭り，男の子は5月5日の端午にこいのぼりを上げるなどのお祝いをする。雛祭りには白酒，菱餅，雛あられ，ちらしずし，はまぐりの潮汁などがつくられ，端午の節句には柏餅，ちまきなどがつくられる。

　女の子3歳，男の子5歳，男女7歳の11月15日にこれまで成長してきたことを祝い，今後の健全な成長を願って，お宮参りをすることもある。乳幼児の死亡率が高かった時代に，ここまで成長したという感謝の意味を込めて行われたものである。

　結婚に関連する結納，結婚式，披露宴などは，これまでの伝統にそって，または，

表2-5　伝統的な食物にかかわる年中行事

月　日	行　事	関わる食物	備　考
1月1日〜3日	正月	鏡餅，屠蘇酒（とそ）雑煮（ぞうに），おせち料理	屠蘇は歯固めの故事から
1月7日	七草	七草がゆ	7種の若菜の粥
1月11日	鏡開き	鏡餅の小豆汁粉	餅を木槌などで割って用いる
2月2,3日	節分	煎り豆	大豆
3月3日	雛まつり	白酒，草餅，菱餅，あられ	梅花酒が江戸時代から白酒へ
3月18日ごろから7日間 9月20日ごろから7日間	彼岸	おはぎ，彼岸だんご	
5月5日	端午の節句，子どもの日	ちまき，柏餅	ちまきは平安時代から
7月7日	七夕（たなばた）	そうめん	
7月13日〜15日	盂蘭盆（うらぼん）	野菜，果物，精進料理	
陰暦8月15日または9月13日（満月）	月見	栗，いも，きぬかつぎ，枝豆，月見だんご	
10月亥の日	玄緒（げんちょ）	亥の子餅	大豆，小豆，栗，胡麻入りの餅
11月23日	新嘗祭（にいなめさい），勤労感謝の日	新しい穀物でつくった餅や赤飯	
12月22日ごろ	冬至	冬至がゆ，かぼちゃ	
12月31日	大晦日（おおみそか）	年越しそば	

資料：石川寛子ら『食生活と文化』弘学出版(株)，1988，p.166 を一部改変

新しい形で行うなど地域によりさまざまである。このようなお祝いに使われる食品は，タイ，エビ，アワビ，するめ，昆布，餅，赤飯などが多い。

(3)　家庭における祝い食

　家族の誕生日，入学祝い，卒業祝い，結婚記念日，敬老の日，還暦（61歳），古希（70歳），喜寿（77歳），傘寿（80歳），米寿（88歳），卒寿（90歳），白寿（99歳）など家庭や地域よって異なるであろうが，特別な料理をつくり，あるいは外食などによりお祝いをする。料理は特に決まったものではないが，タイ，エビ，赤飯，紅白まんじゅうなど赤い色の食物がめでたいとされている。

【参考文献】
ヘレン・C・ブリティン『国別　世界食文化ハンドブック』柊風舎，2019

食事計画論

1 食事の意義

人が食事をするということには，3つの意義があると考えられる。

① 生命維持や健康の保持・増進のために体外から栄養素を取り入れる活動・行動
② 食事をともにすることによる人間関係や社会的関係性の構築
③ その土地の自然や歴史，宗教等の影響を受けた文化の伝承

これらの意義は食事をする人それぞれのニーズや社会環境によって重みが異なりまた流動的でもあるが，日々の生活において食事のもつ意義は非常に大きい。また，人はそれぞれがもつ**五感**を活かしておいしく，楽しく食事をすることで生命を維持するとともに人生を豊かにしている。

2 食事計画

2-1 食事計画の目的

日常的な食事では，計画を立てて食事をしている人は多くない。しかし，計画を立てて食事を考えることにより，食事のもつ意義をより効果的に実践でき，その結果として日々の食事を通して日常生活を精神的にも身体的にも豊かにすることができる。特に，生命維持や健康の保持・増進のためには，食事を構成する食品の栄養素を念頭に入れた**食事計画**が重要となる（図3-1）。

このような食事計画を実践するために，厚生労働省が策定している「日本人の食事摂取基準」（以下，「**食事摂取基準**」という）は年齢，性，活動量などを考慮したエネルギーや栄養素の目標量を提示している。そしてこれらの目標量を過不足なく充足するために，**日本食品標準成分表**などを用いて献立調製することが必要となる。しかし，日々の食事計画においてエネルギーや栄養素を過不足なく摂取することは現実的ではなく，食事バランスガイドなどを活用することで，健康の保持・増進できる食事計画を可能としている。

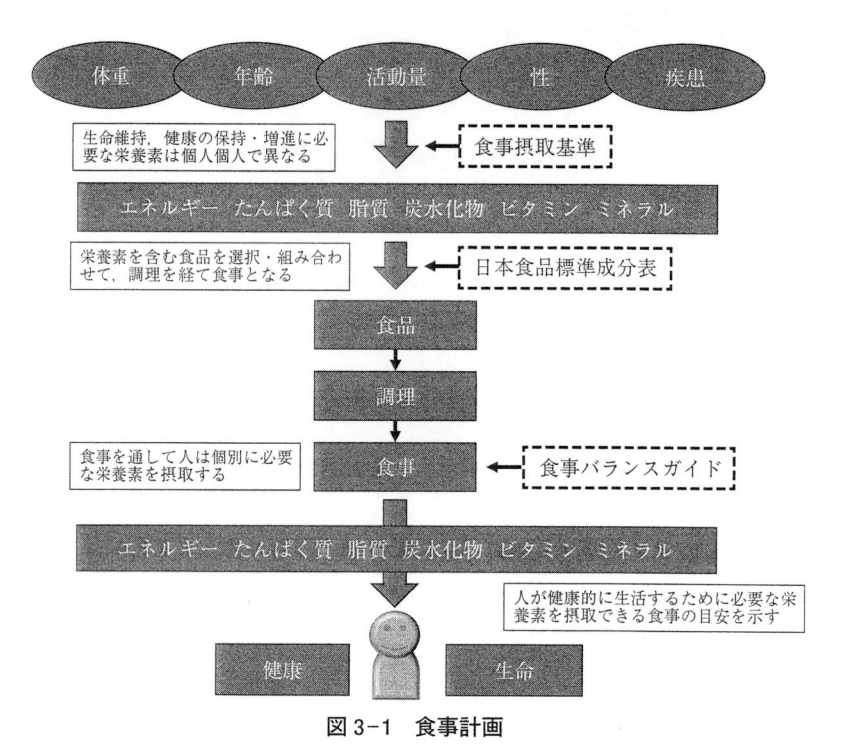

図 3-1　食事計画

2-2 ▍食事摂取基準

　「食事摂取基準」は，**健康増進法**[1] 第 16 条の 2 に基づき厚生労働大臣が定めるものとされ，国民の健康の保持・増進を図るうえで摂取することが望ましいエネルギーと栄養素の量の基準を示しており，5 年ごとに改訂されている。

（1）　策定方針

　健康な個人または集団を対象として，2015 年度版ではそれまでの策定方針であった健康の保持・増進ならびに**生活習慣病**[2] の発症予防に加えて，生活習慣病の重症化予防も視野に入れられた。そして 2020 年度版では，これらに加えて高齢者の低栄養予防や**フレイル**[3] の発症予防も加えた目標量の設定となっている。このように，そのときの社会的情勢を考慮し，国民の健康の保持・増進を図る目的に基づいて策定がされている（**図 3-2**）。

（2）　指標の目的と種類

　エネルギーの摂取と消費量のバランスを維持する指標として BMI（Body Mass

1）健康増進法：平成 14 年法律第 103 号。
2）生活習慣病：高血圧症，脂質異常症，糖尿病，慢性腎臓病。
3）フレイル：加齢にともなう予備能力低下のため，ストレスに対する回復力が低下した要介護の前段階の状態をいう。

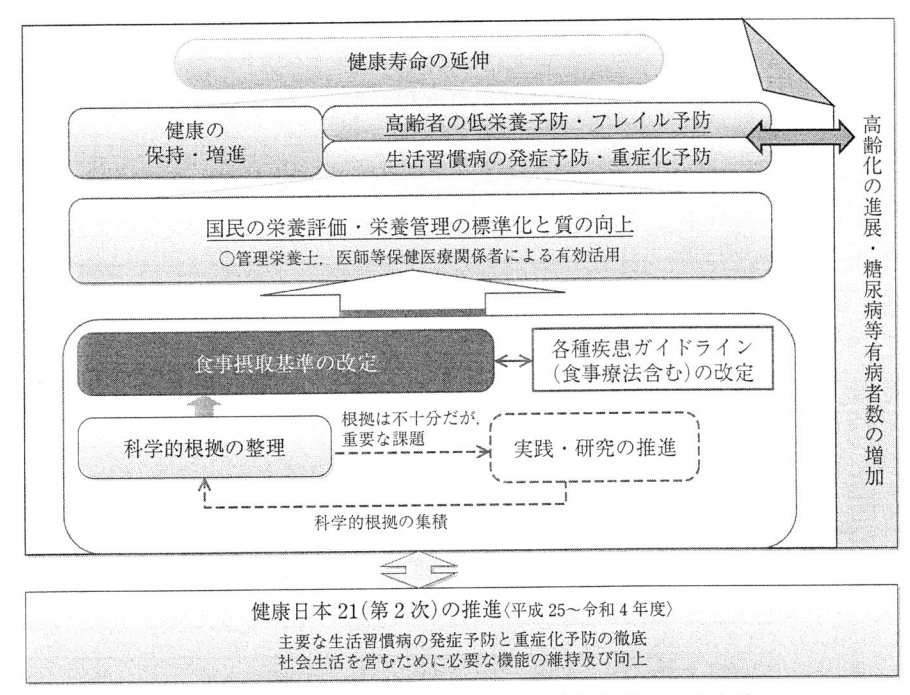

図 3-2　日本人の食事摂取基準（2020 年版）策定の方向性
資料：厚生労働省「日本人の食事摂取基準（2020 年版）」2019

表 3-1　栄養素の指標の目的と種類

目　的	指　標	指標の概要
摂取量の過不足	推定平均必要量（estimated average requirement：EAR）	対象集団に属する 50％の人が必要量として満たすことと推定できる摂取量（50％の人は不足する可能性がある）。
	推奨量（recommended dietary allowance：RDA）	対象集団の 97～98％の人が充足と推定できる摂取量。推定平均必要量を用いて算出される。
	目安量（adequate intake：AI）	十分な科学的根拠が得られず推定平均必要量が算定できない場合に算定されるもので，特定の集団において不足する人がほとんどいないと推定できる摂取量。
過剰摂取による健康障害の回避	耐容上限量（tolerable upper intake level：UL ）	健康被害がないと推定される摂取量の上限値。これ以上の摂取は過剰摂取となり潜在的な健康障害の可能性が生じる量。
生活習慣病の予防	目標量（tentative dietary goal for preventing life-style related diseases：DG）	疫学的研究によって得られた知見に実践栄養学的研究を加味して算定された摂取量。<u>生活習慣病の予防を目的とした量であり，現在の日本人が当面目標とすべき摂取量</u>。生活習慣病，重症化予防およびフレイルを目的とした量を設定できる場合は，発症予防を目的とした量とは区別して示す。

資料：厚生労働省「日本人の食事摂取基準（2020 年版）」2019 より作成

表3-2　策定された食事摂取基準（1歳以上）[1]

栄養素			推定平均必要量（EAR）	推奨量（RDA）	目安量（AI）	耐容上限量（UL）	目標量（DG）
たんぱく質[2]			○b	○b			○[3]
脂質	脂質						○[3]
	飽和脂肪酸[4]						○[3]
	n-6系脂肪酸				○		
	n-3系脂肪酸				○		
	コレステロール[4]						
炭水化物	炭水化物						○[3]
	食物繊維						○
	糖類						
主要栄養素バランス[2,3]							○[3]
ビタミン	脂溶性	ビタミンA	○a	○a		○	
		ビタミンD[2]			○	○	
		ビタミンE			○	○	
		ビタミンK			○		
	水溶性	ビタミンB$_1$	○c	○c			
		ビタミンB$_2$	○c	○c			
		ナイアシン	○a	○a		○	
		ビタミンB$_6$	○b	○b		○	
		ビタミンB$_{12}$	○a	○a			
		葉酸	○a	○a		○[7]	
		パントテン酸			○		
		ビオチン			○		
		ビタミンC	○x	○x			
ミネラル	多量	ナトリウム[6]	○a				○
		カリウム			○		○
		カルシウム	○b	○b		○	
		マグネシウム	○b	○b		○[7]	
		リン			○	○	
	少量	鉄	○x	○x		○	
		亜鉛	○b	○b		○	
		銅	○b	○b		○	
		マンガン			○	○	
		ヨウ素	○a	○a		○	
		セレン	○a	○a		○	
		クロム			○	○	
		モリブデン	○b	○b		○	

[1] 一部の年齢区分についてだけ設定した場合も含む。
[2] フレイル予防を図る上での留意事項を表の脚注として記載。
[3] 総エネルギー摂取量に占めるべき割合（％エネルギー）。
[4] 脂質異常症の重症化予防を目的としたコレステロールの量と，トランス脂肪酸の摂取に関する参考情報を表の脚注として記載。
[5] 脂質異常症の重症化予防を目的とした量を飽和脂肪酸の表の脚注に記載。
[6] 高血圧及び慢性腎臓病（CKD）の重症化予防を目的とした量を表の脚注として記載。
[7] 通常の食品以外の食品からの摂取について定めた。
[a] 集団内の半数の者に不足又は欠乏の症状が現れ得る摂取量をもって推定平均必要量とした栄養素。
[b] 集団内の半数の者で体内量が維持される摂取量をもって推定平均必要量とした栄養素。
[c] 集団内の半数の者で体内量が飽和している摂取量をもって推定平均必要量とした栄養素。
[x] 上記以外の方法で推定平均必要量が定められた栄養素。

資料：厚生労働省「日本人の食事摂取基準（2020年版）」2019

Index）（後掲，**表 3-3** 参照）を用い，エネルギーの過不足を回避する。各栄養素については 3 つの目的に対し 5 つの指標で構成されている（**表 3-1**，**表 3-2**）。

（3） 年齢区分と参照体位

食事摂取基準で示される摂取量は，性，年齢区分における参照体位[4] を，また栄養素については身体活動レベル Ⅱ（普通）を想定した値である。

（4） 食事摂取基準の活用の基本

食事摂取基準は，日本人の健康保持・増進，生活習慣病の発症予防や重症化予防を目的として策定されており，個人にも集団にも用いることができる。

1） エネルギー

エネルギーの摂取量，消費量のバランス（エネルギー収支バランス）の維持は BMI や体重の変化を指標として用いる。成人においては，エネルギー摂取量がエネルギー消費量を上回る状態（正のエネルギー収支）が続けば体重増加に，消費量が摂取量を上回る状態（負のエネルギー収支）のときは体重減少するため，エネルギー収支については体重の変化で評価してゆく。

多くの成人では，体重・体組成は比較的一定でエネルギー収支バランスがほぼゼロに保たれた状態にあり，肥満者や低栄養の者でも体重，体組成に変化がなければエネルギー摂取量とエネルギー消費量は等しいと考えられている。したがって，健康の保持・増進，生活習慣病予防の観点からは，望ましい目標とする BMI（**表 3-3**）を維持するエネルギー摂取量が重要である。そのためには，食事摂取量や身体活動レベルの

表 3-3 目標とする BMI の範囲（18 歳以上）[1,2]

年齢（歳）	目標とする BMI（kg/m²）
18〜49	18.5〜24.9
50〜64	20.0〜24.9
65〜74 [3]	21.5〜24.9
75 以上 [3]	21.5〜24.9

※ BMI（Body Mass Index）＝体重（kg）÷身長（m）²

[1] 男女共通。あくまでも参考として使用すべきである。
[2] 観察疫学研究において報告された総死亡率が最も低かった BMI を基に，疾患別の発症率と BMI の関連，死因と BMI との関連，喫煙や疾患の合併による BMI や死亡リスクへの影響，日本人の BMI の実態に配慮し，総合的に判断し目標とする範囲を設定。
[3] 高齢者では，フレイルの予防及び生活習慣病の発症予防の両者に配慮する必要があることも踏まえ，当面目標とする BMI の範囲を 21.5〜24.9 kg/m² とした。
資料：厚生労働省「日本人の食事摂取基準（2020 年版）」2019

4）参照体位：日本人として平均的な体位（身長・体重）であり，生活習慣病予防を考えるうえの参考値として提示している。成人については，利用可能な直近のデータを現況値として用い，性別，年齢階級ごとにひとつの代表値が算定されている。子どもは，日本小児内分泌学会などで体格評価に用いる身長・体重の標準値を提示している。

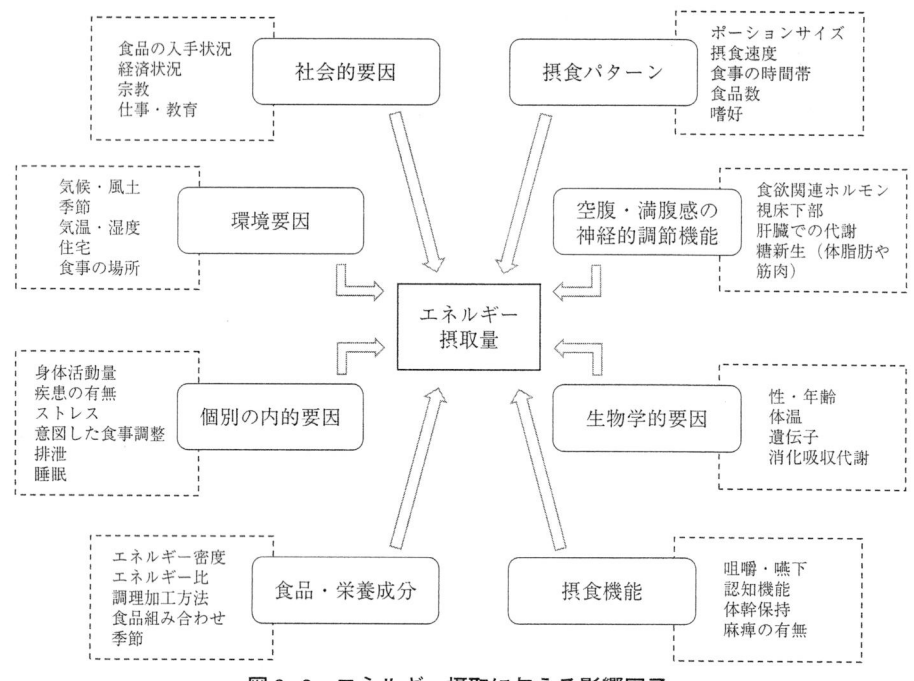

図 3-3　エネルギー摂取に与える影響因子

把握によってエネルギー収支の評価を行い，できるだけ望ましい BMI となる体重に近づけられるようなエネルギー量の食事計画が重要である。

　しかし，エネルギー摂取量は，性，年齢といった自分では調整することができない**生物学的要因**に加えて，さまざまな要因が関連しており（**図 3-3**），エネルギー消費量とのバランスをとっている。そのために，エネルギーの過不足については体重の変化を基本として考えるが，食事摂取量や内容のみが体重変化に影響を与えているわけではないという認識をもって，多角的な視点で評価をすることが求められることを留意しておく必要がある。

　また，乳幼児では，体重変化量が一律でなく，身長の伸びも食事内容や量に影響を受けるため，成長曲線を用いてエネルギー収支を評価する。

2)　たんぱく質

　たんぱく質の推定必要量は，窒素出納法で得られた**たんぱく質維持必要量**を用いている。また，たんぱく質はエネルギー産生栄養素でもあるため，目標量については生活習慣病の発症・重症化予防を考慮した範囲として設定している。目標量は推奨量以上とされるが，高齢者のフレイルなどの予防を目的とした量に対する算定はむずかしく，摂取実態を考慮にいれ，他の年齢区分よりも引き上げた設定とした。目標量の上限は高齢者の生理的腎機能低下などを考慮し，20％エネルギーとしている。

3) 脂　質

脂質の目標量は，**飽和脂肪酸**の過剰摂取による生活習慣病の発症を予防することを目標に策定されている。目標量の上限は，飽和脂肪酸の摂取上限を，下限は必須脂肪酸の目安量を下回らないように設定された。

飽和脂肪酸は，生活習慣病発症の予防観点から3歳以上で目標量の上限を設定している。n-6系脂肪酸，n-3系脂肪酸の必要量に対する研究は十分でなく，乳児・幼児・成人ともに日本人の摂取量の中央値を，またコレステロールは**脂質異常症予防**の観点から200mg/日未満とそれぞれ目安量，目標量が設定されている。飽和脂肪酸の摂取量を少なくした場合の幼児期の成長障害などに対する安全性についての研究は不十分であるため，幼児期の飽和脂肪酸の目標量の設定はされていない。

トランス脂肪酸[5]は飽和脂肪酸同様に冠状動脈疾患への関与が考えられ，1%未満の低い摂取量が望ましいとされた。

4) 炭水化物

炭水化物の目標量は，たんぱく質，脂質の残余にアルコールを含む量を%エネルギー比としてその目標量が設定されている。

糖質は，種類によっても血糖に与える影響が異なり，その摂取量については肝臓における糖処理能力として4mg/kg/minが最大であるといった報告があるが，経口的に過剰摂取することが糖尿病などの発症リスクに直接的に結びつくという報告はみられない。統計的に過剰摂取はエネルギー過剰となりやすく健康阻害リスクにつながる可能性が考えられるが，糖質摂取そのものが直接的に健康阻害を及ぼすものではない。

食物繊維については摂取不足による生活習慣病の発症率や死亡率との関連がわかっている。そのため，糖質については目標量の設定はされず，食物繊維にのみ3歳以上で現在の実際の摂取量を考慮した目標量が設定された。

5) エネルギー産生栄養素バランス（macronutrients, energy-providing nutrients）

エネルギー産生栄養素バランスとは，たんぱく質（Protein），脂質（Fat），炭水化物（Carbohydrate）とそれらの構成成分が，総エネルギーに占める割合（%エネルギー）のことであり，これらの構成比率は食事の質の指標として利用される。それぞれの頭文字をとってPFC比ということが多い。

エネルギーを産生する3つの栄養素の割合を適正化することで，生活習慣病の発症

---

5) トランス脂肪酸：液体の油脂から半固体，固形の油脂をつくりだす工程（硬化処理）や油脂中の不純物を除去する工程で，トランス脂肪酸は生成される。マーガリン，ファットスプレッド，ショートニングの他，これらを使用したクッキーやパン，ケーキなどに多く含まれる。トランス脂肪酸は，とりすぎた場合，血液中のLDLコレステロールが増加し，HDLコレステロールが減ることが報告されており，狭心症や心筋梗塞などの冠動脈性心疾患（CHD）のリスクを高めるといわれている。WHO/FAO合同専門家会合では，トランス脂肪酸を総エネルギー量の1%未満にするように勧告している。

予防とその重症化予防を目的としている。適正なエネルギー産生栄養素バランスは，たんぱく質の目標量（範囲）をまず算定し，その後，飽和脂肪酸の上限目標量から脂質の目標量を決定する。これらのそれぞれの決定量に対し，**アトウォーター係数**（Atwater system）[6]を用いてそれぞれから産生される熱量を計算し，合計エネルギー量から差し引いた残余のエネルギーを炭水化物からのエネルギー量とし，それぞれの栄養素が合計エネルギーに対する割合を目標量として算定している。

　乳児については，母乳における栄養素構成比をもっとも好ましいエネルギー比（8：48：44）としており，1歳以上について目標量が設定されている。

6）　ビタミン

①　脂溶性ビタミン

　脂溶性ビタミンは，摂取量の日間変動が比較的大きくまた生活習慣病の発症や重症化予防に対して十分な根拠がないために，目標量などは設定されていない。しかし，ビタミンDは日本人で不足している可能性があり，フレイル予防を前提に，日照による産出量や摂取実態をふまえたうえで目安量が示されている。

②　水溶性ビタミン

　水溶性ビタミンについては，ビタミンB_1, B_2は体内で飽和し，またビタミンCは心血管系の疾病予防効果，抗酸化作用を発揮し，それぞれの最小摂取量を推定平均必要量としている。その他の水溶性ビタミンも，主としてそれぞれの欠乏症を予防する目的で推奨量が設定されている。脂溶性ビタミン同様の理由で目標量などは，設定されていない。

③　ミネラル

　ナトリウム（Na），カリウム（K），マグネシウム（Mg），リン（P）などの体内に多く含まれるミネラルは，通常の食品からの摂取において欠乏症は生じないと考えられている。Naについては，不可避損失量[7]を補うとともに摂取実態と高血圧症，慢性腎臓病発症予防の観点から上限目標量が設定された。KはWHOが提案する高血圧予防のための望ましい摂取量と摂取実態に基づき，3歳以上で下限目標量を設定した。鉄（Fe），亜鉛（Zn），銅（Cu）などの微量ミネラルについては，必要量算定に有用な日本人のデータが少なく，欧米諸国で得られたデータをもとに推定必要量と推奨量が設定されている。そのなかで要因加算法[8]を用いて算出されたFeについては，アメ

6）アトウォーター係数：「Atwaterの換算係数」ともよばれ，物理的燃焼熱を消化吸収率と排泄熱量で補正して求められ，たんぱく質：4 kcal/g，脂質：9 kcal/g，炭水化物：4 kcal/gと示されている。これらのエネルギー換算係数は，多くの食品についての平均値であり，食品表示基準においてはすべての食品に採用されてい

7）不可避損失量：Naなどを一切摂取しない状況で，汗，尿，糞，皮膚や，その他から排出される量のこと。

8）要因加算法：不可避窒素損失量，個人差，利用効率，生理的な加算要因（成長，妊娠，授乳など），環境要因（ストレスによる必要量の増加），などに分けてそれぞれを量的評価し，加算して必要量などを算定する方法。

リカ，カナダの食事摂取基準に日本人の体重と経血量などを用いて，推定平均必要量が算定されている。

2-3 ▐ 日本食品標準成分表

日本食品標準成分表（以下，「食品成分表」という）は 1950 年 に初めて公表され，2000 年以降は 5 年に一度の改定が行われている。食品成分表は，食品成分に関する基礎データを提供し，給食管理や栄養指導などで栄養量の把握に使われている。また，厚生労働省の日本人の食事摂取基準の策定や国民健康・栄養調査などの各種調査，農林水産省の食料需給表の作成などの基礎資料としても活用されている。

2020 年に改訂された「食品成分表 2020 年版（八訂）」では，エネルギー算出方法が，エネルギー換算係数を用いたものからエネルギー産生栄養素の組成成分を用いた計算方法への変更や，調理加工食品が調理済み流通食品へと名称変更とともに，その内容がさらに充実された。収載食品数の増加などに加えた大幅な改訂となっている。

日本人が日常摂取する食品の種類は非常に多岐にわたり，その多くが動植物に由来するため，品種や成育（生育）環境など種々の要因からその成分は一定の幅で変動する。また，加工品については，原材料の配合割合，加工方法の相違などや調理方法により，成分値に差異が生ずる。これらの数値の変動要因を考慮しながら幅広い利用目的に応じて，分析値，文献値などをもとに標準的な成分値を定め，1 食品 1 標準成分値を原則として収載されている。

なお，**標準成分値**とは，国内において年間を通じてまた全国的な代表値を表すという概念に基づき求めた値であり，栄養量の計算に用いる。しかし，各食品のそれぞれの成分値はさまざまな要因で変動しており，栄養量算出に利用する標準値と実際に摂取している食品の栄養成分の含有量との間には±10%以上の差異がある可能性も認識しておく必要がある。

(1) 記載内容概要

1) 収載食品

「食品成分表 2020 年版（八訂）」では，植物性食品，動物性食品，調理済み流通食品の順に 18 の食品群に分け，2,478 食品が掲載されている。

2) 食品の分類，配列

収載食品の分類は，大分類，中分類，小分類，細分の 4 段階とし，食品の大分類は原則として動植物の名称をあて，五十音順に配列している。中分類，小分類，細分は，原則として原材料的形状から順次加工度の高まる順に配列してある。

3) 食品番号

食品番号は 5 桁とし初めの 2 桁は食品群にあて，次の 3 桁を小分類または細分にあてること，1 食品に対して重複のないひとつの番号を付している。食品番号は，その

食品が新規に収載された時点で付番しており配列順に一致していない場合もある。

4) 収載成分項目

収載成分 54 項目の配列は，廃棄率，エネルギー，水分，「たんぱく質」に属する成分，「脂質」に属する成分，「炭水化物」に属する成分，有機酸，灰分，無機質，ビタミン，その他（アルコール，食塩相当量），備考の順となっている。

エネルギー値は，原則として，FAO/INFOODS の推奨する方法に準じて可食部 100g あたりのアミノ酸組成によるたんぱく質，トリアシルグリセロール当量，利用可能炭水化物（単糖当量），糖アルコール，食物繊維総量，有機酸及びアルコール量に各成分のエネルギー換算係数を乗じて，100g あたりのキロジュール（kJ）とキロカロリー（kcal）が算出され収載されている。たんぱく質は，「アミノ酸組成によるたんぱく質」，基準窒素量から算出した「たんぱく質」が，脂質は，「脂肪酸のトリアシルグリセロール当量で表した脂質」「コレステロール」「脂質」がそれぞれ併記されている。炭水化物は，「利用可能炭水化物（単糖当量）」「利用可能炭水化物（質量計）」「差引き法による利用可能炭水化物」「食物繊維総量」「糖アルコール」「炭水化物」と細分化されている。

5) 数字の表示方法

成分値の表示は，すべて可食部 100g あたりの値となっている。また各成分の表示の「−」は未測定であること，「0」は食品成分表の最小記載量の 1/10 未満または検出されなかったこと，「Tr（微量，トレース）」は最小記載量の 1/10 以上 5/10 未満の間であることをそれぞれ示している。栄養計算する際には，食品成分表に提示されている単位や数字表示（整数なのか小数点第何位まで提示するのか）にのっとり記録するなどの留意が必要である。また，諸外国の食品成分表には，単位が異なっていることがあるので注意が必要である。

6) その他

それぞれの成分の測定方法や，廃棄率の計算，調理加工後の成分が掲載されている食品については，その調理加工条件などについてもまとめられている。

$$廃棄率 = \frac{原材料^*重量 − 可食部^{**}重量}{原材料重量} \times 100 \qquad 原材料重量 = \frac{可食部重量 \times 100}{100 − 廃棄率}$$

　　＊へたや皮も入れた部分。たとえば，殻を含む卵や貝，野菜，果物の
　　　購入時の形状。
　　＊＊へたや皮など食べない部分を除いた部分。

(2) 食品成分表の使い方

食品成分表は，一つひとつの食品の栄養成分の把握や，献立全体のエネルギーや栄養成分を計算するときに使用する。現在は栄養計算のアプリケーションも多く出回っ

ており，文部科学省で公開している「**食品データベース**」[9] もあり，栄養計算が以前に比べて簡便にできるようになっている。

献立で使用したい食材で食品成分表のなかに同類の食品名がいくつかある場合の食品選択（後掲，コラム参照）や鍋に残る調味料の量などは，食品成分表から算出した栄養量と実際の摂取量との間の差につながり，献立上の栄養量の精度に大きな影響を与える。

また，食品に含有される栄養量は測定法の違いや誤差などの他，食品の部位，季節・産地による差異もあり実際の摂取量と食品成分表の収載量そのものに相違がでる可能性がある。栄養評価として摂取栄養量を用いる場合は，身体状況などと合わせた多角的な評価が必要である。

3 個を対象とした食事計画

個を対象とした食事は，自分自身もしくは家族単位で摂取する食事を中心に考える。このような食事に対して通常は，栄養計算をすることや計画的に食材を購入するということが少ない。食事を摂取する個々人の好みや習慣，環境，経済，食に対する知識などによって，その日の状況にあわせた食事となることが多い。

一般的に，栄養素の消化吸収代謝に影響を与えるような疾患がなければ健康を維持し，おいしく楽しい食事を中心に考え QOL（quality of life）を向上することが主たる目的となる。

幅広い食品と調理方法を選択することで，特定の栄養素の欠乏が起こることは少ない。極端な偏食や食事に対する強いこだわりがある場合，もしくは偏った食事療法を行っている場合は，栄養素の過不足が生じることもあるため個別の栄養評価が必要となる。

3-1 食事の種類

対象者によって，乳幼児食，学童食，高齢者食といった年齢ステージ別の他に，中・高校生やアスリートなどの身体活動量や運動が多い人，妊婦や治療食など個人の状況にあわせてさまざまな種類の食事がある。

また食事環境の違いにより，内食，外食，中食[10]，おもてなし食（供応食），行事食，郷土食，宗教による制限食（**表3-4**）やベジタリアン（**表3-5**）など個人がそれぞれの状況によって摂取する食事の種類は非常に多岐にわたっている。

---

9) 文部科学省で公開している「食品データベース」(https://fooddb.mext.go.jp/)
10) 中食：惣菜を購入して自宅で摂取する，take away, take out など。

表3-4　宗教による制限食

宗　教	食品や食事に対するタブー
イスラム教	豚肉（ブイヨン，エキス，ゼラチン，ラードなども含む），アルコール 血液，適切な処理*がされていない食肉（ハリルミール） 　　*適切な処理がされている食品はハラール（ハラル）ミールという。
仏教	厳格な仏教徒が割ける食品：肉全般，牛肉，五暉（ニンニク　アサツキ　タマネギ　ニラ　ラッキョウ）
キリスト教	宗派によって避ける食品がある場合もあり。 モルモン教：アルコール類，コーヒー，紅茶，お茶，タバコの摂取が禁止 セブンスデイアドベンチスト教会：菜食を勧めている
ヒンドゥー教	肉全般，牛，豚，魚介類全般，卵，生もの，五葷（ごくん：ニンニク，ニラ，ラッキョウ，タマネギ，アサツキ），肉食をする人もいるが，その場合も鶏，羊，ヤギ肉に限られる。牛は神聖な生き物として信仰の対象となっており，豚は不浄な生き物と考えられており，食べない理由も異なっている。左手は不浄な手とされ給仕は右手を基本とする。
ユダヤ教	食べてよい食品をコーシェルといい，カシュルートという適正食品や食事規定にのっとった食事を基本とする。禁止されている食品は豚肉，エビ，カキ，タコ，イカ，カタツムリなど。草食動物で蹄が割れていて反芻する動物は食べてもよい（牛肉）。水の中に住む動物は，ひれと鱗がついているものは食べてもよい。肉と乳製品を一緒に摂取してはいけない。

表3-5　ベジタリアン

ヴィーガン （vegan）	卵・乳製品・ハチミツ・肉・魚など動物性の食品は含まれない。動物の命の尊重という思想的観点から実践することをエシカル・ヴィーガン，上記のような食品を除くということのみ実践するのをダイエタリー・ヴィーガンと呼ぶ。
フルーツタリアン （fruitarian）	主に思想的な理由で根菜や葉野菜などもとらず，果実・種子・ナッツのみをとる食事法。健康法として部分的に取り入れる人も多い。
ホールフード菜食 （plant-based whole food）	全粒粉を使うなど，栄養素の豊富な無精製の植物性食品を勧める食事法。
ラクト・オボ・ベジタリアン （lacto-ovo vegetarian）	卵と乳製品を含めた菜食。
オボ・ベジタリアン （ovo vegetarian）	卵を含めた菜食。
ラクト・ベジタリアン （lacto gegetarian）	乳製品を含めた菜食。
オリエンタル・ベジ （Buddhist cusine）	五葷（ごくん：臭気の強いニンニク，ヒル，ニラ，ネギ，ラッキョウの5つ）を除いたヴィーガン食。乳製品を含むことも。日本の精進料理では魚出汁を使うお店もあるので注意。
ペスキタリアン （pescetarian）	菜食に魚介類のみを加えた食事法。ペスコ・ベジタリアン（pesco-vegetarian）ともいうが，正確にはベジタリアンには含まれない。
フレキシタリアン （flexitarian）	セミ・ベジタリアン（semi-vegetarian）ともいう。時々菜食を取り入れる。
ノンミートイーター （non-meat eater）	動物の肉だけを食べないベジタリアンで動物の皮や脂の他，乳製品や卵，魚介類も食べる。
ポウヨウベジタリアン （pouyo vegetarian）	肉は鶏肉だけを摂取するがそれ以外は制限なし。

ホワイトベジタリアン (white-meat vegetarian)	肉は赤身を避け白身のみ摂取する
ロー・ヴィーガン (raw vegan)	ローフード（raw food）が酵素が健康によいという考えのもと，食品を加熱しないか 46 度以下で調理することで酵素を壊さずに食べる食事法。
マクロビオティック (macrobiotic)	陽説などに基づく玄米主体の加熱食。ヴィーガン仕様のことが多い。
リキッダリアン (liquidarian)	液状のものだけ摂取する。
ブレッサリアン (breatharian)	不食者。基本的に食事はせず，光と水からエネルギーを吸収する。

3-2 ▌日常食の献立作成

日常食とは，日常的な食事のことをさし，日常食の献立は食事の基本となる。日々の食事においては，意図して献立を作成することは少ないが，次に述べるような事象を把握して，材料や調理方法を選択する。

(1)　対象者の把握

主として年齢を中心に対象者の状況を把握する。3 歳以下の乳児や高齢者であれば，咀嚼（そしゃく）・嚥下（えんげ）など食事摂取能力を考慮した食事形態が優先されることもある。また，宗教やアレルギーなどによる除去すべき食品について把握し，代替食品を選択する。

(2)　摂取するタイミングとエネルギー配分の把握

一般的に 1 日あたりの栄養素配分を 3：3：4 もしくは 3：4：3 と配分することがよいといわれているが，現実的にはむずかしい。また子どもや高齢者では，1 日あたりの必要エネルギーを 4 分割し，3 分割分を朝・昼・夕の食事で摂取し，残り 1 分割分をさらに 2 回に分けて間食とし，1 回の食事量の目安量を設定することもひとつの方法である。一般的には，朝食は糖質を主として，夕食は脂質を少なくして野菜をしっかり摂取することで，エネルギーの過剰摂取を抑えることができる。このようなことを念頭に入れた献立作成を心がけるとよい。

(3)　献立作成上の留意点

1)　食品の選択

健常者を対象とする場合は，嗜好にあった主菜に使用される食品をまず決定する。しかし，嗜好が偏っている場合は，栄養摂取にも偏りが生じやすいので，できるだけ多品目の食品が望ましい。

2)　調理法の選択

同じ材料であっても調理法によって色，味，食感などが異なる。同一献立，もしくは同日のなかで同じ調理法を用いず，できるだけ幅広い調理法を用いる。また子どもや高齢者に対しては，必要に応じて香辛料や切り方などを工夫して，同一の調理法で

も食べやすくなるように考慮する。

3）　調味料などの使用量

　調味料の使用量や揚げ物などの吸油量は，標準的な**調味%**（**表3-6**）や一般的な**吸油量**を参考に栄養計算する（**表3-7**）。一般的に，調味料の使用は献立作成者の好みの味つけになりやすいことを留意して，より多くの人が「おいしい」と感じるように心がける。また，標準的な味つけを基本として，料理によって塩味や甘味を微調整する習慣をつけておくと，味つけのばらつきを防ぐこともできる。実際の調理では，調理の種類によって調味料の必要量が異なる。

表3-6　調味%の基準

塩味の基準

調理	食塩濃度（%）
吸い物　スープ	0.6〜0.8
和え物　酢の物	1.0〜1.2
ソース類	1.2〜1.5
煮物	1.2〜1.5
生野菜のふり塩	1.0〜1.2
魚・肉のふり塩	1.0〜1.2
漬物（即席漬け）	1.5〜2.0
漬物（長期）	3.0〜10.2

砂糖濃度の基準

調理	砂糖濃度（%）
和え物　酢の物	3〜7
煮物	3〜5
煮物（佃煮）	10〜15
飲み物	8〜10
プティング・ゼリー	10〜12
ジャム	40〜70
煮豆	50〜100
防腐効果	50以上

表3-7　揚げ物の温度と吸油率

種類	温度（℃）	衣材料	吸油率
天ぷら（魚介）	180〜190	小麦粉・水・卵	10〜15%
（根菜）	160〜180		9〜15%
（かきあげ）	180〜190		10〜20%
フライ	180〜190	小麦粉・卵・パン粉	12〜20%
から揚げ	180〜190	でんぷん	6〜10%
素揚げ（魚，イモ類）	160〜180	なし	8〜10%
素揚げ（ナス・ジャガイモ）	170		15〜20%

4）　味つけ

　塩味としての成分は塩化ナトリウムが基本となる。塩味の代替としては塩化カリウムなども使用されることがあるが食味が落ちる。甘味は砂糖のほか，みりんやハチミツなどを用いることもあるが，ショ糖以外の代替甘味料も多く出回っている。それぞれの甘味の特徴に応じた使用量を考えることが必要となる。

　一般的に煮物などの味つけでは，甘味を強くすると味のバランスをとるために塩味

も強くすることが必要となる。味つけを全般的に薄くするためには，甘味を少なくする必要がある。また，野菜や魚介類は鮮度がよいもののもち味を活かして調理することで，薄味に繋がる。

5）　季節感や節句

季節感を感じる食材の選択や，桃の節句にちらし寿司を提供するなど，これまで培われてきた日本の食文化を取り入れる（第 2 章参照）。

6）　経済性

旬の食材を使うことで，安価でかつ栄養的な価値も高くなる。ダイコンの葉や皮なども調理の工夫によって摂取できる。このような工夫は，経済的で環境を守ることにつながる。

（4）　献立作成の手順

献立作成の手順として決まったものはないが，次のような手順と目安量で作成するとエネルギーやたんぱく質の摂取量バランスが整えやすくなる。

1）　米飯を主食とした場合

①　米　飯

エネルギーの約 50％は主食からとり，その摂取量は理想体重を基本に考える。米飯であれば体重当たり 3 g を目安とし，体重 60 kg の人であれば 180 g が目安となる。麦飯の場合は，同じエネルギーで吸水量の違いから約 10％は多く摂取することができ，不足しやすいビタミン B_1 や食物繊維が摂取しやすくなる。ゆで麺に置き換えるのであれば，米飯重量の倍量を目安とする。

②　主　菜

主としてたんぱく質を多く含む食品で，米飯の約半分の重さを目安とする。アジやサンマであれば 1 本（骨を除いた正味量が 90 g 程度），サバやサケの切り身であれば 1 切れが該当する。肉類は脂肪が多いか少ないかでその量が決まる。たとえば，とんかつに使われる豚ロースであれば 1 枚 70 g 程度，また一般的には脂肪が多いひき肉は手のひらサイズの薄いハンバーグが目安となる。主菜は料理法によってエネルギー量が大きく異なり，摂取エネルギー量の過不足に大きな影響を与える。

③　副　菜

野菜を中心とした料理で，見た目は量が多くても重量としては不足しがちな生野菜サラダだけでなく，お浸しなどのゆで野菜・蒸し野菜を 1 日 1，2 回取り入れることが野菜不足にならないひとつのこつである。1 回量は加熱前で両手 1 杯が目安（120 g）になり，毎食がむずかしければ，夕食時にしっかり，たっぷり食べることで食事のボリューム感もあり，満足感につながるとともにエネルギー量過剰を防ぐことにもつながる。

④ 汁　物

みそ汁やスープ1杯（180mL）には約1.5gの食塩が含まれ，1日1回を目安とする。野菜をたっぷり入れると「汁」が少なくなり，野菜に含まれるカリウムの影響も手伝って，減塩効果が期待できる。

⑤ 小　鉢

第2の副菜は酢の物や食塩を抑えた浅漬け，和え物などが該当し，③の副菜がしっかりとれていれば必要ないことも多い。身体活動量が多い者，高齢者の場合や主菜に肉や魚の量が多くないときには，豆腐や納豆などを加えると食事全体の調整役を担うことができる。小鉢によって食事のボリューム感をアップさせたり，食事全体のバランスを調整することも少なくない。

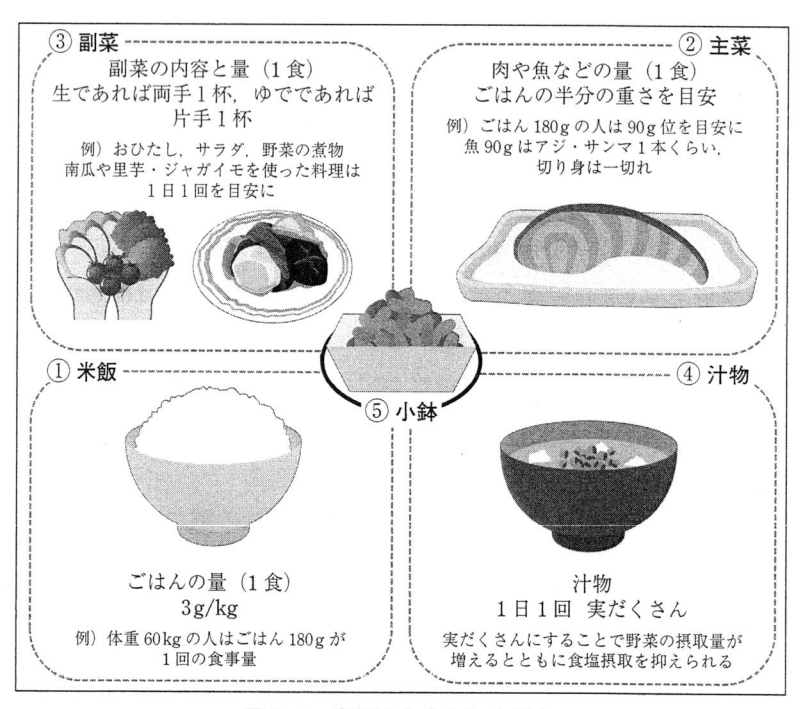

図3-4　米飯を主食とした場合

2）　パンを主食とした朝食の場合

パンの栄養的特性を理解し献立作成を行う。

① パ　ン

パンの量は米飯の約半分量（約1.5g）が目安となる。たとえば，体重60kgの人は1回のごはんは180gとなるが，パンであればその約半分の90g（食パン8枚切り2枚またはロールパン3個）となる。

② 飲み物

パンは米飯と異なり食塩が含まれており，食塩摂取量の視点から考えると米飯のみ

そ汁の代わりにスープを提供することは，食塩の過剰摂取につながりやすい。紅茶やコーヒーなどの食塩が含まれない飲み物や，牛乳などで調整することが望ましい。

③　その他

1)　パンは米飯に比べてたんぱく質や脂質が多く含まれるので，乳製品などを利用することで副菜がなくてもたんぱく質の摂取量は確保しやすい。

2)　副菜としての野菜は少量であっても摂取が望ましいが，朝食時は果物などでも代用できる。

	食パン	飯（精白米・水稲）
重量	90	180
エネルギー	234	302
たんぱく質	8.1	4.5
脂質	3.8	0.5
炭水化物	41.9	66.8
食物繊維総量	2.1	2.7
カルシウム	26	5
ビタミン B_1	0.04	0.05
食塩相当量	1.1	0.0

図 3-5　パンを主食とした朝食の場合

3-3 ▍食事バランスガイド

食事バランスガイドは，健康で豊かな食生活の実現を目的に策定された「食生活指針」（2000 年）に対し，具体的に行動に結びつけられることを目的に，2005 年 6 月に厚生労働省と農林水産省が提示したものである（**図 3-6**）。1 日に，「何を」「どれだけ」食べたらよいかを考える際の参考となる食事摂取ガイドラインである。

食事の望ましい組み合わせとおおよその量をイラストでわかりやすく示しており，**サービングサイズ**（SV）という単位を用いて 1 食，1 日あたりの食品の組み合わせや食事の量について提示している。主食，主菜・副菜の種類や量についてはさまざまな料理に対応できるように別図でまとめられている（**図 3-7**）。特別な食事療法など必要としない人びとに対しては，子どもから高齢者まで妊婦を含めて利用可能なガイドラインとなっている。

諸外国でも同様な食事ガイドラインが提示されているが，日本のガイドラインは 1 食あたりの摂取量がわかりやすく示されているという点が，世界でも珍しい。

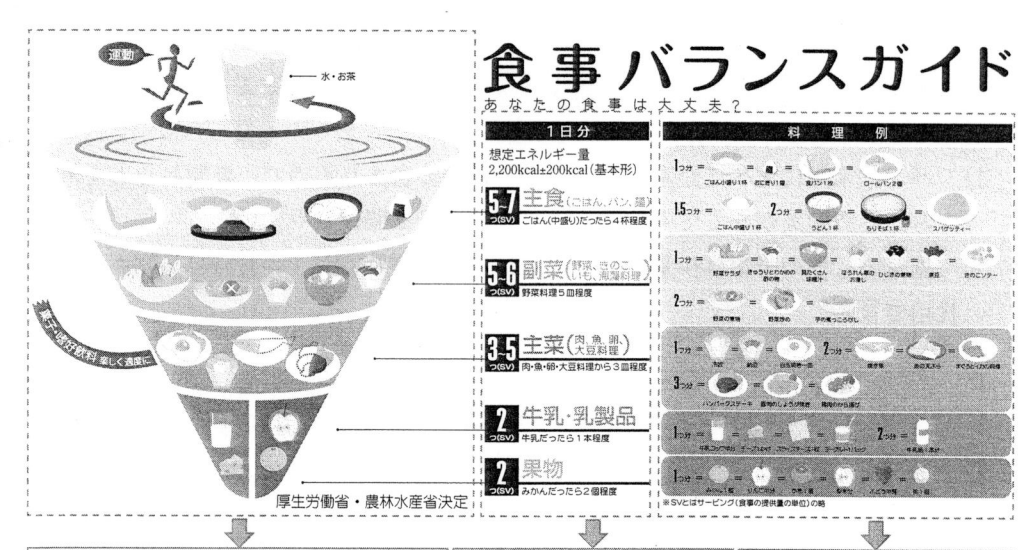

食事量として最も多いものが主食であり，次に副菜，主菜，乳製品・果物と一日の摂取量としてバランスを示している。「コマ」を形どっており，コマの中心は水分を示し，食事からの水分摂取も含めた概念図となっている。コマを回す糸に菓子や嗜好飲料が書かれており，食事を楽しむためには必要であるが多い量は必要なく，またこの食事が潤滑に摂取できることで，運動もできまた運動することでこのコマがよく回ることを示している。

主食，副菜，主菜，乳製品，果物をそれぞれの SV 摂取することで，ほとんどの成人が一日に必要なエネルギー2200kcal 程度を摂取できる目安量を示している。例えば主食の 5-7SV は朝，昼，夕で 2，2，3SV とすると，朝は食パン 2 枚，昼はうどん 1 杯，夕はごはん軽く 2 杯程度。

それぞれの SV の目安量を示している。朝はパン，牛乳，果物にすると昼食・夕食でそれぞれ 2-3 単位の食事となり，昼を外食でハンバーグとサラダを食べたら主菜 3SV，副菜 1SV となるので，夜は焼き魚，野菜煮物，おひたしといった組み合わせにするとバランスがとれる。

図 3-6　食事バランスガイド

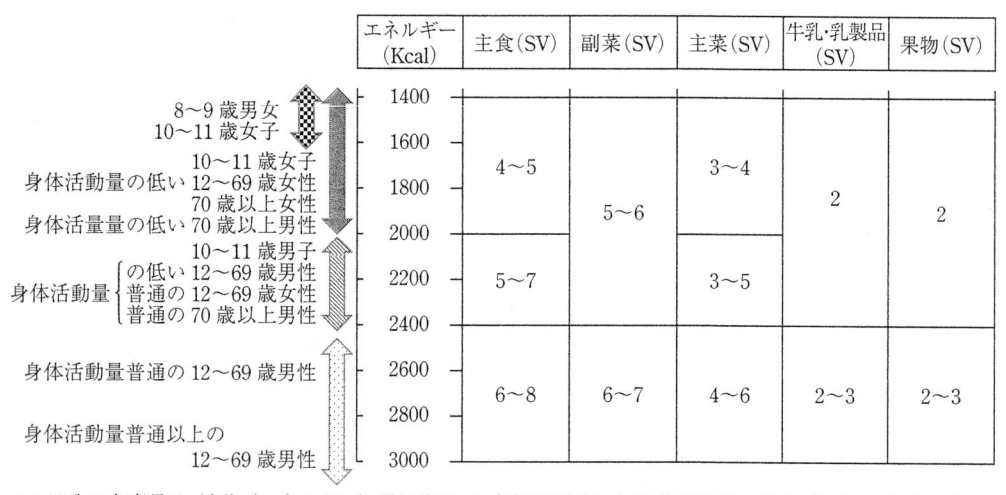

*1 日分の食事量は，活動（エネルギー）量に応じて，各料理区分における摂取量の目安（SV）を参考にする。
*2200 ± 200kcal（基準食）の場合，副菜 5〜6SV，主菜 3〜6SV，牛乳・乳製品 2SV，果物 2SV は同じであるが，主食や主菜の内容（食材や料理法：揚げ物等エネルギーが高くなりやすいものを 2〜3 回/週にとりいれるなど）や量を加減してバランスを整える。☞体重の変化を評価指標として摂取エネルギーの過不足を評価する。
*成長期で身体活動レベルが特に高い場合（部活等運動量が多い）は，主食，副菜，主菜について，必要に応じて SV 数を増加させる。☞成長曲線などを参考に十分なエネルギーやたんぱく質が摂取できているのかの評価が必要。

図 3-7　食事バランスガイド（対象者特性別の摂取量目安）

4 集団を対象とした食事計画

　集団を対象とした食事は，ある一定数以上の対象者の食事を提供することであり，個人を対象とした食事計画よりも，使用する食材量も多く種類も多い。そのためあらかじめ献立を作成し，購入する食材量や，調理から喫食までの時間なども考慮した食事計画が必要である。食事提供する対象者によって，目標とする提供栄養量や食事の目的が明確であり，その目標を達成するために管理栄養士や栄養士，調理師などの食事提供における専門職が中心となって食事計画を実施することが求められる。

4-1 ▌食事の種類

　学校や保育所といった成長発達のための食事や，治療の一環としての役割を担っている病院食など，特定の対象者に提供する食事と，レストランや産業給食のように不特定多数の人に提供する食事がある。たくさんの材料を調理するため，調理から喫食までの時間を要する場合もあり，喫食者のニーズにあった栄養量や，嗜好に加えて食中毒などの事故が発生しないよう食事提供手順を考慮した献立作成が必要となる。

　保育所や小・中学校で提供される食事は，摂食機能や消化能力，活動量なども考慮し十分な成長・発達をうながすことが給食の目標となる。病院食は，疾患管理の一環として栄養状態の維持・向上をもって疾病治癒の向上の役割を担う他，継続される治療のなかでの楽しみとしての役割をもつことも少なくない。高齢者などの施設では，疾患管理や合併症予防ということも考慮に入れる必要があるが，過不足ないエネルギーや栄養素の充足を基本とし，食事を楽しむことで個々人の QOL 維持・向上が優先される目標となることも多い。このように対象のニーズに合わせた適切な目標設定が重要となる。

　事業所やレストランなどで提供する食事もまた大量調理となる。カフェテリア形式なのかテーブルサービス形式なのか，また福利厚生の一環として昼食などを提供しているか，顧客の求めに応じた食事提供を目的にしているかなど，方法も目的もさまざまである。

4-2 ▌集団に対する献立作成

　集団に対する献立作成の詳細については，給食経営管理論などを参照されたい。個人を対象とした献立作成と大きく異なる点は，①使用する食材の量が多くなるため，購入する食材量や購入費用に対する考慮が必要，②ある一定の調理時間が必要，③調理に要する一定人数配置が必要，④調理終了と摂取時間に差がある（衛生的配慮），⑤個人個人の嗜好に対する調整がむずかしいなど考慮しなければならないことが多く，

「人・金・時間・場所」の管理能力が必要となる。次に献立作成に関する代表的な手順を概要する。

（1）　食事提供対象者の把握と目標栄養量の設定

年齢，性，活動量などを考慮して平均的な必要エネルギー，たんぱく質を把握し，1食あたりの目標栄養量を設定する。また，対象者が常に同一であるのかどうかも，献立作成の重要な情報である。

微量栄養素などについても同様に目標量を設定するが，一般的な食事では，不足する可能性が高い栄養素については，若干高く設定して1日の摂取量において不足が起こらないように設定することもある。一般的にレストランなどの食事では，主として嗜好が優先され，提供した食事の栄養量についてはひとつの情報として提示される。

（2）　提供時間や提供回数の把握

特定の対象者に提供する食事は，**提供回数**や提供する時間によっても使用する食材の種類や献立内容も異なり，調理作業手順を考慮した献立調整が重要となる。材料の搬入時間や搬入業者，また下処理も含めた調理時間，材料費など，食品衛生上の安全と給食経営管理上のバランスなど，個を対象とした献立とは大きく異なってくる。

レストランなどにおいては，対象者がゆっくり食事を楽しむことを目的としているのか，あるいは昼食時などに短時間で食事摂取そのものを目的にしているのかによっても献立は異なってくる。

（3）　献立作成上の留意点

食事摂取対象者が同一であれば，少なくとも7～10日間は同じ料理が重ならないよう調理の幅を広げていくことが必要である。同じ材料であっても食材の組み合わせや調味料，加熱方法などによって，できあがりの印象はまったく異なってくる（**表**3-8）。また，毎週日曜日は麺類やカレーといったある一定の曜日のみを意識し，同一献立を提供するような方法もある。これらは対象者のニーズに合わせて選択してゆくことが重要である。

大量調理の献立に用いる調理法には，向き不向きがある。一般的に，煮物や和え物は大量調理に向いた調理であるが，煮魚などは煮汁が十分にないと加熱むらの原因になる。また，食材の総量や用いる調理器具の種類や大きさによっても調味料の必要量が異なる。献立の栄養計算は実際に摂取する食品や調味料の量に基づいて行われることが一般的なため，鍋や皿に残る煮汁を考慮しないで調味料を算出すると味つけが物足りなくなる可能性が高い。そのため，煮魚や野菜の煮物は，廃棄する煮汁を考慮して1.2～1.5倍程度の調味料が必要となることもある。逆に，煮物はいつ，どのようにつくるかによって食材に浸み込む調味料の量も考慮する必要があるため，使用する調理器具や調理に関わる時間，減塩対策などを十分考慮して，大量調理に用いる調味料の量を決定することが必要である。

表3-8 献立のバリエーション（小鉢：ホウレンソウとの組み合わせ）

ホウレンソウ	ニンジン・キノコ類	ミツバ	かつお節・のり	モヤシ・タマネギ	鶏ささみ	卵	ツナ	油揚げ
塩・だし汁	○	○	○	○	○	○		
塩・ごま・油	○	○	○	○	○	○	○	
しょうゆ・だし汁	○	○	○	○	○ からし・わさび	○	○ からし	○
しょうゆ・砂糖・ごま	○	○		○				
しょうゆ・油	○	○	○	○	○		○	
みそ・砂糖	△		△		△			○

表3-8 献立のバリエーション （野菜煮物：ダイコンとの組み合わせ）

ダイコン	ニンジン	その他の根菜(ハス,ゴボウ)	サトイモ・ニンジン・シイタケ	鶏もも肉	豚肉	生揚げ・油揚げ	ツナ	イカ
しょうゆ・みりん・だし汁	○	○	○	○	○	○		○
しょうゆ・酒・だし汁	○	○	○	△	△	○	○	○ とうがらし
みそ・みりん・だし汁	○	○	○	○	○	△		○
コンソメ	○			○	○		○	○
カキ油・ごま	○	○	△	○	○	○	○	○
カレー粉・塩	○			○	○		○	○

表3-8 献立のバリエーション（メイン—鶏むね肉）

鶏むね肉	ソテー	煮物	焼き物	フライ	天ぷら	唐揚げ	その他
しょうゆ	○		○			○	
しょうゆ・みりん	○	○ 野菜	○			○	
塩・胡椒	○			○	○	○	
カレー粉	○	○ 野菜	○	○	○	○	
バター	○ ケチャップ,しょうゆなど	○ コンソメ味					
にんにく	○		ニンニク・ネギ・しょうがなど	○	○	○	
ポン酢	○	○					酒蒸し

表3-8 献立のバリエーション（メイン—魚）

	刺身	煮物	焼き物	フライ	天ぷら	唐揚げ	その他
マグロ	○	○ 角煮	○			○	竜田揚げ
アジ	○	○ しょうゆ	○ 干物	○	○	○	南蛮漬け
サバ	○ シメサバ	○ しょうゆ・みそ	○ 干物			○	南蛮漬け
カレイ	○ うす造り	○ しょうゆ・ コンソメ	○	○	○	○	ホイル焼き
タラ		○ しょうゆ・みそ・ コンソメ・カレー	○	○	○	○	ホイル焼き・ トマト煮
サワラ		○ しょうゆ・みそ・ コンソメ・カレー	○	△	○	○	ホイル焼き・ トマト煮
サケ	△ ルイベ	○ しょうゆ・ コンソメ	○	○	○ しそ揚げ	○	ホイル焼き・ 酒蒸し

　身のやわらかい魚の料理や，加熱によってかたくなりやすい塊肉，煮崩れしやすい南瓜煮や肉じゃがなどは，その加熱時間や調理器具の調整が必要となる。また，そばなどの麺料理は，配膳時間がかかる場合は向いていない。家庭では手間のかかる料理として敬遠されがちな揚げ物料理は，むしろ下処理が終了すれば比較的短時間でできる調理方法である。ゆで卵や目玉焼きなどは調理技法としてはむずかしくないものであるが，時間と人手がかかる作業が必要な調理は不向きである。

　現在は，スチームコンベクションオーブンや真空調理法など新しい加熱機器や加熱方法，冷蔵，冷凍食品などの利用によって手早く提供できる方法も増えている。集団を対象とした献立作成は，献立作成，食材入手などに始まる作業工程を念頭に入れた献立構成と味のばらつきを抑え，多くの人の嗜好に合わせられる標準的な調味％を用いた献立作成や栄養計算するための吸油率など，調理科学の理論に基づいた知識がより重要となり，個を対象とした献立作成とは大きく異なる点である。

5 献立・食事に対する評価

5-1 献立に対する評価指標

　個を対象とした献立に対する評価は，「おいしい」「量がちょうどよい」など，個人

のそのときのニーズにマッチングしているかどうかという評価に加えて，健康や成長・発達の維持・向上ができているということにある。

　食事は，生活のなかでの楽しみ，喜びであり，食事をともにすることで情報の共有化や相互理解などの社会的意味も大きい。しかし，食事をする目的のひとつとしては，体外から「栄養素」を取り入れ，消化・吸収・代謝によって生命を維持することも重要である。そのためには，日常的な食事においても，ある程度は栄養バランスのとれた食事計画が必要である。その**評価指標**としては，「おいしい」「量がちょうどよい」「満足」といった**主観的評価**に加えて，健康状態や成長・発達といった客観的な評価についても状況に合わせて実施する。

5-2 ▎食事アンケートのとり方

　集団を対象とした献立に対しては，対象者の最も大きいニーズを把握するために，定期的に**食事アンケート**を実施する。食事アンケートを実施するにあたっては，対象者のどのようなニーズを把握したいのかを明確にしておくことが重要である（**表3-9**）。また，一度に聞く内容はできるだけ絞り，3～5分程度で回答できるようまとめ，あらかじめ性別と年齢などの項目程度は聞いておくことで，食事に対する年齢や性の影響を考えることができる。

　ニーズが絞れていないアンケートは，その結果を献立の改善やニーズに合わせた調

表 3-9　食事アンケート（提供量の確認例）

実施年月日（　　月　　日）	男性・女性　　　　　　歳
1.　主食（ごはんやパン）の量は適正ですか	
ごはんの量はいかがですか	ちょうどよい・多い・少ない・わからない
パンの量はいかがですか	ちょうどよい・多い・少ない・わからない
2.　主菜（メインとなるおかず）の量は適正ですか	
肉や魚の量や大きさはいかがですか	ちょうどよい・多い・少ない・わからない
お料理は口に合いましたか	はい・いいえ・どちらでもない
3.　副菜（小鉢やサラダなど）の量は適正ですか	ちょうどよい・多い・少ない・わからない
4.　汁物（みそ汁やスープなど）の量は適正ですか	ちょうどよい・多い・少ない・わからない
5.　汁物の味つけはいかがですか	ちょうどよい・薄い・濃い・わからない
6.　果物の量は適正ですか	ちょうどよい・多い・少ない・わからない
7.　乳製品の量は適正ですか	ちょうどよい・多い・少ない・わからない
8.　これまで召し上がった料理のうちでおいしかったものを教えてください	
9.　これまで召し上がった料理で嫌いだと思った料理を教えてください	
その他のご意見	

整に活かすことができずに，アンケートとしての目的を達成できないこととなる。またアンケートは必ず集計を行い，その結果を公表し，結果から献立内容の調整をどのように行っていくのか提示することで，アンケートに協力することの意味を対象者自身が理解することとなる（**表3-10**）。

表3-10　食事アンケート（味つけの確認例）

実施年月日（　　月　　　日）	男性・女性　・　　　　歳
1. 主食（ごはんやパン）はいかがですか	
ごはんのかたさはいかがでしたか	ちょうどよい・かたい・やわらかい・わからない
パンの種類についてお好みを教えてください	食パン・ロールパン・ブドウパン
2. 主菜（メインとなるおかず）はいかがですか	
主菜の味つけはいかがでしたか	ちょうどよい・薄い・濃い・わからない
どのような主菜がお好きですか	肉料理・魚料理・卵料理・和風・洋風・中華風・その他
3. 副菜（小鉢やサラダなど）のはいかがでしたか	おいしい・まずい・わからない・野菜は嫌い・野菜は食べない・その他
4. 汁物（みそ汁やスープなど）の味つけはいかがでしたか	ちょうどよい・薄い・濃い・わからない
5. 汁物の回数はいかがですか	ちょうどよい・多い・少ない・わからない
6. 果物はいかがですか	おいしい・もっと欲しい・好きでない・食べない・いらない・わからない
7. これまで召し上がった料理のうちでおいしかったものを教えてください	
8. これまで召し上がった料理で嫌いだと思った料理を教えてください	
その他のご意見	

column

すき焼きの牛ロースの栄養計算は何を使う？

　すき焼きや炒め物などに使うリブロースの食品標準成分表をみると，和牛肉，乳用肥育牛肉，交雑牛肉，輸入牛肉の4つの種類がある。それぞれ100gあたりのエネルギーは，573kcal，409kcal，539kcal，231kcalと異なる。この違いは含有される脂肪量が起因しており，それぞれ53.4g，35.0g，49.6g，14.2gの脂肪が含まれている。松坂牛などの銘柄牛肉は価格で牛肉の種類を判断することが可能である。通常比較的購入しやすいリブロースは「国産」などの記載がある交雑牛のことが多く，脂肪が比較的少なく赤身の割合が多いホルスタイン種の乳用肥育牛肉も含まれている。ただ単に「国産」と書かれている場合には，その脂肪量で栄養計算に使用する牛肉の項目を選択することが必要となる。また輸入牛肉は最も脂肪の含有量が少ないが，比較的脂肪が多い輸入肉については乳用肥育牛肉や和牛の項目をあえて選択し，実際の摂取内容に近づけることも必要である。

　同様に，とんかつのロース肉やから揚げの鶏肉，マグロの刺身など，さまざまな食品で，食品標準成分表のどの食品を選択するかは実際に使用する食材をみて判断しなければならないことも少なくない。

4章

調理と嗜好性

1 食物のおいしさに関与する要因と変動

1-1 おいしさと嗜好

　人は毎日食事をする。食事をしながら意識的にあるいは無意識に，その食物のおいしさを評価する。そのくり返しのなかで食嗜好が定着する。そこで，同じような食習慣をもつ同一文化圏の人びとは基本的に共通の**食嗜好**をもつようになる。定着した食嗜好はまた，食物のおいしさに影響を与える。すなわち，人の脳のなかに食嗜好というものさしができあがる。このものさしは長年にわたってつくられたもので，短期間に変わることはない。人が食物を食べるときにはその食物が五感に与える刺激，たとえば，味はどうか，かたさは適度か，外観はよいかなどを，自分のもっている食嗜好というものさしに照合し，おいしさを評価する。

　おいしさの評価には，背景要因として食物を食べるときの人の生理状態や心理状態なども影響を与える。また，自然および社会環境も影響を与える（**図4-1**）。同じ食物もひとりで食べると味気ないが，親しい人たちと一緒に食べるとおいしいなど，日常経験していることである。これは嗜好というものさしは同じでも背景要因に影響されるからで，ものさしは変化することはない。

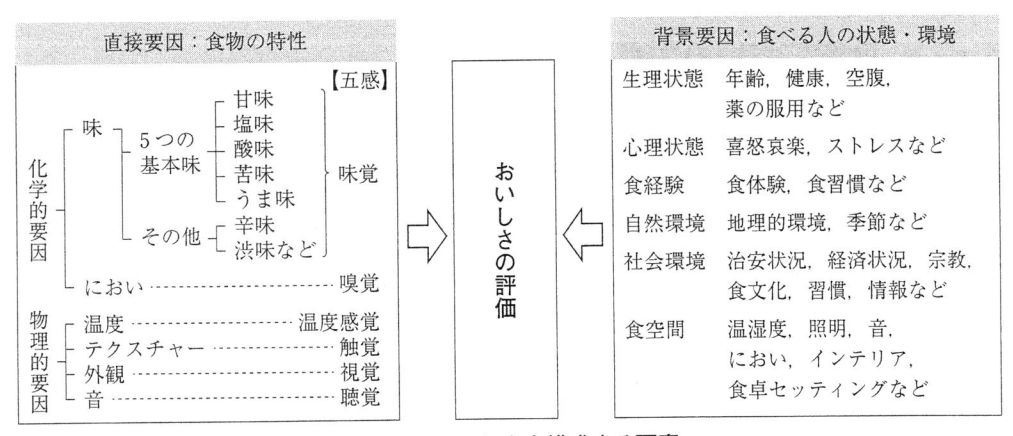

図4-1　おいしさを構成する要素

　このように，おいしさには多くの要因が関与する。このうち食物の特性（直接要因）は，化学的および物理的要因に分けることができる。この食物の特性は食べている人の五感である視覚，嗅覚，味覚，聴覚，触覚に刺激を与え，嗜好というものさしでおいしさが判断され，さらに，この判断に背景要因が影響を与え，大脳で統合されて最終的においしさの評価がなされる。

1-2 ▎味やにおいを感じる仕組み

　味の認識は，舌の味蕾（みらい）を介して行われる。呈味物質の情報は味蕾の**味細胞**の受容体あるいは味細胞膜から鼓索（こさく）神経または舌咽（ぜついん）神経を経て，大脳皮質味覚野へ伝達され，味として認知される（**図4-2**）。

　においは，鼻腔の突きあたりの嗅粘膜上皮にある主嗅覚器の受容器によってかぎ分けられる。におい物質の情報は，においを受容する**嗅細胞**から脳へ送られ，脳の嗅覚野で認知される。

　味やにおいなど直接要因の知覚刺激情報は，前頭連合野で統合され，おいしさが統合的に判断される。

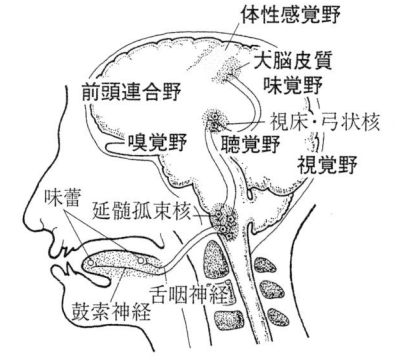

感覚の種類は，大きく特殊感覚，体性感覚と内臓感覚に分けられる。人は食物の状態を五感で感じ取る。五感のうち「視覚」，「聴覚」，「嗅覚」，「味覚」は，平衡感覚とともに特殊感覚である。「触覚（皮膚感覚）」は，圧覚，痛覚，温覚，冷覚，さらに深部感覚も含めた体性感覚である。

図4-2　おいしさの評価をする大脳
資料：高木雅行『感覚の生理学』裳華房，1992，p.2より作成

1-3 ▎味やにおいの生理的意義

　人は生きていくために食物を摂取しなければならない。このため生物としての人間には，毒物や有害なものを忌避し，有用なものを受け入れる機能が備わっている。においは，食物を生体内に摂取するかどうかを決める第一関門である。人は微量の揮発成分から，好ましいあるいは腐敗などの評価をくだす。

　第一関門を通過すると口中に入ってくる。咀嚼（そしゃく）して嚥下（えんげ）するか，吐き出すかの決定に関与するのが味である。味は第二の関門である。甘味，塩味およびうま味は本来生体に有用なものとしてのシグナルであり，苦味および酸味は有害なものとしてのシグナルであるといわれている。

1-4 ▌ 嗜好の形成

　人の味蕾は妊娠約 3 か月の胎児に認められており，この時期から嗜好形成が始まると考えられている。新生児についての実験では，生後数時間の新生児が甘味とうま味に対しては快の表情を，酸味と苦味に対しては不快の表情を示すこと，および塩味には生後 100 日から 120 日まではほとんど反応しないことが報告されている。

　離乳期には親が子どもに時間をかけて新しい食物の味を教え，嗜好の原型が形成される。その後，さまざまの食体験を経て嗜好が形成され，文化圏によってそれぞれ異なる嗜好が定着する。

1-5 ▌ おいしさの直接要因

(1)　食物の化学的要因

　味とにおいは，食物の化学的特性であり，食物のおいしさの化学的要因という（前掲，**図 4-1** 参照）。

1)　味

①　味の定義と種類

　味とは，味覚が刺激されることによって生じる感覚をいい，甘味，酸味，塩味，苦味およびうま味の **5 基本味**がある。基本味は他の基本味と異なる味の受容体があり，他の基本味と明らかに違う独立した味として，神経を伝わり，脳に伝達される。

ⅰ)　塩　味

　多くの調理の味つけの決め手となる基本的な味である。

　塩味を呈する代表的な物質は塩化ナトリウムであり，ナトリウムイオン（Na^+）と塩化物イオン（Cl^-）との組み合わせにより純粋な塩味となる。KCl や $MgCl_2$ なども塩味を有する。

　塩味を付与するために一般に用いられる調味料は，食塩，しょうゆ，みそである。

ⅱ)　うま味

　吸い物や煮物などの複雑でこくのあるおいしさに寄与する味で，基本味のひとつとして証明されたのは約 30 年前からである。うま味物質の代表的なものは，グルタミン酸ナトリウム，イノシン酸ナトリウムおよびグアニル酸ナトリウムである。

　うま味を付与するために，日本料理ではうま味物質を多く含む昆布，かつお節，シイタケなどの乾物がだし素材として用いられる。西洋料理では牛肉，鶏肉，白身魚のあらなどと香味野菜が，中国料理では鶏肉，豚肉，ネギ，しょうがなどが用いられる。西洋・中国料理のだしの材料は，生鮮品を用いることが多い。また，中国料理では干しシイタケ，干し貝柱，干しエビ，するめなどの乾物も用いる。

ⅲ）甘味

菓子，果物などのデザート類のおいしさに大きく寄与する味である。甘味を代表する物質は，ショ糖である。天然の食品にはこの他にブドウ糖，果糖，麦芽糖などの糖類や，グリシン，アラニンなどのアミノ酸など，甘味を有するさまざまな物質がある。

甘味を付与するために，一般的に用いられる調味料は砂糖である。この他，抗う蝕性，難消化性，ビフィズス菌増殖などの機能をもつ多くの甘味料が，主として工業的に用いられている。

ⅳ）酸味

酢の物やサラダなどの味を特徴づける爽やかな清涼感を与える味である。酸味は水素イオン（H^+）によって感じられ，調理で代表的な酸味物質は酢酸である。この他，リンゴ酸，クエン酸などの有機酸も，果物や野菜などの酸味に寄与している。

また，乳酸はヨーグルト，漬け物などの発酵食品の味に関与している。酸味を付与するために一般に用いられるのは食酢であり，4～5％の酢酸を含んでいる。

ⅴ）苦味

微量で食物の味を複雑にし，嗜好食品のおいしさに寄与する。コーヒー，チョコレート，ビールなどに苦味成分が含まれる。調味料として添加することはない。

ⅵ）その他の味

広義には，口腔内での感覚が味に似ているものも味に含める。これには辛味，渋味，えぐ味，収れん味，アルカリ味，金属味などがあり，痛覚，圧覚なども関与する。

②　味の相互作用

味覚で知覚される呈味物質の味は相互に影響し合う。調理における味つけには，この現象がうまく活かされている（第5章3節，第6章4節参照）。

ⅰ）対比効果

2種類の呈味物質を同時に，あるいは続けて味わうと，一方の味が強く感じられるようになる。

［例］砂糖に少量の塩を加えると甘味が強められる。

ⅱ）相乗効果

同質の2種類の呈味物質を同時に味わうと，呈味性がそれぞれの味より強くなる。

［例］グルタミン酸ナトリウムとイノシン酸ナトリウムを混合するとうま味が一層強く感じられる。

ⅲ）相殺効果（抑制効果）

2種類の呈味物質を同時に味わうと，一方の強さが他方により弱められる。

［例］コーヒーに砂糖を加えると苦味が弱くなる。

iv）　変調効果

2 種類の呈味物質を続けて味わうと，一方の味の質が変化する。

［例］食塩水を飲んでから水を飲むと水が甘く感じられる。

③　味の閾値

ⅰ）　刺激閾値

物質の味を感知できる最少の濃度を刺激閾値といい，次の 2 種類がある。

　・**検知閾値**：純水と異なる何か味が感じられる最小濃度

　・**認知閾値**：物質固有の味を感じることができる最小濃度

認知閾値は，一般に検知閾値のおおよそ 1.5〜2.2 倍である。

実験では，検査した人数の 50％が感じる濃度を閾値とするが，対象とした人や実験条件によって異なる。

ⅱ）　弁別閾値

濃度の異なる 2 種の味を区別し得る最小濃度をいう。

④　味の強さ

味の強さは呈味物質の濃度が高いほど大きい。**ウェーバー・フェヒナー（Weber-Fechner）の法則**では，感覚（人が感じる味）の強さが刺激の強さ（呈味物質の濃度）の対数に比例すること，**スチーブンス（Stevens）の法則**では，感覚の強さが刺激の強さのべき乗で表されることが示されている。

Weber-Fechner の法則：$R = k \log C$

Stevens の法則：$R = kCn$　または　$\log R = n \log C + k$

　R：感覚の強さ（味の強さ），C：刺激の強さ（呈味物質の濃度），k：定数

味の強さを比較する場合には等価濃度が用いられる。等価濃度とは，食べ物の味の強さが等しいと感じられる水溶液に含まれる呈味物質の濃度をいう。呈味物質の濃度が等しくても，粘稠な液あるいはゲルでは水溶液より等価濃度は低くなる。

⑤　味とテクスチャー

食物の多くは水を含んだ固形物であり，呈味物質はその水に溶けているか，または，咀嚼時に水や唾液に溶解して味として感じられるようになる。食物はさまざまなテクスチャーを有しており，呈味物質の濃度が同じでも味の強さの感じ方はテクスチャーにより異なる（表4-1）。

2）　におい

①　においの定義と特徴

においとは，嗅覚が刺激されることによって生じる感覚をいう。一般に快いにおいを「香り」，不快なにおいを「臭い」という。においはにおい物質が ppm あるいは ppb の単位の濃度でも認知できる。しかし，嗅覚の疲労により感度が落ちやすいのが特徴である。

表4-1　呈味効率の測定結果

	甘味効率	塩味効率
1.0%寒天ゲル	0.37	0.57
2.5%寒天ゲル	0.22	0.43
こんにゃく		0.43
クラッカー		0.23

呈味効率はその食品に含まれる砂糖（甘味効率）あるいは食塩（塩味効率）の濃度をどの程度の甘味あるいは塩味の強さと同じと感じているかを示す。呈味効率が1.00に近いほどその食品に含まれる呈味成分の量と同じ味の強さに感じていることを示す。1.0%寒天ゲル中の塩味は含まれる食塩の57%の強さと感じており，それより硬い2.5%寒天ゲル中の塩味は含まれる食塩の43%の強さとしか感じられていない。
資料：畑江敬子ら「高齢者と若年者における航空内感覚の比較—ざらつき感覚と呈味効率」『日本食品科学工学会誌』48(7) 2001, p.495

　におい物質の数は約40万ともいわれ，それぞれにおいが異なるが，においを表現する用語には一定の決まりがなく，連想されるものの名前で表現することが多い。

　好まれるにおいは文化圏によって大きく異なり，国や民族の食文化を特徴づけている。文化圏による嗜好の違いは，発酵食品において顕著である。

　② 調理とにおい

　好ましい香りは残し，好ましくないものは感じにくくするために，調理ではさまざまの工夫がなされている。以下にその例を示す。

- **香りの強調**：香りの強い食品の香りがより強く感じられるよう，組織を破壊したり，他材料との組み合わせを配慮する。吸い物の吸い口など。
- **香りの保持**：吸い物などで，しょうゆの一部を加熱終了直前に添加する。
- **においのマスキング**：肉や魚の臭みを消すために，香辛料，香草などを用いる。
- **新しい香りの生成**：加熱により好ましい香りを発生させる。照り焼き，カラメルソースなど。

(2) 食物の物理的要因

　視覚，聴覚，触覚などによって知覚される外観，色，咀嚼中の音，テクスチャー，温度など食物の物理的特性をおいしさに影響する食物の物理的要因という（前掲，**図4-1**参照）。

1) テクスチャー

① テクスチャー

　テクスチャーとは　口腔内の触覚，圧覚などによって知覚される感覚であり，食物の物理的性質に依存する。口ざわり，口あたり，舌ざわり，歯ごたえなどともいう。かたい，やわらかい，なめらか，もろいなどさまざまに表現される口中感覚の総称である。広義には，口腔内のみでなく，手で触れた場合の感触も含む。

② テクスチャー用語

　ツェスニアク（Szczesniak）により**表4-2**のように分類されている。機械的特性の

表4-2　テクスチャー用語の分類

分類	一次特性	二次特性	一般用語
機械的特性	かたさ		やわらかい→かたい
	凝集性	もろさ	もろい→サクサクした→かたい
		咀嚼性	やわらかい→かみごたえのある
		ガム性	粉っぽい→糊状の→粘っこい
	粘　性		水っぽい→粘っこい
	弾　性		弾力性のある
	付着性		さらさらした→べとべとした
幾何学的特性	粒子径と形		きめ細かい，粒状の
	粒子径と方向性		線維状の，多孔性の，結晶状の
その他の特性	水分含量		乾いた→湿った
	脂肪含量	油状	脂っこい
		グリース状	脂ぎった

資料：Szczesniak, A.S.: *J.Food Sci.*, 28, 1963, pp.385-395

かたさ，凝集性，粘性，弾性，付着性などは力学的特性のことで，幾何学的特性の粒子の形状などは，物質の構造に関連し，その他の特性の脂っこいなども含めて，すべて食物の状態からみたものになる。

③　調理とテクスチャー

テクスチャーは，味と並んで食物のおいしさに大きく寄与している。テクスチャーは，加熱条件や，混ぜる，こねるなどの種々の調理条件などによって大きな影響を受ける。調理のこつには，火加減，練り加減など，テクスチャーの制御に関するものが多い。好ましいとされるテクスチャーは文化圏によって大きく異なるので，調理のこつもまたそれぞれ異なる。シャーマン（Sherman）は，調理を含めた一連の食べる動作の段階に応じたテクスチャー用語の分類を行っている。

2）温　度

冷覚や温覚により知覚され，一般に体温±25〜30℃のものが好まれる。熱いものは熱く，冷たいものは冷やして食するのが一般的である。

3）外　観

視覚によって知覚する色，形，大きさ，つやなど，また，食器も含めたこれらの組み合わせなどであり，食する前に評価される。見た目の美しさは，おいしさの重要な要因のひとつである。日本料理では特にこのウエイトが大きい。

①　調理と色

ⅰ）食材の色を活かす

緑黄色野菜の緑色を活かすようにゆでたり，リンゴ，レンコン，ジャガイモなどの褐変を防止したり，揚げ操作によってナスの色を定着させるなどがこれにあたる。

ⅱ）　食材の色を変える

紫キャベツや赤しその葉のようなアントシアニン系の色素をもつ食材を，食酢で鮮やかな赤紫に変えたり，梅干しや漬け物にしその葉を加えて色をつけるのはこの例である。

②　調理と形

調理ではさまざまな切り方がある（後掲，**表5-5**参照）。特に飾り切りは，食文化によって大きく異なる。切り方には，咀嚼しやすく美しくみせると同時に，調味料を付着しやすくしたり，熱を通りやすくしたものが多い。

4）　音

聴覚によって感じられる食物の咀嚼音，食する前の諸操作による音などである。これらの音が，おいしさを高めるのに役立つと考えられる。生野菜，漬け物，せんべいなどの咀嚼音，肉を焼く音，ビールをコップに注ぐ音などがこの例である。

1-6 ▎おいしさの背景要因

食物のおいしいは，食物の直接要因だけで決定されるのではない。食べる人の状態，食べる人の環境の違いなどが相互に影響しあっておいしさの感じ方に影響を与える。

(1)　生理的要因

1）　唾液の分泌

唾液分泌の多寡は，咀嚼による食物の形や状態の変化だけでなく，呈味物質の味蕾への接触しやすさなどに影響し，味にも影響する。粘稠性の唾液を分泌する顎下腺や口蓋腺の機能は年齢によってあまり変化しないが，漿液性の唾液を分泌する耳下腺の機能は加齢により低下する。唾液の分泌には，生理的要因に加えて心理的要因なども関与する。おいしそうな食物をみると，唾液が分泌される。極度の緊張や不安は唾液の分泌を抑える。

歯根膜には，触・圧・痛覚の受容器がある。これらの感覚器への刺激は食物の性状により異なり，唾液の分泌量も異なってくる。乾燥食品を食べると唾液の分泌が多くなる。歯がない場合や入れ歯ではこのような感覚情報はない。

2）　年齢と感度

感覚器官の感度は一般に加齢にともなって減少し，塩化ナトリウム，ショ糖およびクエン酸の感受性が低下する。さらに，塩化ナトリウムの感受性が低い人は塩辛や漬物のような塩味の強い食品の嗜好性が高いことが報告されている

3）　空腹感

適度の空腹感は食物をおいしくする。空腹による血糖値の低下，血中遊離脂肪酸濃度の減少から生じる胃の飢餓収縮は大脳への伝達をはじめ，複雑な体内変化に関与している。

4)　歯の状態とテクスチャー

食物は一般に，門歯や犬歯で破砕され，臼歯で磨砕される。これらの操作により，食物の形状は大きく変化し，また咀嚼中に分泌される唾液により，食物の状態は変化する。人はこのような複雑な変化をテクスチャーとしてとらえているのであり，歯の状態はテクスチャーに影響を与える。

5)　栄養状態と嗜好

食物の嗜好は，本来は栄養状態と密接にかかわり合っており，生体が生きていくのに必要な栄養素を供給するものの嗜好性が高いと考えられる。このことは，次に示す鳥居邦夫氏の研究により明らかである[1]。

必須アミノ酸であるリシンが不足したラットにアミノ酸の液を自由に与えると，ラットはしばらく試し飲みをしたあとに，苦いリシンの液を飲む。そのうちに体調がよくなり，そうすると，ラットはリシンを飲まなくなって，うま味のあるグルタミン酸の液を飲むようになる。

人間にも，このような生物としての恒常性保持の能力はあるものと思われる。しかし，人間の生活における食物の嗜好は，より複雑に満足感や充足感とかかわるものとなっている。

(2)　心理的要因

楽しくリラックスした雰囲気か，緊張したり悲しみの心もちかという心理状態の違いは，同じ料理を食べてもおいしさの感じ方を左右する。

(3)　食経験

1)　過去の食体験

ある食物を食べたあとに体調を著しく崩した場合，その食物が嫌いになることがある。またその逆もある。これには脳の報酬系のはたらきが関与し，学習された刺激として固定する。

2)　個人の食習慣

食嗜好が形成される子どものときに食べ慣れた食物はおいしいと感じやすい。食べる機会がなかった食物のおいしさを理解することはむずかしいこともある。納豆，くさやの干物，フナの馴れずしなどの発酵食品には特有の風味があるので，食べ慣れていないとその風味が受け入れられずおいしいと思わない人がいるのはこの例である。

(4)　環境要因

環境要因には，気候風土などの地理的環境や季節などの自然環境と，宗教，食文化，情報などの社会環境がある。

---

1)　鳥居邦夫「ラットにおける蛋白質栄養とアミノ酸および食塩嗜好性に関する研究」『日本栄養・食料学会誌』40(1)　1987，pp.1-16

1）自　然

入手しうる食材は地域の気候や風土により大きく異なる。交通機関の未発達な時代において，この傾向は著しく，それぞれの地域にそれぞれの食文化が育った。このことは文化圏による嗜好性の違いである。

2）宗　教

宗教によっては食べることを禁じている食物がある（前掲，**表3-4**参照）。またハラール食品[2]である必要がある地域もある。

3）食文化

異なる文化圏にはそれぞれ独特の食物があり，他の文化圏では好まれないことがある。欧米ではかまぼこは好まれないが，カニ風味かまぼこは好まれる。特に発酵食品にはこの例が多い。食習慣とも密接な関係がある。

4）食情報

健康によい効果がある，などといわれると，それがおいしく食べられたり，好きなタレントがおいしそうに食べているとおいしく感じたりする。知名度や価格なども影響する。

（5）食空間

食事をする場所の温度や湿度，照明の色調や光度，インテリアと食卓の調和，食卓のセッティングなど，食事をとる空間も食物のおいしさを左右する。

2 嗜好の主観的評価

人間の食物に対する嗜好を評価するためには，人間に嗜好をたずねなければならない。人間に聞く主観的評価の代表的なものに官能評価がある。その他に，アンケート形式とインタビュー形式の調査がある。多くの人の嗜好イメージを調査したい場合や病院給食の利用患者などに対して行われている。次に，官能評価について述べる。

2-1 ▌官能評価

JIS Z 9080（1994）によれば官能検査とは，人間の感覚を用いて，品質特性を評価し，判定基準と照合して判定を下す検査をいう，となっている。その後，2004年には官能検査という言葉の代わりに**官能評価**という用語を用いることとし，JIS Z 8144（2004）では，官能評価とは，官能評価分析に基づく評価であり，官能評価分析は官能特性を人の感覚器官によって調べることの総称，官能特性とは人の感覚器官が感知できる属

2）ハラール食品：宗教の規定にしたがってと殺した家畜などの食品。

性となっている。また，ISO（International Organization for Standardization：国際標準化機関）によると，官能評価とは，人間の感覚器官によって製品の感覚的属性を検査することである。料理の専門家が料理の味を決めたり，熟練者がウイスキーの格づけを行ったり，魚市場で業者が魚の鮮度を判定したりするのは一種の官能評価である。このような専門家は長年の経験に基づき，感覚をセンサーとして品質を評価している。

　一方で，官能評価と相関の高いことがあらかじめわかっている機器測定値があれば，その値を嗜好の評価に用いることができる。菓子の好まれる甘味がショ糖濃度で何％であるかあらかじめわかっていれば，その菓子のショ糖濃度を管理することによって官能評価を行うことなく嗜好を確保できる。そのため，味覚センサーも開発されており，機器測定は官能評価を助けるため，あるいは裏づけるために用いることができる。しかし，糖濃度と人が感じる甘味度とは一致しないことがある（前掲，**表4-1**参照）。

　現在のところ，機器より人間の感覚のほうが鋭敏であることが多く，また，嗜好を適切に示しうる機器が少ないことから，官能評価は重要な手段である。われわれは日常生活において，どちらの菓子がおいしいか，この白飯はおいしいかなど，意識せずに評価している。これらはいずれも官能評価をしていることになる。

　食物の嗜好は，食物のもつ化学的要因，物理的要因ならびに，それを食べる人の生理的要因，心理的要因および環境などの背景要因に影響を受ける。そのため，再現性のある食物の嗜好の評価には，これらの背景要因を排除した状態で調べなければならない。

　特定の生理的状態にある人間の嗜好性を調べるには，そのような集団を対象として検査を行う必要がある。高齢者は加齢により一般に閾値が上昇し，また，歯を喪失したり義歯を装着する機会が増える。このような状態の人の嗜好は若年者とは異なる可能性がある。もし，病気があるとそのために，あるいは治療薬のために嗜好が変化することがある。

　集団を対象とする給食においては，特定の集団たとえば，健康な子ども，学齢期集団，職場関連集団，食事療法を要する入院患者集団など，生理的要因の異なるさまざまな対象によって，嗜好の異なる可能性がある。それぞれの食集団の嗜好を的確に把握し，その食集団の嗜好に最もよく合致した供食が望まれる。このことは栄養摂取を第一義とする場合であればこそ，喫食者集団に喜びと楽しみをもって食事に臨んでもらうための第一要件であろう。そのような集団の嗜好の評価法には給食後の残菜（喫食）調査も一手段である。

2-2 ▎官能評価の種類

　官能評価には，人間の感覚器官を用いて製品の特性を検査する**分析型官能評価**と，製品に対する消費者の嗜好を検査する**嗜好型官能評価**とがある。

官能評価の目的のために選ばれた特定の集団を**パネル**という。つまりパネルとは，学生パネル，女性パネルのようにグループをさす言葉である。パネルを構成する一人ひとりを**パネルメンバー**，あるいは**パネリスト**という。

（1） 分析型官能評価

材料配合をわずかに変えた製品，あるいは製造方法を変えた製品の差を識別したり，製品の特性を表現したり，ボトルのなかに飲料が一定量入っているか目視したり，あるいは商品の傷を検出したりするような場合がこれにあたる。製造工程の品質管理や商品開発の過程で行われ，その判断は分析的である。個人の感情や嗜好より，客観的な判断が求められる。このタイプの官能評価のパネルは分析型パネルである。

このなかには試験室（研究室）パネル，工程パネル，審査会パネルなどが含まれ，専門的知識が要求される。また，必要な訓練を行う。パネルの人数は5〜10人あるいは5〜20人程度である。試験室パネルは通常，会社の社員，研究者などから選抜され，専門知識をもち訓練された専門パネルと，それ以外の一般パネルとに分けられる。一般パネルには嗜好試験を行う場合もあり，**専門パネル**と消費者パネルの中間的性質をもつ。その場合の人数は専門パネルより多い。分析型パネルにも差の識別ができない程度のわずかな差であれば，嗜好型官能評価をする必要はない。

（2） 嗜好型官能評価

飲料の甘さはどの程度が好まれるか，だんごのかたさはどの程度が好まれるかなどの消費者の嗜好を知りたい場合の官能評価がこれにあたる。個人の好みを述べるだけでよい。このタイプの官能評価のパネルは嗜好型パネルである。パネルは目的に合わせて選ばれた消費者パネルである。目的に合わせてというのは，若者をターゲットにした商品ならそれを代表するような若者を，コーヒーの嗜好を知りたいのならコーヒーを飲む人を選ばなければ官能評価の意味がない。年齢，性別，居住地域などは結果に影響を与える。パネルを構成する人数は数百人あるいは1000人以上の大型と，そのパイロットテストとしての50人程度の中型がある。

分析型官能評価の場合，テストされるのは製品で，嗜好型官能評価の場合，テストされるのはパネリストであるといえる。

2-3 ┃ 官能評価に必要な条件

日常無意識に行っている官能評価では，たとえば，白飯をあまりおいしくないと判断しても，それを違う場所で食べたり，他人とおしゃべりしながら食べたりすると，また違った評価になることがある。

つまり，人間の感覚による評価は無意識のうちに，周囲の状況によって影響を受けるものである。このような心理的なかたよりの他にも，年齢，性別などによっても影響を受ける。そのため再現性のある官能評価を行うには，周囲の状況や環境などに影

響を受けないように科学的に設計された計画に沿って行われなければならない。再現性を高めるためには，ある程度の人数でくり返して精度を高める必要がある。なお，人間の感覚は疲労しやすいので一度に多数の試料をテストすることはできない。これらのことを考慮した実験の計画を立てなければならない。

　再現性のある科学的な官能評価を行うために考慮すべき条件を，環境，試料，手法に分けて，以下それぞれについて述べる。

(1) 環境

　分析型官能評価の場合，評価室は静かで，温度の調節と換気のできる部屋が望ましい。照明についても配慮が必要である。テストによって，個室あるいは円卓を用いる。個室法とはひとりずつ仕切られたブースを用い，他人の影響を受けることなく試料の評価を行う場合である。円卓法とは，複数のパネリストが互いに意見を交換しながら，評価のための用語を選定したり，尺度を共有したりする場合である。

　嗜好型官能評価の場合，テストは実際に食べたり，使用する場所で行うこともある。

(2) 試料

　パネリスト全員に同一の試料を提供しなければならない。2種の試料を比較するテストでは比較したい項目以外は等しくなるよう試料を調製しなければならない。また，テストの時間経過にともなって，温度が異なったり，乾燥が進んだりすることのないように一定の品質を保つような工夫が必要である。

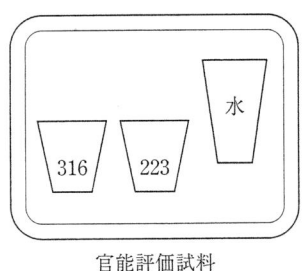

官能評価試料

No.	令和元 年 9 月 1 日
	氏名

ふたつの試料，316 と 223 は「だし」です。

口をゆすいでから，最初に 316 を飲んで下さい。次に 223 を飲んで下さい。わからなかった場合はもう一度戻って飲んでもかまいません。

ふたつの「だし」を比較してどちらの塩味が強いですか？　強い方に○をつけて下さい。

ひとつのだしから次のだしに移るときは，口をゆすいで下さい。

316　　　　　　　223

2点識別法の官能評価用紙

2種のだし材料から調製しただしの塩味の違いを調べる例。
質問票（右図）とともに，3桁のランダムな数字を付けた小さなコップに「だし」A, B を入れ，口ゆすぎの水を入れたコップとともにトレーに載せてパネルに提示した（左図）。
パネリストにはどちらが試料Aでどちらが試料Bかわからない。あるパネリストには316が試料Aで223は試料Bである。最初に味わったものの味を強く感じやすいので半数のパネリストには試料Aが最初に，残り半数は試料Bが最初に味わうように提示する。

図 4-3　官能評価の実施例（2点識別法）

　同一ということは，提示する試料の量，容器，温度，提示方法についてもいえることである。試料の量は固形物では30g，液体では15mLが目安である。容器は模様のない白が好ましい。試料につける記号はパネルにとって意味のないものとし，ランダムな3桁の数字が一般的である（図4-3）。

（3）手　法

　いくつかの手法があり，テストの目的や，試料の特性に合わせて適切なものを選ぶ。主なものをあげる。

2点試験法：試料AとBをパネルに示し，どちらが甘いか，どちらがかたいか，どちらが好ましいかなどをたたずねる方法である（図4-3）。

1対2点試験法：最初に試料Aを示してから，次にAとBを見せて，Aと異なる試料を選ばせる。

3点試験法：試料Aをひとつ，試料Bをふたつ，合計3つの試料をパネルに示し，半端の試料ひとつを選ばせる方法である。

順位法：3個以上の試料について，甘さ，かたさ，においの強さなどの特性の順位をつけさせる方法。好ましさの順位をたずねることもある。

カテゴリー尺度による採点：0〜3，1〜5，−2〜＋2などの数値尺度を用いて試料の特性や好みに評点をつけさせる方法である。

嗜好意欲尺度（FACT尺度）による採点：1から9までの9段階のそれぞれに「1：もし強制されれば食べる，……5：たまたま手に入れば食べてみる，……9：機会があればいつでも食べたい」というような意欲を示すカテゴリーが提示され，パネルはそのなかから選ぶ。

線尺度（line scale）法：両端に強さの程度を示す語句と両端に目印をつけた10cmの水平な直線を用意する。パネリストは，特性の感知強度を最もよく反映する直線上の位置を垂直な線でチェックする。線の左端からの距離が評価になる。

TI法：感覚強度の時間的な変化を連続的に，時間強度曲線（time-intensity-curve）によって評価する方法である。口に入れたときは，苦みや酸味を感じるが，時間の経過とともに甘味とこくに変わっていく試料などに用いられる。

一対比較法：シェッフェの一対比較法がよく用いられるが，3種類以上の試料を2個ずつペアにして比較する方法である。Aを先にBをあとに組み合わせるペアと，Bを先にAをあとにしたペアも含めるので，試料が3種類でもペアの数は6となる。パネルは一方の特性を0とし，もう一方の特性を−2〜＋2のように評点で採点する。

プロファイル法：4人あるいはそれ以上の識別能力に優れ訓練を受けたパネルで行う。テストしたい製品の特性を表現する言葉を収集，整理し，それぞれの特性を

評定尺度，あるいは強度尺度などで評価し，特性を種々の角度から描写する方法である。なかでもアーサー D. リトル社が開発してその後改良が加えられた QDA 法がしばしば用いられる。

SD 法：元来は言語の意味の測定のために考案されたものであるが，官能評価では，具体的な色，味，においなどについてこの方法でテストすることがある。明るい―暗い，上品な―下品な，というような反対語を両側においた 5〜7 段階の評定尺度を 10 個あるいはそれ以上用いて製品の特性を描写する。

（4）結果の解析

いずれのデータ解析もコンピュータのソフトウエア利用が便利である。この官能評価によって得られた結果が，偶然起きたことか，あるいは滅多に起こらないことであるか（有意に差があるといっていいか）を検定しなければならない。そのために種々の統計的手法がある。前提となる条件をよく理解したうえで使う。また，得られた結果に対する多変量解析の手法もあり，効果的に用いることによって結果をわかりやすく説明することができる。

3 嗜好の客観的評価

嗜好の**客観的評価**には，味やにおいなどに関する物質を化学的に測定する**化学的評価**と，外観，温度，音，テクスチャーといった物理的な性質を測定する**物理的評価**がある。いずれの評価も**機器測定**で行うことができる（**表 4-3**）。ふさわしい測定機器を選択し，条件を整えれば，再現性のある数値データを得ることができる。嗜好に影響する要因を知ることができたり，品質管理に利用されたりしている。しかし，機器と人の感度は異なることや，食品は摂食中に大きく状態が変化することなどにより，機器測定で得られる評価は，必ずしも人が主観的に評価する嗜好とは一致しない。人の嗜好を適切に示しうる機器も少ない。

また，近年では，主観的評価である官能評価と客観的評価である機器測定の中間的な評価に位置する，人の咀嚼・嚥下中の生体計測も導入されている。嗜好の評価においては，目的に応じてこれらを組み合わせて行うとよい。

3-1 ▎化学的評価

（1）味

呈味成分の測定などがある（**表 4-3**）。呈味成分の測定には，簡便に測定できる屈

折糖度計や塩分濃度計，pH試験紙などの他，詳細に分析できる近赤外分光分析法[3]や高速液体クロマトグラフィー（HPLC）[4] などがある。また，近年，人の総合的な感

表 4-3　客観的評価（機器測定）の例

要因		目　的	機器名・測定法
化学的評価	味	水分の定量	加熱乾燥法（赤外線水分計など） カール・フィッシャー法
		糖度（甘味）の定性・定量	屈折糖度計 デジタル糖度計 非破壊糖度センサー
		食塩（塩味）の定量	塩分濃度計
		酸味の定性	pHメーター pH試験紙
		無機質の定性	原子吸光分光分析計 近赤外分光分析法
		糖，アミノ酸，有機酸，核酸物質の定性・定量	高速液体クロマトグラフィー（HPLC） 近赤外分光分析法
		基本五味，風味，こくなどの定性	味覚センサー
	におい	香気成分の定性・定量	ガスクロマトグラフィー質量分析法（GC/MS）
		においの定性	においセンサー
物理的評価	外観	色の測定	分光測色計 色彩色素計
		透明度の測定	測色色差計 分光光度計
	温度	温度の測定	液柱温度計 熱電対温度 抵抗温度計 非接触（赤外線）温度計 バイメタル温度計など
	音	破砕音の測定	破砕振動装置
		咀嚼音の測定	咀嚼骨導音測定（生体計測）
	テクスチャー		さまざまな物理的測定（**表 4-5** 参照） 咀嚼筋筋電位測定（生体計測）

資料：大谷貴美子, 松井元子編『栄養科学シリーズ NEXT 食べ物と健康, 給食の運営 基礎調理学』講談社,
　　　2017, p.38 より作成

---

3) 近赤外分光分析法：対象となる試料に近赤外線を照射して，吸光度の変化によって成分を算出する方法。
　非破壊で測定の可能なことが大きなメリットである（山﨑英恵編『食べ物と健康Ⅳ 調理学 食品の調理と
　食事設計』中山書店，2018, p.16）。
4) 高速液体クロマトグラフィー（HPLC）：カラムの性能を高めて，送液から溶出液の分析までを専用の装置
　によって行うクロマトグラフィーのこと。混合物を各構成成分に分離することができ，また分離された各
　成分のマススペクトルを得ることができる（山﨑英恵編『食べ物と健康Ⅳ 調理学 食品の調理と事設計』
　中山書店，2018, p.16, 大島泰郎ら編『生化学辞典 第3版』東京化学同人，1998, p.507）。

覚に近い味覚センサー[5] による測定もある。

（2）　におい

香気成分の測定には，ガスクロマトグラフィー質量分析法（GC/MS）[6] などがある。また，味覚センサー同様のにおいセンサーによる測定もある。

3-2 ▍物理的評価

（1）　外　観

色や透明度の測定などがあり，色の測定は測色色差計[7] などで，透明度の測定は分光光度計で行うことができる。

（2）　温　度

熱電対温度計など，さまざまな温度計による測定がある（**表4-3**）。

（3）　音

人の咀嚼運動を模擬した破砕振動装置による測定や，生体計測である咀嚼骨導音測定などがある（**表4-3**）。

（4）　テクスチャー

詳細は次項3-3 ▶ 以降で述べる。テクスチャーを直接的に評価する測定として，さまざまなレオロジー測定やテクスチャー測定がある。近年では，咀嚼筋筋電位測定（EMG）など，人の咀嚼・嚥下中の生体計測もある。また，テクスチャーに影響する要因などを把握するための測定として，熱分析や成分分析，組織観察，画像解析などがある。

3-3 ▍食品の状態と物理的測定法

（1）　食品の状態

食品の状態は，液体から固体までさまざまであり，中間のものもある。その物理的性質は単純な粘性や弾性を示すものは少なく，両方の性質をもっているものが多い。また，エマルション，サスペンションなど多成分多相系で不安定な非平衡状態にある分散系の食品も多い（**表4-4**）。

5）味覚センサー：呈味成分そのものを測定するわけではなく，種々の人工の脂質膜の受容体をもち，その受容体の電位出力応答パターンから味を数値化する。（山崎英恵編『食べ物と健康Ⅳ　調理学　食品の調理と食事設計』中山書店，2018，p.16）。

6）ガスクロマトグラフィー（GC/MS）：質量分析計の試料導入部にガスクロマトグラフを接続した装置のこと。ガスクロマトグラフにより，混合物を各構成成分に分離し，各成分のマススペクトルを測定することにより成分の定性で行うことができる。（山崎英恵編『食べ物と健康Ⅳ　調理学　食品の調理と食事設計』中山書店，2018，p.16，大島泰郎編『生化学辞典　第3版』東京化学同人，1998，p.288）。

7）測色色差計：光の透過または反射により，L*値（明度），a*値（＋は赤，－は緑），b*値（＋は黄，－は青）をそれぞれ測定し，色の3要素である明度（L*），彩度（$\sqrt{a^{*2}+b^{*2}}$），色相（b*/a*）を求めることができる（種谷真一・林弘通・川端晶子『食品物性用語辞典』養賢堂発行，1996，p.76 より一部改変）。

表4-4　分散系の食品

分散媒	分散質		例
気体	液体	エアロゾル	噴霧中の液体
	固体	粉体	粉ミルク，小麦粉
液体	気体	泡沫	卵白の泡，ビールの泡
	液体	エマルション	水中油滴（O/W）型：マヨネーズ，牛乳
			油中水滴（W/O）型：バター
	固体	サスペンション	スープ，みそ汁
		ゾル	でんぷん液，ソース
		ゲル	ゼリー，こんにゃく，かまぼこ
固体	気体	固体泡沫	クッキー，乾燥食品
	液体	固体エマルション	魚，肉，青果物の組織
	固体	固体サスペンション	冷凍食品

（2）　分散系の食品

　分散系の食品例を**表4-4**に示す。**分散系**は，**分散媒**（**連続相**）と**分散質**（**分散相**）からなり，分散媒は分散系中で連続している部分であり，分散質は分散しているものを示す。直径1～100nm程度の大きさのコロイド粒子が分散しているものを，**コロイド分散系**といい，泡，エマルション，**ゲル**，**ゾル**などがある。**エマルション**は，分散質と分散媒がともに液体の場合をいい，水を分散媒として油滴が分散している**水中油滴型（O/W）エマルション**と，油を分散媒として水滴が分散している**油中水滴型（W/O）エマルション**がある。マヨネーズ，牛乳，生クリームは水中油滴型エマルションであり，バターは油中水滴型エマルションである。液体を分散媒として，固体（コロイド粒子）を分散質とする分散系で，流動するものをゾル，流動することのないものをゲルという。ゲルは限りなく液体に近いものから，限りなく固体に近いものまである。コロイドの分散状態によって，物理的特性は大きく異なる。

（3）　物理的測定法

　テクスチャー要素であるかたさ，粘りなどの食品の物理的性質（物性）の客観的評価は，それぞれの食品にふさわしい機器測定方法を組み合わせて用いるが，食品の状態により，食品の物理的測定法もさまざまになる（**表4-5**）。

　測定方法は基礎的方法，経験的方法，模擬的方法に大別される。基礎的方法では，液体の流動における粘度，微小変形領域における粘弾性，咀嚼などの破断に至る大変形領域の破断特性などがある。これらは物理量として表すことができる。

　経験的方法は物理量として表せないが，経験的にテクスチャーと関連づけられる。肉のかたさ専用にミートシアメーター，バターなど固形性のある物質のかたさ測定にペネトロメーター，牛乳のカードのかたさ測定にカードメーター，ベーカリー製品の

表 4-5　物性の測定方法

方　法	特　性	例
基礎的方法	基礎的なレオロジー特性を測定する方法	粘度：毛細管粘度計，回転粘度計
		粘弾性：クリープ測定装置，応力緩和測定装置，動的粘弾性測定装置
		破断特性：インストロン，ダイナグラフ
経験的方法	経験的に食品の物性に関係づけられるが，測定値は物理的には定義することはできない方法	硬度計，ミートシアメーター
		ペネトロメーター
		カードメーター
		ショートメーター
模擬的方法	食品を取り扱う動作や咀嚼の動作を模倣して測定するが，測定値は物理的には定義することはできない方法	アミログラフ，ファリノグラフ
		エキステンソグラフ
		テクスチュロメーター
		レオロメーター
		ラピッドビスコアナライザー

もろさの測定にはショートメーターが用いられている。模擬的方法は手でこねたり，伸ばしたり，咀嚼したりするような実際の食品が扱われるときと同じような条件下での測定方法である。

　アミログラフおよびラピッドビスコアナライザーはでんぷんの糊化にともなう粘性の測定，ファリノグラフおよびエキステンソグラフは小麦粉生地の測定に用いられる。テクスチュロメーターやレオロメーターは，食べる動作を模した測定機器で，測定値は主観的測定値（官能評価）とよく対応している。

3-4 ┃ レオロジー特性—粘性，弾性，粘弾性

(1)　レオロジー特性

　レオロジー（rheology）とはギリシャ語の"rheos：流れる"から派生した言葉で，物質の流動を含む変形に関する学問である。調理では，食品を指や箸でかき混ぜるなどの流動，手でこねたり，押したり，引っ張るなどのさまざまな力を加えての変形を行い，その際に生じる物理的性質を認知する。また食品を口腔に取り入れる際には，歯により噛む，砕く，磨砕するなどの咀嚼，飲み込むなどの嚥下の際に変形・破壊と流動が起こっており，食品の物理的性質を認識している。食品を調理し，摂食の際に，複雑な変形・破壊と流動が起こっているので，その物理的性質を客観的に評価する測定は単純ではなく，さまざまな方法がある。

(2)　粘　性

　粘性とは，水あめやソースのように，流れにくく，かき混ぜると内部抵抗（粘さ）を感じる性質をいう。

1)　ニュートン流体

　粘性に関する最も重要な法則は，ニュートン（Newton）の粘性法則である。**図 4-4**のように，H(m) 離した面積 A(m²) の 2 枚の板の間に液体を挟み，下面は静置した状態で，上面の板を下面に平行の力 F(N) で引く。上面の液体の速度を V(m/s) とすると下面に近い液体は V(m/s) では動かない。液面全体では上面からの距離による速度勾配が生じる。この速度勾配 $\dot\gamma$ を**ずり速度**という。液体に定常的なずり速度を生じさせるために必要な応力（S(Pa)＝F(N)/A(m²)）を**ずり応力**といい，ずり応力 S がずり速度 $\dot\gamma$ に比例する場合，次式の関係となる。$S=\eta\dot\gamma$　この関係を**ニュートンの粘性法則**という。比例定数 η を粘性率といい，流れにくさを表す。ずり応力とずり速度の関係は液体によりさまざまであり，ニュートンの粘性法則が適用できる液体を**ニュートン流体**といい，適用できない液体を**非ニュートン流体**という。ニュートン流動を示す食品としては，水，油，シロップなどがある。

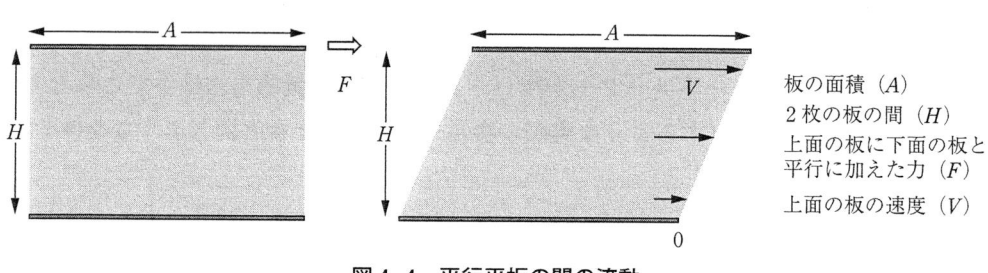

図 4-4　平行平板の間の流動

板の面積（A）
2 枚の板の間（H）
上面の板に下面の板と平行に加えた力（F）
上面の板の速度（V）

2)　非ニュートン流体

　非ニュートン流体では，ずり応力の変化にともない粘性率が変化するのでみかけの粘性率といい，ニュートン流体の粘性率とは区別している。非ニュートン流動のずり応力（S）とずり速度（$\dot\gamma$）は次式で表すことができる。$S=k\dot\gamma^n$　この式を指数法則という。ここで，k は粘度を表す定数（粘稠係数）であり，n はずり速度の依存性を示す流動性指数である。この式において，$n=1$ のときはニュートン流動を示し，$n>1$ のときはずり**粘稠化流動（ダイラタント流動）**，$0<n<1$ のときにはずり**流動化流動（擬塑性流動）**を示す。

　非ニュートン流動を示す食品は多くみられ，多糖類，たんぱく質などの高分子液状食品，サスペンション，エマルションなどの多成分多相系の液状食品がある。スープ類やソース類などの食品には，ずり流動化流動を示すものが多い。

3)　粘性の測定法

　液体の流動測定には毛細管粘度計，回転粘度計などがある。回転粘度計は，ローターの回転によって試料に一定のずり速度を与え，ずり応力の時間的な変化を測定して流動特性を求める。

（3）　弾　性

　弾性とは，外力を加えて変形させた物体が外力を除くと元の形に戻る性質をいう。

1）　ヤング率

　かまぼこやこんにゃくなどを手で軽く押したのち，手を放すと瞬間に変形が元に戻る。力を加えると変形し，力を取り除くともとの形に戻る物体を弾性体という。

　図 4-5 のように，断面積 $A(\mathrm{m^2})$，高さ $L(\mathrm{m})$ の物体に $F(\mathrm{N})$ の力を加えたときの変形 $\Delta L(\mathrm{m})$ とすると，ひずみ ε は次式で示される。$\varepsilon=\Delta L/L$　また，加えた力 $F(\mathrm{N})$ をこの物体の断面積 $A(\mathrm{m^2})$ で割ることにより，応力 P が得られる。$P=F/A$　弾性体では，応力 P とひずみ ε は比例関係にあり，次式のフックの法則に従う。$P=E\varepsilon$　ここで，比例定数 E を，**ヤング率**あるいは**弾性率**という。弾性率は変形のしにくさを表す。

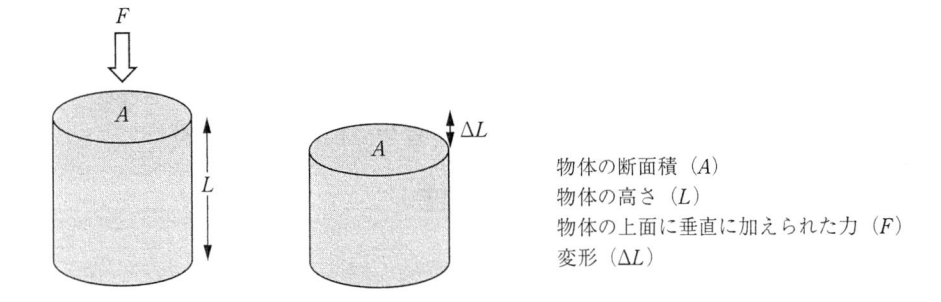

物体の断面積（A）
物体の高さ（L）
物体の上面に垂直に加えられた力（F）
変形（ΔL）

図 4-5　圧縮による弾性変形

2）　剛性率

　剛性率はずり弾性率ともいい，物体に単純ずりを与えたときの弾性定数である。

　図 4-6 のように上下の面積が $A(\mathrm{m^2})$，高さ $H(\mathrm{m})$ の物体の下面を固定し，上面に下面に平行な力 $F(\mathrm{N})$ の力を加えたときの上面の移動量が $d(\mathrm{m})$ のずり変形を生じると，ずりひずみ γ は次式で示される。$\gamma=d/H=tan\,\theta(\mathrm{m/m})$　また，加えた力 $F(\mathrm{N})$ をこの物体の断面積 $A(\mathrm{m^2})$ で割ることにより，応力 S が得られる。$S=F/A(\mathrm{Pa})$　弾性体では，応力 S とずりひずみ γ は次式のフックの法則に従う。$S=G\gamma$

　ここで比例定数 G を，**剛性率**あるいは**ずり弾性率**といい，変形のしにくさを示す。

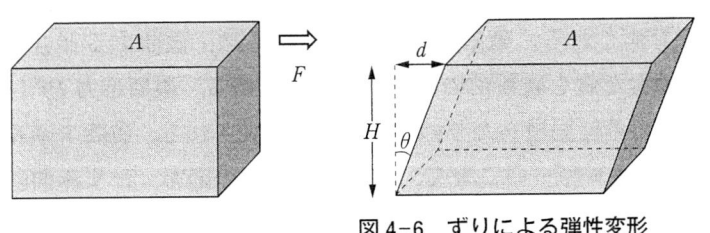

物体の上下面の面積（A）
物体の高さ（H）
物体の上面に下面と平行に
加えた力（F）
上面の移動量（d）
傾いた角（θ）

図 4-6　ずりによる弾性変形

（4） 粘弾性

1） 粘弾性

　食品のレオロジー的性質として，液体のニュートン流動に対するニュートンの粘性法則や固体の弾性変形に対するフックの法則が知られている。身近な食品について流動や変形の様子を調べると，これらの法則に従わないものがたくさんあり，多くの食品は，粘性と弾性が組み合わされた**粘弾性体**である。たとえば，つきたての餅は指で軽く押したのち，指を放すと変形が元に戻る弾性を示し，徐々に力を加えると流動し粘性を示す。

2） 粘弾性の測定法

　粘弾性を測定する装置としては，クリープ測定装置，応力緩和測定装置，動的粘弾性測定装置などがある。クリープ測定装置は試料に対して瞬間的に一定の加重を加え，試料の変形する状態を経時的に記録し，粘弾性を測定する。応力緩和測定装置は，試料に対して瞬間的に一定のひずみ（10％内外の変形）を加え，ひずみに応答する試料からの応力の時間的な変化を記録し粘弾性を測定する。動的粘弾性測定装置は，試料に周期的な応力またはひずみを与えたときの応答から粘弾性を求める。

3-5 ▌破断特性とテクスチャー特性

（1） 破断特性

　食品に力を加えて変形させ続けていると，ついにふたつ以上に破壊する現象がみられるがこの現象を**破断**という。食品は咀嚼により噛み切られたり砕かれたり，調理や加工の過程では撹拌や破壊などを受けて砕ける性質がある。破断現象には，クッキーにみられる明確な破断点がわかる**脆性破断**と，米飯粒にみられるはっきりとした破断点がわからない**延性破断**がある。

（2） 破断の測定方法

　破断測定装置では，一定速度で試料に変形を与え，得られる応力の変化を応力，ひずみ曲線として測定する。変形を与える方法は圧縮によるものと引っ張りによるものがある。応力とひずみ曲線の例を**図4-7**に示す。初期の応力とひずみが直線関係（0－A）にある弾性部，応力の増加に従ってひずみも増大する領域（A－B）があり，B点を超えると応力は増加しない状態で破断が起こる。破断曲線より，破断ひずみ，破断応力，破断エネルギーが算出される。**破断ひずみ** εf （m/m）は，破断するときの試料のひずみ量で，破断時の変形量を破断前の高さで除して求める。**破断応力** Pf は破断に要する力で，破断点での単位面積あたりの応力（Pa）で表される。**破断エネルギー**（J/m^3）は破断に要するエネルギーのことで，破断するまでの応力，ひずみ曲線の下側の面積Sによって求めることができる。食品の強靭さを表す値である。

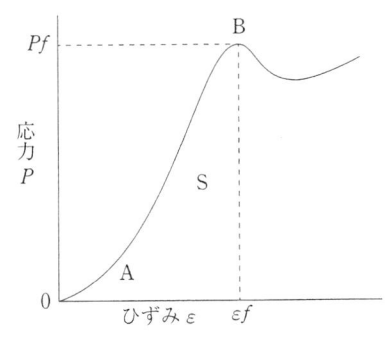

弾性限界（A）
破断点（B）
破断応力（Pf）
破断ひずみ（εf）
破断点までの応力-ひずみ曲線の下側の面積（S）

図4-7　応力とひずみ曲線

（3）　テクスチャー特性

1）　テクスチャー特性

テクスチャー（texture）とは，ラテン語で“織りなす”という意味で，語源では織物の風合いを表す用語である。ISOでは「力学的，触覚的および場合によっては視覚的，聴覚的な方法で感知できる力学的，幾何学的および表面特性の全て」と定義している。食品では，**かたさ**，粘り，歯ごたえや飲み込みやすさなどの主観的なテクスチャーを客観化する手段としてレオロジー的測定が用いられ，得られた性質を組み合わせて，客観的にテクスチャーを表現することが多い。一方でテクスチャー特性には，かたさ，粘り，弾性率，粘性率のようなレオロジー特性だけではない，なめらかさ，ざらつきなどの粒度感なども含まれている。

2）　ツェスニアクによるテクスチャー特性の分類

ツェスニアク（Szczesniak）やシャーマン（Sherman）による分類が知られている。ツェスニアクはテクスチャー特性を，力学的特性，幾何学的特性，その他の特性に分類した（前掲，**表4-2**）。力学的特性はかたさ，凝集性，粘性などの力学的な性質であり，幾何学的特性は組織的な特性で，粒子の形と大きさ，粒子の方向性に関する性質である。その他の特性として，水分含量と油脂含量に関する特性がある。

3）　テクスチュロメーターによるテクスチャー特性の分類

テクスチュロメーターは人の咀嚼運動を模してつくられたもので，咀嚼するときの人間の上顎の運動が正弦運動に近いことから，この機器のプランジャーの動きが正弦的な上下運動になっている。**図4-8**に代表的なテクスチャー記録曲線を示す。2回の圧縮から得られたテクスチャー記録曲線から，かたさ，付着性，凝集性が客観的な数値として算出される。**かたさ**は，テクスチャー記録曲線の第1ピークの高さHから求める。食品のかたさ，やわらかさの食感とよく対応している。**付着性**は第1ピークの負方向の面積A_3で示され，食品を圧縮したときに圧縮したものに付着する性質を示す値で，エネルギー単位で表される。**凝集性**は，テクスチャー記録曲線の第2ピークの面積A_2を第1ピークの面積A_1で除して求める。食品内部の結合力を示す値である。

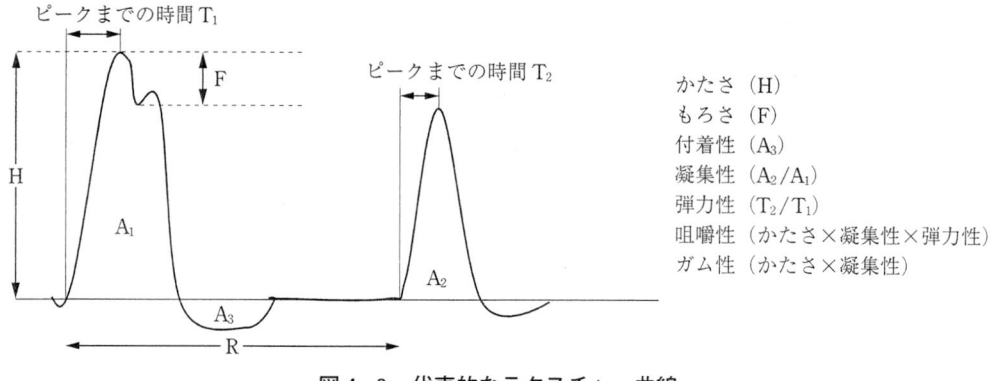

図4-8　代表的なテクスチャー曲線

4)　人の咀嚼・嚥下中の生体計測法

　生体計測法では，人に取りつけたセンサーが出力する物性値で，咀嚼時のテクスチャー変化を客観的に表現することができる。一方で生体計測は人の感覚で検出するため，個人差や疲労の影響を受けやすいなど，官能評価法と同じ特色がある。主な咀嚼・嚥下中の生体計測法としては，口腔内にかかる圧力の測定，咀嚼運動の測定，咀嚼運動に用いられる筋肉からの筋電位測定がある（**図4-9**）。

舌骨上筋群　　　咬筋

表面筋電位計測装置を用いて，咬筋と舌骨上筋群に表面電極を貼り付け，得られた筋電位波形（例）から，咀嚼回数，咀嚼時間，筋電位振幅，筋活動量などを求める。

図4-9　表面筋電位測定装置と筋電位波形（例）

3-6 ┃ 咀嚼・嚥下困難食

　高齢者は，歯の喪失，義歯の装置，噛み合わせが悪いなどの理由により咀嚼機能の低下がみられる。また，唾液量の減少や舌の動きが悪くなり食塊（しょくかい）の形成能力が低下してくる。そのため，高齢者では，食物繊維の多いゴボウなどは噛み切りにくく，かまぼこ状のもの，口腔内に付着しやすい海苔などは食塊を形成しにくく，食パン，カステラなどのスポンジ状のものは飲みにくくなる。食物を飲み込むため筋力の低下や飲み込み速度が遅くなると嚥下機能も低下し，誤って食塊が気管に入る誤嚥を引き起こす。水やお茶は咽頭部での食塊の移動速度が速いため，誤嚥しやすくなる。

　また，認知症では，咀嚼困難，嚥下困難の現象がみられることが多い。高齢者用食

品のテクスチャーは，咀嚼できるかたさ，まとまりやすさ，飲み込みやすさを備えていることが必要である。まとまりやすさは，食物がバラバラにならず，口のなかで食塊を形成することができ，喉を通過することができ，誤嚥を防ぐものである。咀嚼・嚥下困難食は，やわらかく煮たり，細かく刻む，ミキサーにかけるなどの調理を行い，市販のとろみ調整食品を用いて，粘度をつけたり，ゼラチンなどのゲル化剤を用いてゼリー状に固めるなどの工夫がされている。

厚生労働省が定めた「えん下困難者用食品許可基準」を**表4-6**に示した。許可基準Ⅰ～Ⅲの規格値に，テクスチュロメーターによる特性のかたさ，付着性，凝集性の範囲が決められている。日本介護食品協議会では，咀嚼・嚥下困難者が食品を選択する際の目安となるように，ユニバーサルデザインフードとして，かたさおよび粘度に応じて4段階に分けた自主規格を設定している。

表4-6　えん下困難者用食品許可基準

規格	許可基準Ⅰ	許可基準Ⅱ	許可基準Ⅲ
硬さ（N/m²）（一定速度で圧縮したときの抵抗）	$2.5 \times 10^3 \sim 1 \times 10^4$	$1 \times 10^3 \sim 1.5 \times 10^4$	$3 \times 10^2 \sim 2 \times 10^4$
付着性（J/m³）	4×10^2 以下	1×10^3 以下	1.5×10^3 以下
凝集性	$0.2 \sim 0.6$	$0.2 \sim 0.9$	—
常温および喫食の目安となる温度のいずれの条件であっても規格基準の範囲内であること	均質なもの（例えば，ゼリー状の食品）	均質なもの（例えば，ゼリー状またはムース状の食品）。ただし，許可基準Ⅰを満たすものを除く。	不均質なものも含む（例えば，まとまりのよいおかゆ，やわらかいペースト状またはゼリー寄せ等の食品）。ただし，許可基準ⅠまたはⅡを満たすものを除く。

資料：厚生労働省「特別用途食品の表示許可等について」2009

【参考文献】
下村道子・和田淑子編『新調理学』光生館，2015
大谷貴美子・松井元子編『栄養科学シリーズNEXT 食べ物と健康，給食の運営 基礎調理学』講談社，2017
山﨑英恵編『食べ物と健康Ⅳ 調理学 食品の調理と食事設計』
西成勝好・大越ひろ・神山かおる・山本隆編『食感創造ハンドブック』サイエンスフォーラム，2005
神山かおる「テクスチャー解析によるおいしさの評価」『化学と生物』47(2)，2009
西津貴久「咀嚼による食品の破砕音について」『日本調理科学会誌』50(4)，2017
川端晶子・畑明美『調理学』建帛社，2010
森高初惠・佐藤恵美子編『調理科学〔第4版〕』建帛社，2016
西成勝好・大越ひろ・神山かおる・山本隆編『食感創造ハンドブック』サイエンスフォーラム，2005
種谷真一・林弘通・川端晶子『食品物性用語辞典』養賢堂発行，1996
中濱信子・大越ひろ・森高初惠『おいしさのレオロジー』アイ・ケイ・コーポレーション，2011

5章

調理操作論

1 非加熱操作

1-1 ▌計量・計測

　調理を効率的にしかも再現性よく行うための基本となるのが，計量と計測である。食品の計量は体積での計量（計量スプーンや計量カップ）と重量での計量（自動上皿秤り）がある。

　家庭などでの少量調理では調味料などは体積で計るほうが簡便であるが，すくい方やすり切り方によるばらつきや，粉状，粒状など食品の状態によるばらつきが生じやすい。用いる計量器と自分の計量の仕方で量を確認しておくとよい。調理の操作過程では，温度や時間を計測しながら調理することで一定の結果が得られやすい。

1-2 ▌洗浄

　食品材料に付着した汚れや有害物質などの除去を目的に洗浄を行う。穀類や豆類の場合，夾雑物やぬかを取り除く目的で，水に浸漬する前に行う。洗浄は基本的には真水を用いる。葉菜類に付着している寄生虫や果物に付着している農薬を除去したい場合は，0.2〜0.3％の中性洗剤を用いると洗浄効果がある。洗浄の方法は食品の種類や形状によって次のような方法がある。

（1）振り洗い

　水中で前後左右に振ることで洗浄する。組織のやわらかい葉菜類，花菜類などで用いられる。

（2）こすり洗い

　表面を手やブラシなどでこすって洗う。植物性食品ではダイコンやゴボウなどの根菜類，キュウリやトマトなどの果菜類，イモ類，リンゴやナシなどの果実類など，こすっても食品組織への影響が少ない食品で用いられる。動物性食品では，タコ，ナマコ，アワビなど摩擦による組織への影響の少ない魚介類に食塩をつけてよくこすり，表皮の付着物を取り除く場合などに用いられる。

(3) もみ洗い、つかみ洗い

わかめ、ひじきなどの海藻類、かき（牡蠣）や貝類のむき身、その他かんぴょう、こんにゃく、刻みパセリなどで用いられる。

1) かんぴょう

食塩をつけてもみ洗いすると吸水率が上がりやわらかくなり、加熱した際に調味料が均等に浸透する。かんぴょうのもどし方についてはかんぴょうの洗浄条件と重量増加率の結果を表5-1に示す。

表5-1　洗浄によるかんぴょうの重量増加率

もみ回数	重量増加率*(%)
0	97
50	170
塩もみ50	230

*もみ操作後いずれも30秒間に50回、撹拌洗浄を行った。

資料：衛藤君代・松元文子「乾物の調理に関する研究（第1報）かんぴょうのもどし方について」『家政学雑誌』22（4）1971, p.251 を一部改変

2) こんにゃく

食塩をまぶしてよくもんだあと、水洗いすることで表面の石灰分が除去されるとともにこんにゃく成分の結合力を高め、弾力のある食感が増す。

(4) 混ぜ洗い・研ぎ洗い

米類や豆類で行われる。米では精米時に付着した米表面のぬかを除去するために、研ぎ洗い1)が従来行われてきた。しかし、表5-2に示すように、洗う2)と研ぐを比べ

表5-2　洗米操作により分離する固形分量および洗米後の米の性状

	コシヒカリ		キヌヒカリ	
	洗う	研ぐ	洗う	研ぐ
洗米による分離固形分 (n=3) (%w/500g)	1.6±0.2	2.6±0.2	1.3±0.3	2.1±0.4
洗米後の米粒 (n=5)　正常な米粒（個/5g）	235±3	232±2	218±5	218±3
重量（g/5g）	4.95±0.02	4.89±0.02	4.84±0.04	4.80±0.05
砕けた米粒数（個/5g）	7±2	14±4	16±4	22±5
重量（g/5g）	0.05±0.03	0.11±0.02	0.16±0.04	0.20±0.06
割合（%）	1.1±0.46	2.2±0.53	3.2±0.8	4.0±1.2

資料：貝沼やす子ら「洗米方法が米の食味に与える影響」『調理科学』23（4）1990, p.419 を改変

1) 研ぎ洗い：手のひらで米粒を容器に押しつけながらごしごし洗う、または米粒同士をこすり合わせながらごしごし洗う。
2) 水を加えて軽く混ぜ洗いする。

ると，研ぐほうが，でんぷんなどの固形分の洗浄液への流出が多く洗浄による米粒の破砕も多い。**搗精技術**の進歩により精米へのぬかの付着は少ないこと，洗うと研ぐそれぞれの操作後に炊飯した飯の食味の差は大きくないこと，排水の環境へ及ぼす影響なども考慮すると，洗米法は洗う方法で十分といえる。近年市販されるようになった無洗米は，搗精後にぬか除去処理が行われており，嗜好面でも精白米とほとんど差がないとされる。

1-3 ▌浸漬

　食品を水，食塩水，酸性あるいはアルカリ性の溶液などに浸漬して，食品への水分の付与，あく抜き，褐変防止，くさみ抜き，味の浸透などを行う。

（1）水分付与

　乾燥食品は加熱前に浸漬することにより組織が膨潤・軟化し，切砕や加熱操作が容易になる。

1）穀類・豆類

　米は米粒の中心部まで水を浸透させて均一に糊化させるため，加水後はそのまま浸漬させる。炊飯時の調味料は浸漬中の米の吸水を遅らせるため，加熱直前に加える。乾燥した豆類は組織がかたいため，十分に浸漬・吸水させた後加熱すると，短時間で均質にやわらかくなる。大豆や黒豆は 1% 食塩水に浸漬することで，加熱時にやわらかくなりやすい。これは大豆たんぱく質のグリシニンが中性塩溶液に可溶性であるためである。

　また，黒豆は 0.3% 重曹水に浸漬後，煮豆にする方法もある。重曹水のアルカリ性が豆の組織の軟化を促進するが，ビタミン B_1 の損失量は大きくなる。

2）乾物

　代表的な乾物の戻し方と吸水後の重量変化を，**表 5-3** に示す。吸水後の重量は，食品の種類や戻し条件によって異なり，一般には水温が高いほど吸水速度は速いが，食品によっては適性温度がある。

　干しシイタケの場合は，**図 5-1** に示すように 40℃ や 60〜80℃ で戻したものは，0〜20℃ で水戻ししたものに比べて十分には戻らず，良好なテクスチャーが得られにくい。また，水戻し温度が 40℃ や 60℃ の場合は 0℃ や 25℃ よりもうま味成分が少ないとされ，テクスチャー・うま味の両面から考えると，干しシイタケの水戻しは 25℃ 以下，できれば 5℃ のような低温で戻すのが望ましい（後掲，**図 6-20** 参照）。

3）その他

　花形のラディッシュ，さしみのけん，千切りキャベツなどは切ったあとに冷水に浸けると，野菜の細胞に水が浸透してパリッと歯切れがよくなる（第 6 章 1 節参照）。ただし，成分の溶出も進むので長時間浸漬しすぎないようにする。

表5-3　乾物の重量変化と戻し方

乾物		戻したあとの重量(倍)*	戻し方**
植物性	干しシイタケ	4〜4.5	水洗いしたあと，ヒタヒタの水に浸す（20℃の場合は2〜3時間，5℃の場合は一晩）。
	かんぴょう	5.3	さっと水洗い後に塩もみし，爪で切れるくらいまでゆでる。
	凍り豆腐	6	60℃位の湯に25分浸したあと，軽く絞る（戻さない製品もある）。
	キクラゲ	7	ヒタヒタの水に20分浸す。
	ヒジキ	4.5〜8.5	水に20〜30分浸す。
	昆布	3	水に15分浸す。
	切り干し大根	4	さっと洗ってごみを除き，水に15分〜20分浸す。
	はるさめ	4.1〜4.4	熱湯に入れて，蓋をして5〜10分おく。
	乾麺	1.9〜3	材料重量の5〜10倍の熱湯で5〜10分ゆでる（太さによる）。
	乾燥豆類	2.2〜2.5	4〜5倍の水に10〜15時間浸す（小豆は浸漬させずに5倍量の水でゆでる）。
動物性	干しエビ	1.4	ぬるま湯（50℃）に20分浸す（つけ汁もだしとして利用）。
	干しダラ	1.8	2昼夜水に浸す。途中で一回水を替える。
	身欠きニシン	2	米のとぎ汁に一晩浸け，新しいとぎ汁でゆでる。

*『調理のためのベーシックデータ第5版』女子栄養大学出版部，2018，pp.136-141
**一般的な戻し方を示したが，製造方法によって異なることもあるので食品表示を参照する。

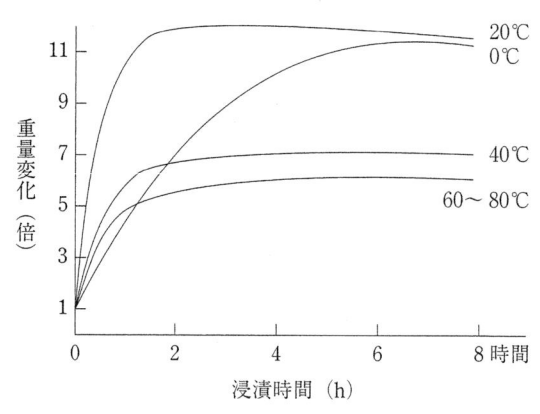

図5-1　室温送風風乾シイタケの水戻し時の重量変化
資料：遠藤金次「シイタケを煮る」『調理科学』22，1989，p.60

（2）　不味成分の溶出

　食品に含まれる不味成分や外観上好ましくない成分などを総称して「あく」とよんでいる。あく成分は水溶性のものが多いので，調理に際しては切砕後，水，食塩水，酢水，米の研ぎ汁，木灰汁などに浸漬して除く。この操作によって，嗜好性は向上するが，同時に有効な水溶性成分の溶出も多くなるので，過度のあく抜きは避ける。

(3) 褐変防止

ゴボウ，ジャガイモ，リンゴなど，野菜や果物のなかには皮をむいたまま空気中に放置すると褐変するものがある。植物の組織中のポリフェノール物質が，酸素の存在下で組織内の酵素（ポリフェノールオキシダーゼ）によって酸化され，褐変物質ができることによる。褐変を防ぐには水，食塩水，酢を加えた水に浸けておくなどの方法がある（表5-4）。

表5-4　褐変を防ぐ方法

方　法	理　由
水に浸ける	ポリフェノールや酵素は水溶性。酸素を遮断する。
食塩水に浸ける	水に漬けることの効果の他に，食塩は酵素の働きを阻害する。
酢などを加えて酸性にする	酵素活性が抑制される。
加熱する	酵素はたんぱく質なので一般的に約80℃で失活する。加熱途中の40〜50℃は活性が高まるのでこの温度帯を短時間で通過させる。
袋に入れて脱気する	酸素を除く。
レモン汁をかける	酸性にすることの効果。アスコルビン酸の還元作用を利用する。

資料：今井悦子ら『改訂新版　食材と調理の科学—食べ物と健康—』アイ・ケイ コーポレーション，2014，p.40 を一部改変

(4) くさみ抜き，調味，色止め

レバーや他の内臓の特有の生臭みは，水に浸漬してこれらを除く。魚肉や肉類で揚げ物や焼き物調理をする際には，しょうがと清酒やしょうゆなどを合わせた調味液に20〜30分間浸漬させ味を浸透させる。しょうがに含まれる香気成分は生臭みを弱める。魚のムニエルなどでは前処理として牛乳に漬ける。これは牛乳のたんぱく質のカゼインコロイド粒子が，生臭みの成分を吸着することを利用している。

葉物野菜は，ゆで終わったらただちに水に浸すか，あおいで急冷することにより，余熱により緑色が退色しないようにする（色止め）。ホウレンソウなどあくのある葉物野菜では水にとるが，色止めと同時にあく抜きの意味もある。この他，塩水でゆでて冷ました緑色野菜を，別に調製して冷やした調味液に漬けることがある。これを野菜の青煮といい，しょうゆなどが入った酸性の調味液でも60℃以下ではクロロフィル（緑色色素）の変化が少ないことを利用した調理法である。サヤインゲンの青煮などがこの一例である。

1-4 ▎混合・攪拌—ねる・和える

混合は食品材料を混ぜ合わせることをいう。混ぜ合わせる食品の状態には，液体—液体，液体—固体，液体—気体，固体—固体がある。卵や生クリームの泡立て操作は液体—気体の混合の例で，攪拌操作（かき回す）によって食材に空気を混合している。水と小麦粉でつくる生地（ドウ）のように，混合したあとさらにこねることで，物性

の向上などの変化がともなう（混捏）。

　和えるとは下処理をした食品を和え衣に混ぜたり，調味液に浸したりする操作で，調理のしあげ段階で行われる。材料からの脱水によって料理が水っぽくなるのを避けるため，供食の直前に行う。

1-5　切砕・成形

（1）切　砕

　食品を切る，刻む，皮をむく，削るなどの操作を**切砕**という。切砕は，食品の不可食部を除去する，形や大きさをそろえて食べやすくする，熱の伝わりや調味料の浸透をよくする，テクスチャーを変化させるなどを目的とし，料理のしあがりやおいしさに影響する。切り方には装飾的な切り方も含め多くの種類がある。調理用式別に切り方の種類を**表5-5**に示す。

　野菜類は繊維の方向に対してどのように切るかでテクスチャーが変化し，繊維に平行に包丁を入れると歯ごたえが残り，直角に入れるとやわらかい口ざわりになる。**乱切り**では食材の表面積が大きくなり調味料の浸透がよくなる。**面とり**は食材の切断面の角の部分を削り煮崩れを防ぐ目的で行う。**かくし包丁**とは盛りつけたときに下になる面に包丁で切り込みを入れることをいい，熱の通りや調味料の浸透がよくなる。

　切る操作には一般的に包丁が用いられる。基本的な包丁の切り方には，垂直圧し切り，押し出し切り，引き切りがある（**図5-2**）。押し出し切りや引き切りは，包丁を垂直に押す力と平行に押すまたは引く力を合成したものなので，単独の力で切るよりは少ない力で切ることができる。各切り方の例として，豆腐などを垂直におろして切る，野菜類などを前に押し出して切る，さしみなどのように手前に引いて切るなどがある。

（2）成　形

　成形は，外観を整え，食べやすく，食感に変化をもたせるなどの目的で行う。切る，刻む，削る，掘る，擦るなどによる成形と，食材に力を加えて変形させ一定の形に整える成形がある。丸める（だんご），伸ばす（パイ生地，ギョウザの皮，麺），押し固める（おにぎり）などは後者の例である。

1-6　粉砕・摩砕—する・おろす・ミキサー

　固形食品に力を加え切砕よりも細かくすることをいう。すりこぎ，おろし金，ミキサーなどを用いて食品組織の破壊や成分の均質化を行うことによって，テクスチャーや味の変化，香りの増強などが生じる。例として畜肉のかたい部位の肉をひき肉にして食べやすくする，わさびをすりおろすことでグルコシノレートにミロシナーゼが働いて辛味が生じる，コーヒー豆を粉砕することで芳香が増強するなどがあげられる。

表 5-5　食材の切り方

日本料理	小口切り	輪切り	半月切り	いちょう切り
中国料理	段 （トワン）	輪子片 （ルワンズピエヌ）	半月片 （パンユエピエヌ）	扇子 （シヤンズ）
西洋料理	emaice rond （エマンセ ロン）	rondelle （ロンデル）		tranche eventall （トランシエエヴァンタイユ）
日本料理	拍子木切り	さいの目切り	短冊切り	せん切り
中国料理	条 （テイヤオ）	丁 （デイン）	長方片 （チャンファインピエヌ）	絲 （ス）
西洋料理	allumette（2 mm 角）（アリュメット） russe（5 mm角）（リュス）	macedoine（1 cm 角）（マセドワーヌ）	collertte （コルレット）	julienne （ジュリエーヌ）
日本料理	みじん切り	色紙切り	乱切り	ぶつ切り
中国料理	末・小米・鬆 （ムオ・シャオミイ・ソオ）	方 （ファン）	兎耳・馬耳 （トウアル・マアル）	塊 （コワイ）
西洋料理	hache （アシエ）	paysanne （ペイザンヌ）		
日本料理	そぎ切り	くし形切り	かつらむき	ささがき
中国料理	片 （ピエヌ）	流子片 （シウズピエヌ）	波筒切 （グストンチェ）	批片 （ピイピエヌ）
西洋料理	emaicer （エマンゼ）	chateau（フットボール形）（シャトー）	ruban （リュバン）	emancee （エマンセ）
日本料理	面とり	蛇腹切り	菊花切り	
中国料理		竜 （ロオン）	菊花丁 （ジュイホワデイン）	
西洋料理	tourne （トウルネ）		gaufrettes （ゴーフレット）	

資料：香西 みどり・綾部 園子編『流れと要点がわかる調理学実習』，光生館，2017，pp.24-25 を改変

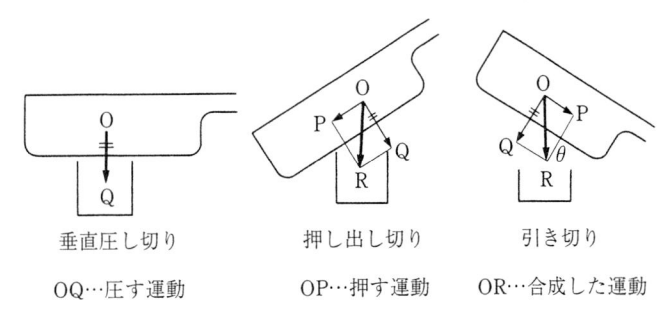

垂直圧し切り	押し出し切り	引き切り
OQ…圧す運動	OP…押す運動	OR…合成した運動

図 5-2　包丁の運動方向

資料：岡村多か子「包丁の切れ味に関する研究」『家政学雑誌』32(1) 1981, p.7

1-7 ▮ 圧搾・ろ過

　圧搾は押す，握る，絞るなどによって，食品の成形，脱水，液汁の搾取などを行う操作である。ろ過は一定の面積の網目を通して異なる大きさの物質を分離する操作で，液汁の分離，食品の均質化，不要部分の除去などに用いられる。裏ごしは，食品に力を加えて裏ごし器を通す操作で，つぶす操作とこす操作を同時に行って食品を均一にしたり不要部分を除去したりする。きんとんや**マッシュポテト**の調理では裏ごしが行われる。このとき，イモをゆでて温かいうちに裏ごしをすると，細胞間の**ペクチン**に流動性があるため細胞単位で分離し，粘らない口あたりのよいしあがりとなる。しかし，冷めるとペクチンの流動性がなくなるため，細胞レベルでの分離がむずかしくなる。そのため裏ごしには強い力が必要となり，細胞膜や細胞壁は壊れ，糊化でんぷんが細胞内から流出して粘りを生じる。

1-8 ▮ 冷却・凍結

（1）　調理操作としての冷却・凍結

　冷却の目的は，①食品の温度を下げて冷たい感触を得る，②加熱による反応を抑える，③たんぱく質や多糖類など高分子物質のゾルをゲル化すること，などである。アイスクリームやシャーベットは材料を冷却しながら撹拌して凍結させるもので，撹拌によって空気の微細な泡を抱き込み体積を増大させることで，製品の舌ざわりをソフトにしている。

（2）　低温貯蔵としての冷却・凍結

1）　冷　却

　食品を常温から食品の**氷結点**[3] に近い温度まで下降させることをいう。氷結点近くの温度では細胞の呼吸や細菌の繁殖を完全には抑制できないので，食品の長期保存はできない。しかし，氷結晶の生成による組織の破壊が起こっていないので，短期間の貯蔵法として品質は良好に保持される。野菜や果物のなかには冷蔵温度が低すぎると**低温障害**を起こす食品があり，バナナなど熱帯や亜熱帯を原産とする青果物で多くみられる。冷蔵の場合には貯蔵の適温があることに注意する（**表 5-6**）。

2）　凍　結

　食品に氷結晶ができ始める温度を氷結点，凍結状態になる温度を**凍結点**という。食品中の細胞液には糖，アミノ酸，ミネラルなどが含まれており，濃度が濃いほど氷結点は低くなる。生鮮食品の氷結点の多くはほぼ$-5 \sim -1$℃ の範囲にあるとされている。食品を冷凍する場合，氷結晶が生成する$-5 \sim -1$℃ の温度帯を**最大氷結晶生成**

3）氷結点：氷結晶ができ始める温度。

表5-6　低温障害が生じる食品

種　類	低温障害の出る温度（℃）	症　状
バナナ	12〜13	果肉の黒変 追熟不良
レモン	14〜16	ピッティング（へこみ） 水浸状斑点 腐敗
サツマイモ	10	内部褐変 腐敗
パイナップル	7〜10	追熟時の暗力色化
キュウリ	7.2	ピッティング（果肉の陥没など） やけ症状
ジャガイモ	0〜5	でん粉の分解（糖化）が亢進 グルコースなどの還元糖の増加

資料：河内公恵編『〈ステップアップ栄養・健康科学シリーズ⑦〉調理学　食品の調理特性を正しく理解するために』化学同人，2017，p.107

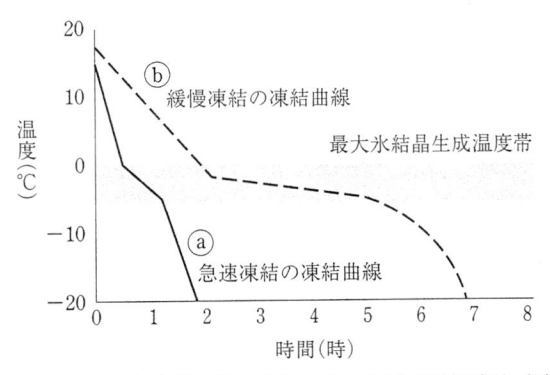

最大氷結晶生成帯の通過時間は急速凍結（A）のほうが緩慢凍結（B）よりも短い。

図5-3　急速凍結と緩慢凍結の凍結曲線の比較
資料：一般社団法人日本冷凍食品協会 HP
https://www.reishokukyo.or.jp/frozen-foods/home-freezing/kyusokutouketu/

帯（**図5-3**）という。冷凍食品の品質を良好に保つには，凍結時に最大氷結晶生成帯をすみやかに通過させることが重要である。**急速凍結**により通過時間が短いと，生成される氷結晶は小さいため組織の損傷は少ない。**緩慢凍結**により最大氷結晶生成帯の通過時間が長いと大きな氷の結晶ができてしまい，特に細胞外に氷結晶ができると組織の損傷が著しく（**図5-4**），解凍時に**ドリップ**が生じて味やテクスチャーが低下する。家庭用冷凍庫での**ホームフリージング**は，庫内温度が−20〜−18℃ のため緩慢凍結になりやすい。最大氷結晶生成帯の通過時間を短くする工夫として，薄く均一に包装する，空気を入れないよう密閉するなどがある。

冷凍前の細胞	急速凍結した細胞	緩慢凍結した細胞
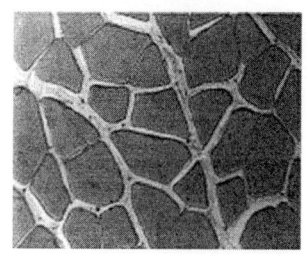	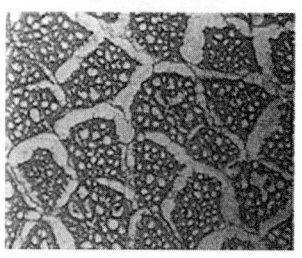	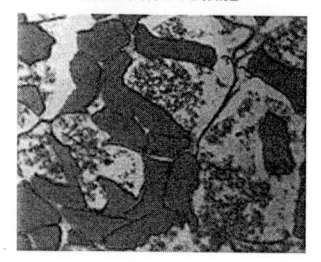
正常な組織	凍結すると組織内に小さな氷の結晶が発生し，組織の損なわれ方が少ない。	氷の結晶が大きいため，組織が損なわれている。

図5-4　食品の凍結方法の違いと食品組織中の氷結晶の状態
資料：一般社団法人日本冷凍食品協会 HP
https://www.reishokukyo.or.jp/frozen-foods/home-freezing/kyusokutouketu/

1-9 ▌解凍

　冷凍食品の解凍方法は解凍に要する時間（解凍速度）により，**緩慢解凍と急速解凍**に大別される。

（1）　緩慢解凍

　①低温解凍[4]，②自然解凍[5]，③冷水解凍[6] などがあり，凍結したものを生鮮状態に戻す際に用いられることが多い。

（2）　急速解凍

　凍結したままの食品を蒸気，熱湯あるいは油中で加熱して解凍と同時に調理を行う加熱解凍と，電子レンジで生鮮品の解凍や冷凍食品の加熱解凍を行う場合がある。冷凍野菜類や調理済み食品などに用いられる。

　冷凍野菜類は急速凍結する前に，90〜100℃ 位の熱湯に浸けたり（湯通し），高温の蒸気にあてて，生鮮品を調理する場合の 80% 前後に相当する加熱を行う。これをブランチングといい，野菜類に含まれる酵素のはたらきで凍結中の品質が劣化することを防ぐための処理である。ブランチング処理した野菜は凍ったまま，煮る，ゆでる，蒸す，炒めるなど，直接加熱して急速解凍するのが原則である。生野菜の調理に比べて短時間で加熱がすむ。

4）低温解凍：5〜10℃ 前後の冷蔵庫内で魚介や肉などを解凍する。
5）自然解凍：食品を室内で自然に解凍する。
6）冷水解凍：水，流水，氷水を用いて自然解凍より短時間で解凍する。

2 加熱操作

　食品を加熱することは調理における主要な操作である。加熱によって食品の味やにおいに関する成分，かたさや粘りなどのテクスチャー，さらに色や形などの外観が変わり，人間の感覚によって全体が適度になったとされる状態が食品からおいしい食物へと変化した状態といえる。

　加熱とは熱を加えることであり，食品を加熱すると食品に熱が伝わり，熱が伝わると食品を構成する分子の運動が活発になって**温度**が上がる。温度が上がると分子間に起こるさまざまな反応が起こりやすくなり，反応の速度が大きくなる。食品は加熱不足でも，加熱しすぎでも好ましくないので，適度な状態になるまでの加熱条件，すなわち温度と時間の関係が適度な調理条件を設定することが重要である。加熱の過不足については経験によるところが大きいとされているが，食品の形状に応じて成分やテクスチャー，さらに焼き色など外観の変化の速度が温度とともにどのようになるかということを把握すると，調理の過程を予測することができる。

　調理条件の設定には食品の温度を知ることが必要であり，そのためには食品にどのように熱が伝わり，どのように温度が上がっていくかを理解することが大切である。

2-1 ▌熱の伝わり方

　食品に熱を加えることと**熱エネルギー**を与えることは同じ意味であり，熱または熱エネルギーを量で表したものが**熱量**である。食品を加熱するということは高温の物質の熱エネルギーが低温側の食品表面分子に移動することであり，それを運動エネルギーに変えることで食品表面の分子の運動がより活発になり，温度が上がる。このように分子運動の活発さの程度を表す指標となるのが温度であり，運動エネルギーをたくさんもっているほど温度が高いことになる。食品に限らず物質を構成する分子は常にその温度に応じた動きをしており，何らかの形で熱が伝わると分子運動がより活発になって温度が上がる。熱の伝わり方は大きく分けると次のふたつである。

① 高い温度と低い温度の物質が接しているとき，温度の高いほうから低いほうへ熱が移動する。調理操作ではゆでる，揚げる，炒めるなど。

② 接していないものから放出される電磁波のエネルギーが物質に吸収され，熱エネルギーに変換される。調理操作では焼く，電子レンジなど。

　①はさらに対流伝熱と伝導伝熱，②は電磁波のひとつである赤外線による放射（輻射）伝熱と**マイクロ波**による誘電加熱に分けられる。

（1） 対流伝熱

　対流伝熱は，水や空気などの流体と固体である食品の間で温度差があるときに起こ

る熱移動のことで**対流熱伝達**ともいう。これに対して高温の流体分子から低温の流体分子に熱が伝わることを対流という。対流は湯をわかすときのように鍋底で温度が高くなった水分子が膨張して密度が小さくなり，鍋内を上昇して少し上の温度の低い水分子に運動エネルギーを与えることで熱が伝わっていく。流体自体の温度差だけで移動する流動を自然対流，強制的に撹拌されて起こる流動を強制対流という。

　対流伝熱はゆでるや揚げる操作でみられるように，温度の高い水や油から温度の低い食品の表面に熱が移動する場合や，温度の高い鍋表面から温度の低い周囲空気に熱が移動する場合である。温度差が大きいほど，また流体の分子の数が多いほど対流伝熱は起こりやすい。対流伝熱の起こりやすさを示す指標として熱伝達率がある。熱伝達率はそのときの条件（流体の種類，流体の動き，固体の形状など）によって異なるので固有の値ではない。しかし，調理で考えられる対流伝熱をゆでる操作や**オーブン加熱**と考えると，水や空気から食品への熱伝達率のおよその値を示すことができる。

　熱伝達率の単位は $W/(m^2 \cdot K)$ で表わされる。

　　　　水から固体への熱伝達率　　　$(1 \sim 10) \times 10^2$ $W/(m^2 \cdot K)$
　　　　空気から固体への熱伝達率　　$(1 \sim 10)$ $W/(m^2 \cdot K)$

　水のほうが固体にぶつかる分子の数が空気より多いために，水の熱伝達率は空気の約100倍である。このことは温めた空気で加熱するより，同じ温度の水のほうがより多くの熱が伝わるということである。冷ます場合も同様で，水のほうが空気より速く冷ませる。また水の場合は特に沸騰すると大きな熱伝達率となり，沸騰時の対流伝熱による熱移動量は多くなる。単位時間あたりの熱移動量は**熱伝達率**が大きいほど，流体と固体の温度差が大きいほど，流体と固体の接触面積が大きいほど大きくなる。したがって撹拌して新たな温度差をつくったり，平板状や細長い形など表面積の大きい形にすると対流熱伝達による熱移動が効率よく行われる。

（2）　伝導伝熱

　対流伝熱によって食品表面の温度が上がると，表面の分子運動が活発になるため，隣りの分子にぶつかることで運動エネルギーが伝わり，熱エネルギーとして蓄えられ温度が上がる。このように固体内部での熱移動は，分子の動きが玉突き現象的に伝わるものであり，**伝導伝熱**といわれる。熱は中心部まで伝わり，全体が同じ温度になるまで熱移動が起こる。固体を構成する分子が規則正しく並んでいると，玉突き現象が起こりやすくなり，伝導伝熱による熱移動が起こりやすいといえる。一方，不規則に並んだり，分子間の距離が離れていると伝導伝熱による熱移動は起こりにくくなる。熱の伝わりやすさを示す指標に熱伝導率があり，物質固有の値である。

　0℃における**熱伝導率**の単位は $W/(m \cdot K)$ で表わされる。

　　氷　2.2 $W/(m \cdot K)$，　　水　0.56 $W/(m \cdot K)$，　　空気　0.024 $W/(m \cdot K)$，

水蒸気　0.016 W/(m・K)

　水の熱伝導率は空気の約 20 倍と大きく，熱が伝わりやすいのでたとえば，布目の間に空気を含む乾いた布巾と布目に水が含まれている濡れた布巾では，濡れたほうが熱い鍋をつかむときに熱が伝わりやすく，熱く感じる。

(3)　放射（輻射）伝熱

　放射伝熱は，高温側から出される赤外線のエネルギーが低温側の物質の表面で吸収されて熱エネルギーに変わる熱移動である。赤外線はすべての物質からその温度に応じた波長のものが放出されている。オーブンのような加熱機器ではヒーターの温度を上げ，そこから放出される赤外線や庫内壁からの赤外線のエネルギーを食品が吸収している。このように放射伝熱では間に**熱媒体**をはさむことなく，直接高温の物質から低温の物質に向かって放射される赤外線によってエネルギーが移動し，熱が伝わる。向かい合った物質のそれぞれから温度に応じた赤外線が出ているので，低温のほうに伝わるのは差引のエネルギーである。放射される赤外線の全エネルギーは温度の 4 乗に比例するのでたとえば，高温の壁に低温の食品が向かいあったときに食品に伝わるエネルギー Q は次のようになる。

$$Q = AF\varepsilon\sigma\ (T_h^4 - T\ell^4)$$

　　ここで A は表面積，F は位置関係で決まる定数で平行に向かい合っている場合は 1，ε は熱放射率，σ はステファン・ボルツマン定数である。T_h は高温側，$T\ell$ は低温側の温度である。

　放射伝熱の起こりやすさを示す指標が**熱放射率**であり，熱を吸収しやすいものほど値が大きい。最大値は完全黒体といわれるもので 1 であるが，食品は 0.7〜1 の範囲とみなしてよい。水は 0.95 付近，氷は 0.66 付近，よく磨いた金属は 0 に近いが磨いていない金属は 0.8 程度ある。窒素や酸素などは 0 なので空気はほぼ 0 であるが，二酸化炭素や水蒸気は 0 でないので，これらを空気中に多く含むときは赤外線の熱エネルギーが一部吸収される。

(4)　加熱法による伝熱のしくみ

　加熱法によって対流伝熱，伝導伝熱，放射伝熱による熱移動の割合が異なるが，ひとつの加熱法のなかでこれらの 3 つの熱の伝わり方が組み合わされている。図 5-5 に主な加熱法と伝熱のしくみを模式的に示した。煮る（揚げる）操作では，熱源から鍋への対流・放射伝熱，鍋から水や油などの熱媒体，または熱媒体から食品への対流熱伝，食品内部での伝導伝熱，鍋から周囲空気への対流伝熱など，3 つの伝熱形式が組み合わさって食品が加熱される。

2-2 ▌加熱法の種類

　加熱操作を熱媒体の違いで分類すると，水を用いる**湿式加熱**と水を用いない**乾式加熱**があり，これらとは加熱原理の異なる**誘電加熱**（電子レンジ加熱）がある。

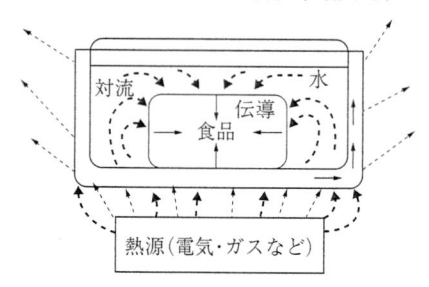

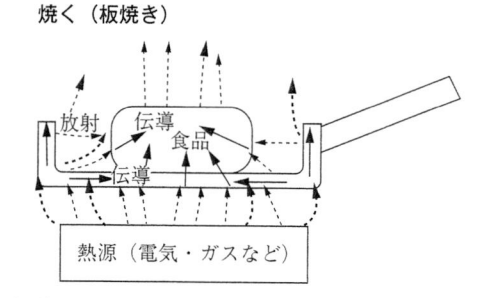

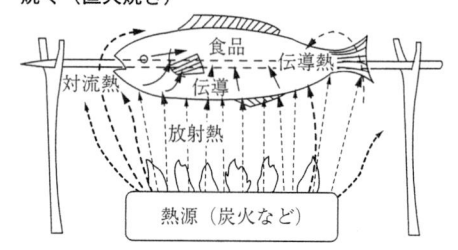

図5-5　主な加熱法と伝熱のしくみ

資料：渋川祥子『調理科学』同文書院，1985，p.27より作成

（1）　湿式加熱

　水を熱媒体とする加熱でゆでる，煮る，蒸すがある。水を熱媒体とすると次のような特徴がある。

- ・沸点が大気圧下では100℃と一定であり，温度調節が容易。焦げない。
- ・粘度が小さいので，対流が起こりやすく，水温が均一になりやすい。
- ・**比熱**は水が4.2 J/(g・K) であり，油の2.01 J/(g・K) に対して約2倍あって大きい。水温上昇も消火後の水温低下も緩やか。
- ・**気化熱**は約2.3 kJ/gと大きく，水になるとき放出される凝縮熱も同じ値。
- ・水は無味無臭であり，いろいろな調味料を溶かすことができる。

1）　ゆでる

　食材に対して多めの水で加熱する操作で，一般に加熱後のゆで水は利用されない。ゆでることにより組織の軟化や色の変化，水溶性成分の溶出などが起こり，和え物の前処理やあく成分の多いものの**あく抜き**，小豆の渋切りなどにもゆで操作が用いられる。ゆで水の量，ゆで水への添加物，ゆでたあとの処理など食材によって目的やゆで条件が異なる。**表5-7**に食品別ゆでものの要点を示した。

　ゆで水の量は，根菜類や卵のように食材に対してかぶるくらいの水でゆでる場合と，

表5-7 食品別ゆでものの要点

食品別	水の量	ゆで水への添加物	ゆで後の処理	その他
緑色野菜	多量（水温低下を防ぐため，図5-6）にして沸騰後に投入する。	食塩添加で成分より溶出を促進したり抑制したりする。	あくのある野菜は冷水に入れる。	蓋をしない。みそ，しょうゆなど微酸性液中では茶褐色。
カリフラワー	かぶるくらい。	小麦粉（あく抜き），食酢（フラボノイド色素を白くする）併用可。		
レンコン，ウド，ゴボウ	かぶるくらい。	食酢。		褐変しやすいので酸化酵素との接触を絶つようにする。
イモ類	かぶるくらいの水を入れ，水からゆでる。	0.5%ミョウバン（サトイモ），0.5%食塩（サトイモ）。	水を代えて本調理を行う。	
乾麺類	多量（約5〜10倍量）。		水洗いし表面のでんぷんは除く。スパゲティは水洗いしない。	
タケノコ，ダイコン	かぶるくらいより多め。	米の研ぎ汁，米ぬか（10%程度）。	冷めるまでゆで汁中におく。	ゆで汁中のコロイド粒子の吸着作用であく抜きができる。
卵（ゆで卵，ポーチドエッグ）	かぶるくらい。	ポーチドエッグは食塩，食酢で卵白の凝固促進。	冷水に入れると過熱を避け，殻がむけやすい。	

緑色野菜や乾麺類のようにゆでもの水が多い場合がある。前者は均一に加熱するために水からゆで、後者は色や物性の点から長時間加熱が好ましくない場合が多い。緑色野菜では、ゆで水の量が少ないと食材を投入したときの水温低下が大きく、沸騰までの水温回復時間が長くなり緑色が保持できなくなるので望ましくない。ホウレンソウを150gゆでるとき、材料の5倍程度のゆで水を用いると水温低下は95℃付近でとどまる（図5-6）。ゆで水の量が多いほど投入時の水温低下は少ないが、多すぎるとビタミンCなど水溶性成分の溶出も多くなる。フキのゆで汁に食塩を加えると、表5-8に示すように無機成分の溶出が促進されるが、溶出する成分によって食塩の効果は異なる。ホウレンソウのビタミンCは1%食塩添加で溶出が抑制される。ゆで水に加える添加物によってゆで水のpHが変わるので、野菜の色や組織の軟化に影響する。緑色野菜のクロロフィルは長時間加熱や酸性条件での加熱においてはマグネシウムイオンがはずれてフェオフィチンになり、緑色が褐色がかってくる。これを防ぐためにミョウバンを加えると短時間でも褐色化する。緑色野菜は高温短時間で加熱するが、ゆで水のpHが下がると、緑色が褐色に保持されるが、1%塩分濃度に相当する（表5-9）。1%食塩ではほぼ同程度に緑色に緑色を保持するが、1%塩分濃度に相当するしょうゆやみそでは、ゆで水のpHが5〜5.6となり水よりも褐色化が進んでいる。

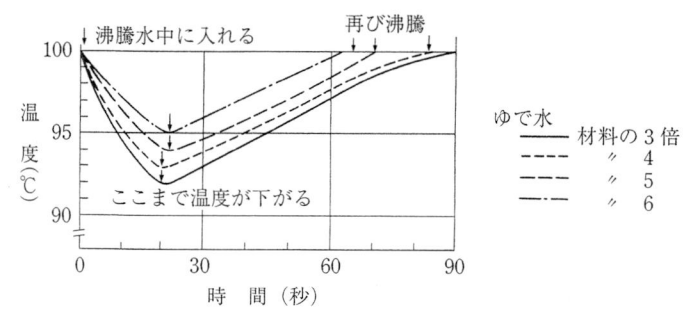

図5-6　ホウレンソウ（150g）のゆで水の量と温度変化の1例
資料：下村道子・和田淑子編著『新調理学』光生館，2015，p.56

表5-8　フキゆで汁中への無機成分の溶出率

	純水	1%食塩水	2%食塩水
Ca	1	1.5	1.6
K	1	1	1.1
Mg	1	1.5	1.6
Fe	1	1.3	1.7
Cu	1	0.5	1

純水でゆでたものを1としての比較である。
資料：出雲悦子ら「『あく』の中の無機成分の調理操作による溶出について」『調理科学』14(3) 1981，p.190 より作成

表5-9　各溶液中にて加熱（99±1℃）した場合の緑色度の変化

種　類　＼　加熱時間	1分	3分	5分	10分	15分
0.3%重曹 （pH8.6）	100	100	100	100	100
2%食塩 （pH7.6）	100	91	87	83	83
1%食塩 （pH7.6）	100	83	71	67	63
水 （pH7.6）	100	83	71	67	63
5%醤油 （pH5.0）	91	63	50	33	—
10%味噌 （pH5.6）	91	50	33	—	—

こまつな使用。生の葉の緑色度を100とする。緑色度50以下は食用価値なし。
資料：山崎清子「緑色野菜の調理による色の変化」『家政学雑誌』4(2) 1954，p.280

　ゆでる操作においては，食材以外に鍋や水の加熱にも熱量が使われる。全消費熱量は鍋，水，食材の温度上昇に使われる熱量（顕熱），水分の蒸発に使われる熱量（潜熱），鍋から周囲への放熱量を合わせたものである。**図5-7** に示したように，ジャガイモの中心部が適度なかたさになるまで加熱したときの使用熱量は，丸ごとゆでた場合は 1cm 角の約 1.4 倍であり，加熱時間は 3 倍である。このとき鍋や水，ジャガイモの温度上昇に使われた熱量はほぼ同じであり，加熱時間が長い分，放熱量が増えている。また沸騰後にもガスの中火程度に相当する火力で続けると，加熱時間は短いが水の蒸発潜熱が多くなりその結果，消費熱量が多くなるので，沸騰を続ける程度の弱火が省エネ的といえる。

　また，イモなど根菜をゆでる操作では，**余熱**の効果が大きい。ゆで水が沸騰したあとに消火し，蓋を取らずにおくと鍋内の水温がゆっくり下がるので，この間にも加熱できる。水の比熱が大きいことが余熱利用を可能にし，水量が多いほど余熱利用時間は長くなる。**図5-8** は 3cm 角ジャガイモの中心部が適度なかたさ（この場合は最適軟化率）になるまで加熱するとき，消火時にはほとんど生に近い状態でも余熱を利用す

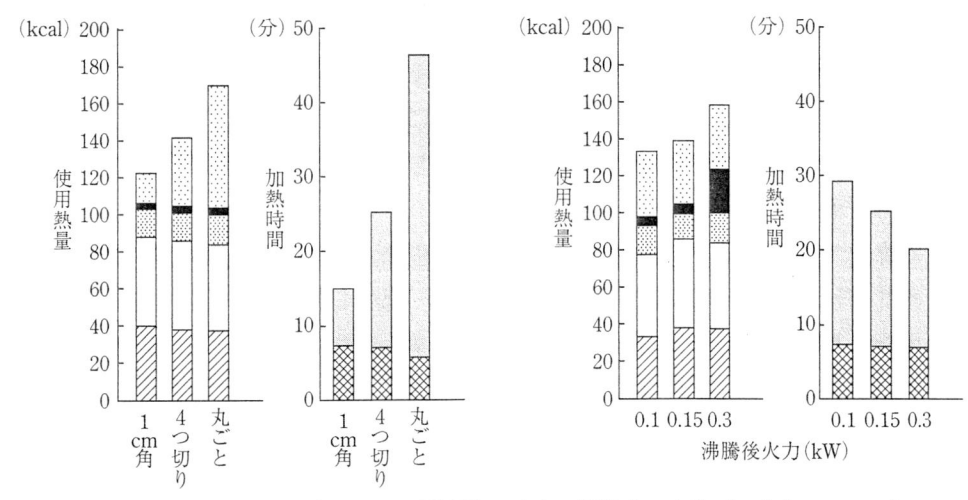

大きさの影響（水 600 mL, 沸騰後火力 0.15 kW〈弱火〉）　火力の影響（4つ切りジャガイモ 600 g, 水 600 mL : 0.1 kW〈ごく弱火〉, 0.15 kW〈弱火〉, 0.3 kW〈中火〉）

〔凡例〕ジャガイモの顕熱　水の顕熱　鍋の顕熱　潜熱　放熱
沸騰までの加熱時間　沸騰後の加熱時間

図 5-7　加熱時間および使用熱量に及ぼすジャガイモの大きさと火力の影響

資料：香西みどりら「加熱調理における省エネルギー的調理条件の検討」『家政学雑誌』37(7) 1986, pp.535-536

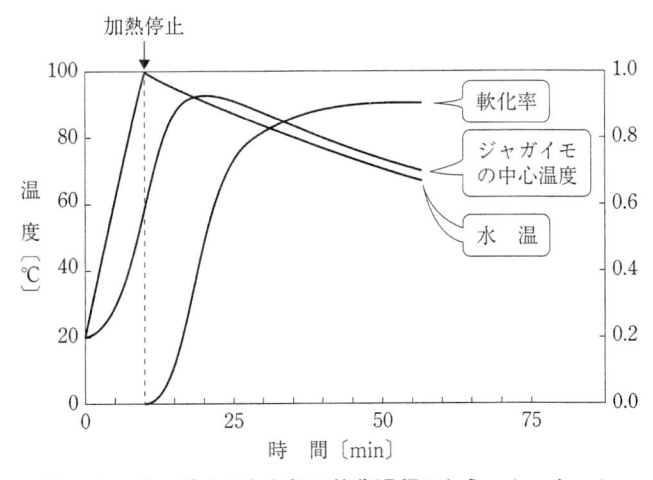

図 5-8　ジャガイモ中心部の軟化過程のシミュレーション

水量に対して試料が少ない場合は，試料は 3 cm 角，水量は 3 kg，矢印で示す加熱停止時には中心温度はまだ 60℃ 以下であるが，その後上昇し，水温に遅れて下降する。この余熱効果によってジャガイモは適度なかたさになる（最適軟化率 0.9）。

資料：香西みどりら「非等温加熱における最適加熱時間の予測」『日本家政学会誌』49(4) 1998, p.373

ることで軟化することを示している。これは消火後もジャガイモの中心温度は上がり続け，水温よりいったん高くなったあとにゆっくりと下降するためであり，この間に軟化する。余熱利用では外側の温度が低いために煮崩れを起こすことなく，食材内部も均一なしあがりになるので根菜類の加熱に適している。

2）煮 る

煮る操作では調味液中で加熱するので，食材の加熱による軟化と調味が同時に進行し，煮汁がほとんどなくなるまで加熱するか，一部残したままである。煮汁の量が少ない場合は**煮しめ**，煮つけといわれ，煮汁は野菜や魚肉などの食材の1/3〜1/4である。煮しめは主に野菜を，煮つけは主に魚を煮るときに用いる。煮汁の量が少ないので，煮汁の対流を効率よく起こして均一に加熱するため**落とし蓋**を用いるとよい。煮汁の量が多い場合は**含め煮**，**煮込み**などがある。含め煮は材料が十分に浸る程度の煮汁を用い，調味は比較的薄味で消火時にはまだ調味料が食材に浸み込んでいない状態であるが，消火後も食材を煮汁に浸けたままにしておき，その間に調味する方法である。野菜を煮汁のなかで加熱して適度なかたさになったときに，まだ調味料成分の**拡散**が十分ではないことがあり，沸騰を続けると煮崩れてしまうことになる。これを防ぐため，ある程度やわらかくなるまで加熱し，消火後も煮汁に浸けたままにして余熱利用により軟化と調味の促進をはかるのが含め煮である。調味料の拡散の速さにかかわる**拡散係数**は温度が高いほど大きくなるが，軟化にかかわる**速度定数**ほど**温度依存性**が大きくなく，温度が低くても時間をかければ調味は進行する。煮込みはごく弱い火力で長時間加熱する方法であり，根菜類の**面とり**など煮崩れないような工夫が必要である。

3）蒸 す

蒸す操作では主に，蒸し器内の水蒸気が食品の表面で同温度の水になるときに放出される**凝縮熱**によって食品が加熱される。水が同温の水蒸気になるときは，気化熱が奪われ，その逆のときの凝縮では熱が放出される。このように温度が同じで状態が変わるときに出入りする熱を潜熱という。

凝縮熱は温度によって異なり，100℃のときは2.26 kJ/gであるが，85 ℃では2.30 kJ/gと温度が低くなるにつれてやや大きくなる。蒸し器内の水蒸気の量が多いほど食品表面に衝突する水分子の数が多くなるので，蒸し器内の温度には火力の影響が大きい。蒸し加熱の間は蓋を開けると温度が下がるので，通常は蓋を開けない。また食品を動かさないので，**静置加熱**といわれる。水蒸気は食品全体を覆い，食品表面についた水分に水溶性成分の一部が溶出するが，ゆで操作や煮る操作に比べ溶出量は非常に少なく，煮崩れも少ない。また，茶わん蒸しのように液状のものも容器に入れたまま加熱できることや，まんじゅうのような**膨化調理**ができることも蒸す操作の特徴である。

表 5-10 蒸し物の種類と特徴

利用火力別	利用温度	主な調理名	調理の要点
Ⅰ. 強火蒸し	100℃	強　飯	米粒の層を薄めにして蒸気の通りをよくする。十分な蒸気量で蒸す（熱湯を随時補充）。
		蒸しいも	形は丸のままか大切りが甘味が強くなる。
		茶碗蒸し, 卵豆腐, プディング	急速加熱（2〜4分）加熱＋余熱利用。
Ⅱ. 中火蒸し	100℃	蒸しパン, まんじゅう類	外観（膨化, 亀裂）および消費エネルギー面から中火が適する。
		魚介の蒸し物, 鶏肉の酒蒸しなど	においが少ないタイ, ヒラメなどの淡白な白身魚や鶏肉が適する。
Ⅲ. 弱火蒸し	85〜90℃	茶碗蒸し, 卵豆腐, プディング	緩慢加熱（15〜20分）にしてすだちを防ぐ。

　蒸し加熱時の温度は食材の種類によって異なる。**表5-10**に蒸し物の種類と特徴を示した。もち米やイモ類など, でんぷん性食品で糊化を十分に行う必要がある場合は強火で行われることが多く, まんじゅうや肉類など, 100℃を保つ程度でよい場合は中火でよい。イモ類はそれ自体の水分だけででんぷんは糊化するが, もち米はあらかじめ十分浸漬してから蒸す。浸漬によりもち米の水分は約40%に達しているが, 蒸す操作では水分がほとんど付与されないので, 2, 3回の**振り水**を行う。茶碗蒸しやプディングは通常は, **すだち**を防ぐために蒸し器内が85〜90℃になるように火力を弱めて一定時間加熱するが, 余熱を利用することでも同様の効果が期待できる。この場合は強火で数分間加熱したあと, 消火し, そのまま蓋を取らずに放置すると蒸し器内温度がゆっくり下降する間に卵液が凝固する。100℃以下での加熱なのですだちを防止できる。

4)　炊　く

　生米に水を加えて加熱し, 飯にする操作を**炊く**という。水分約15%の米が, 水分約60%の飯になる過程ででんぷんの糊化やたんぱく質の変性が起こり, かたさや粘りなどのテクスチャーが大きく変化する。また温度上昇過程で酵素作用によりでんぷんやたんぱく質の一部が分解され, 還元糖は3〜4倍に, アミノ酸は1.1〜1.2倍程度増える。炊飯の方法には, 米に加えた水がほぼ米粒に吸収されるまで加熱する**炊き干し法**と, 多めに加えた水を沸騰後いったん捨てて, さらに蒸し煮する**湯取り法**がある。

(2) 乾式加熱

　水を熱媒体としない加熱法で, 揚げる, 焼く, 炒めるなど100℃以上で加熱する。食品に水分がある間は食品の温度は100℃以下であるが, 水分がなくなると焦げ始め, 100℃を超えるので湿式加熱よりも温度管理に注意を要する。加熱温度が高いので特に食品の外側では外観, 風味, テクスチャーなど変化が速く, 制御がむずかしい。

1) 焼 く

電気ヒーターや炭火などの熱源からの放射熱によって食品を直接加熱する直火焼きと、鍋や鉄板などによる間接的に加熱する間接焼きがある（表5-11）。

① 直火焼き

串焼きや網焼きのように直接熱源からの熱を食品が受ける方であり、中心部に比べて表面の温度上昇が速いので、焦げ色がつきやすい。熱源は電気、ガス、炭などであるが、熱源に向かい合っている面は放射伝熱によって加熱され、一部は温度上昇した周囲空気からの対流伝熱による熱移動もある。ガスコンロの場合はガス火による放射伝熱の割合は小さく、直接ガス火にかざす場合はガスからの対流伝熱によって加熱されるため、中心部が十分に加熱される前に表面が焦げやすく、網の上の温度はガスの種類や空気の混合割合によっても異なるが、1500℃前後に達する。ガスが燃焼すると二酸化炭素や水が出るので、魚を焼くと表面を乾燥させたいときは水分が妨げとなる。金属板のついた魚焼き網では金属板の上に網が張っており、ガスコンロの上にのせると金属板が高温になり、そこからの放射熱によって網の上の魚が焼かれることになる。

炭で焼く場合は、炎ではなく赤くなった炭の表面が600℃前後になり、そこから温度に応じた赤外線が放射され、この放射伝熱により食品は加熱される。炭の燃焼は、

表 5-11　焼き物の種類

	焼き物名	伝熱の方式と調理器具	適した食品と調理例
I. 直火焼き	串焼き、網焼き、吊し焼き	炭火や電気ヒーターからの放射熱による。	・形を保ち、照り・焦げをつける。焼き鳥、バーベキュー、魚の照り焼き、塩焼き。
	機械焼き	トースター、ロースター、グリルの放射熱を利用して焼く。	・裏返しながら水分を蒸発させ焼き色を均一につける。焼き餅、煎餅など。 ・トーストパン、焼き魚など。
II. 間接焼き	鍋焼き、鉄板焼き	鍋や鉄板からの伝導熱で加熱する。少量の油をひいて均一に焼く。	・比較的短時間で焼ける食品に適する。ビーフステーキ、ソテー、ホットケーキ、卵焼き、お好み焼き
	天火焼き（オーブン焼き）	熱せられた空気の対流と天板の伝導熱、庫壁からの放射熱で四方から加熱。	・大きな塊の食品、細かい形状のもの、流動性のもので長時間加熱するものに適する。クッキー、ケーキ、パン、ローストビーフ（ローストチキン）
	包み焼き	アルミ箔、和紙、パラフィン紙等で食品を包む（熱せられた空気と蒸気で蒸し焼き）。	・香味を保ちたい食品。魚、貝、キノコの奉書焼き、ホイル焼き。
	煎り焼き	ほうろく、厚手鍋からの伝導熱。	・乾燥した細かい食品の撹拌加熱。穀物、豆、ごま、など。
	石焼き	熱せられた石、砂からの伝導熱。	・甘栗、焼きいもなど均一に長時間加熱する。

ガスの燃焼のように水の発生はほとんどないので表面で乾燥が起こる。

②　間接焼き

鍋や鉄板などに食品をのせて金属板からの伝導伝熱で加熱する場合と，オーブン加熱のように高温の壁からの放射熱と庫内の空気からの対流伝熱で加熱される場合とがある。ステーキやホットケーキを焼くのに鍋や鉄板を用いるときは，厚手で熱容量が大きいほうが食品の焼きムラが少ない。また，熱伝導率のよい材質であれば加熱される食品の温度分布が小さくなる。鍋に用いられる材質では熱伝導率がよいのは銅，次いでアルミニウム，鉄の順となり，卵焼き器は銅製のものがよく用いられる。

オーブンでは，壁からの放射伝熱と空気からの対流伝熱の他に，天板からの伝導伝熱もある。オーブンの機種によって放射伝熱と対流伝熱の割合は異なる。庫内空気を撹拌しない**自然対流式**では放射伝熱の割合のほうが高いが，ファンにより強制的に庫内空気を撹拌し対流を起こさせている**強制対流式**オーブンでは放射伝熱よりも**対流伝熱**のほうが，割合が高くなっている。

2）　炒める

油をひいた鍋で，食品を撹拌しながら高温で加熱する操作である。通常は高温短時間とする。食品のまわりを油が薄い膜状に覆うことになるが，高温の鍋と接触している部分を常に撹拌しながら加熱しないと温度の高い鍋底に接触した部分が焦げることになる。炒めるときの油は材料の 10% 前後であるが，油が少ないほど焦げやすく，油が多いほど水分の蒸発が抑えられるのでできあがり量が多い。

表 5-12 は，キャベツを投入時，油の温度が室温のときと 180℃ のときを比較したものである。炒めるときの鍋の温度は 180℃ くらいが適度であり，低い温度で加熱すると水分の蒸発が少なく，鍋底に水分や油が残って好ましくないしあがりになる。

表 5-12　炒め物の油の温度と材料の量による放水量
（フライパンの底の直径 18cm）

材料投入時の油の温度	キャベツ張込み量	発散水分量	遊離油量	放水量
室　　温	100 g	19.0%	0　mL	0　g
	150	15.0	0.5	1.9
	200	9.5	0.5	3.4
180℃	100	18.5	0	0
	150	16.5	0	0
	200	14.0	0.4	2.7

資料：太田静行「いためもの」『調理科学』1(3) 1968, p.128

3）　揚げる

油を熱媒体とする加熱法で，油の温度は 130〜200℃ と広範囲である。高温の油のなかで加熱されるので，食品から出た水分が水蒸気となって出ていき，代わりに油が入ってくる。揚げる操作では食品のなかで水と油の交代が起こっており，カラリとし

あげるためには，水と油の交代を上手に行うことが必要である。揚げる温度が低すぎると交代がうまくいかず水分が多く残り，油分が少ない状態になるが，食べると油っこい感じが強くなる。吸油量は衣が多いほど多くなり，**素揚げ**の約5％から天ぷらの約20％まで幅がある。油の比熱は水の約1/2と小さいので温度が上がりすぎたり，また食品を投入したときの温度低下も大きく，温度コントロールがむずかしい。油は一般に200℃を超えると沸騰に達する前に分解して発煙するので，この**発煙点**より低い温度で加熱する。油が古くなると発煙点が低くなり，180℃付近でも発煙することがある。

　表5-13に揚げ物の種類と調理例を示した。衣をつけない素揚げでは水分の蒸発が多いのでポテトチップスや魚の丸揚げのように**脱水**を目的とする場合は140℃付近の低温で長時間揚げて脱水を十分に行い，しあげに適度な揚げ色と風味をつけるために180℃付近の高温で短時間揚げる二度揚げの方法で行う。水分の多い衣である天ぷらを揚げるときは衣の粘性が高いと衣の水と油の交替がうまくいかず，カラリと揚がらなくなる。衣をつくるとき**グルテン**の形成がなるべく少なくなるように，小麦粉に水分を加えたら手早く揚げる，加える水の温度を15℃程度にするなどの注意が必要である。グルテンは加える水分の温度が低いほど形成しにくいが，冷たすぎると揚げたときに衣の温度が上がるまでに時間を要し，衣からの脱水が起こる前に粘性が高くなり，歯ざわりのよい衣ができない。

　炒め物の前処理として，食品をあらかじめ140℃前後の低温で揚げる "油通し" という操作がある。油通しによって野菜類の炒めものは色が鮮やかに保たれ，炒めたあとの重量減少も少なくなる。**表5-14**はピーマンを150℃の鍋で2分30秒炒めただけの試料と130℃で20秒間油通し後に1分間おいてから150℃の鍋に投入し1分間

表5-13　揚げ物の種類と調理例および適温

種　類	特　徴	調理例	適温(℃)
素揚げ	材料に何も付けないで揚げる。 水分の蒸発が多く，食品独特の香味がつく。	ポテトチップス(二度揚げ) パセリ クルトン 魚の丸揚げ（二度揚げ）	130, 170 130-150 160-180 140, 190
衣揚げ	衣の焦げによる香味と食品の風味が保たれる。		
	1) でんぷんや小麦粉をまぶして揚げる。	〈から揚げ〉鶏肉魚など	170-180
	2) 水分の少ない（25％程度）衣を付ける。	〈パン粉揚げ〉 カツレツ コロッケ	 170-180 180-200
	3) 水分の多い（65-70％）衣を付ける。 内部の食品は蒸し煮の状態。 衣の部分は水と油の交代によりカラリとしたテクスチャーがつく。	〈天ぷら，フリッター〉 魚，貝類 イモ，野菜類 青しそ，のり	 180-190 160-170 140-150

表 5-14　ピーマンの油通しの有無による官能テストの結果

質　問		好ましいとした人数	
		油通ししないもの	油通ししたもの
外観	色はどちらが良いか	0	19**
	ハリのある状態はどちらか	2	17**
テクスチャーはどちらを好むか		4	15*
総合的にどちらを好むか		1	18**

パネル 19 名，*危険率 5%，**危険率 1% で有意差あり

資料：松本睦子・吉松藤子「炒め調理における油通しの効果について」『調理科学』16(1)，1983，p.42

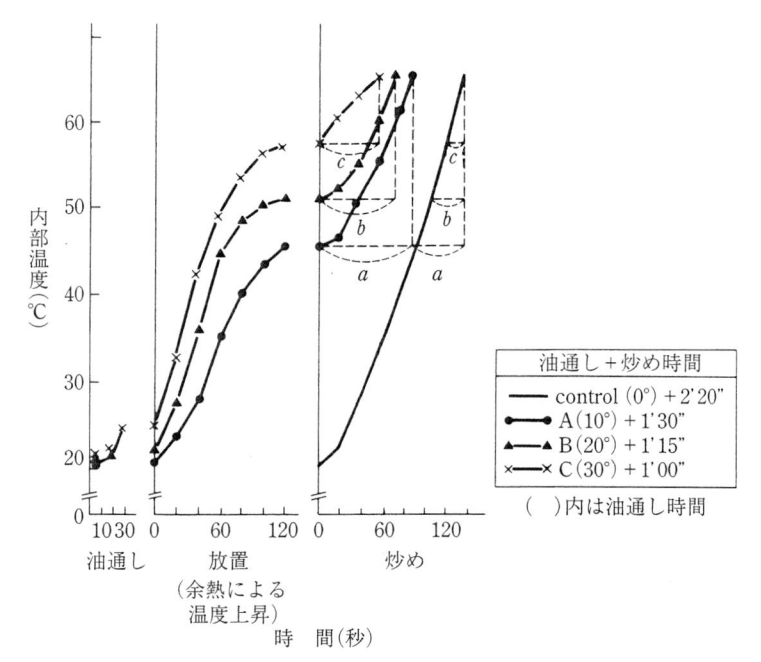

図 5-9　油通しとその後の炒め操作による鶏肉の内部の温度変化

鶏肉の油通しを 30 秒行うことによって，食品の中心温度は 5℃ 程度の上昇である。しかし，2 分間放置することによって余熱で温度が上がり，45～55℃ になる。これは，炒め加熱時間が少なくてすむ。

資料：松本睦子・吉松藤子「炒め調理における油通しの効果について」『調理科学』16(1) 1983, p.44

炒めた試料の官能テストの結果である。外観，テクスチャー，総合評価のいずれも油通しをしたほうが有意に好ましいと評価された。**図 5-9** は鶏肉を 150℃ で油通ししたあとに，2 分間おいてから炒めたときの中心温度を測定した結果である。対照（コントロール）の炒め加熱だけのものに比べて油通しをした試料 A，B，C は，炒め開始時の中心温度が高く，短時間で炒め操作がすむことから，鶏肉の収縮が少なくやわらかくしあがることが官能評価によって，確認されている。

（3）　誘電加熱（電子レンジ加熱）

1）　加熱のしくみ

誘電加熱は誘電体を加熱する操作であり，誘電体とはイオンや電子のような電荷をほとんどもたないものをいう。食品は水を含むので完全な**絶縁体**とはいえないが，ほぼ絶縁体であり，誘電体に相当する。誘電加熱は食品にマイクロ波を照射し，マイクロ波のエネルギーを食品が吸収することで食品自体が発熱するので，熱源が食品のなかにあるという点で，他の加熱方法とは加熱原理が異なる。一定の波長のマイクロ波を電子レンジのなかで発生させ，マイクロ波は庫内に充満しながら食品内部に入っていき，主に水分子に吸収されて食品の温度が上昇する。マイクロ波は通信に使われる電磁波のひとつであり，日本では 2450 MHz のマイクロ波のみ電子レンジに使用できる。

水分子は酸素原子と水素原子からなり酸素が負，水素が正を帯びている。全体としては電気的に偏りがないが，分子内では電気的に偏りのある構造をしている。通常は，水分子はバラバラの方向を向いている。電子レンジの庫内でマイクロ波を照射されるということは，**交流の電場**に置かれた状態と同じであり，**周波数**が 2450 MHz のため電場のプラスとマイナスが，1秒間に 24 億 5000 万回入れ替わる状況である。水分子はそのなかで**誘電分極**が起こり，プラス極に負の部分，マイナス極に正の部分を向けるように並ぶ。頻繁に変わる電場の向きに合わせて水分子が振動する過程で周囲の分子の抵抗を受けるなどで遅れが生じ，マイクロ波のエネルギーが吸収され，熱エネルギーに変わることで水分子の温度が上昇する。水分子でなくても誘電分極を起こす場合はマイクロ波のエネルギーを吸収し，加熱される。

2）　加熱の特性

電子レンジで加熱されやすいかどうかを表す指標として，物質の誘電分極の起こりやすさを表す**誘電損失係数**があり，値が大きいほど加熱されやすい。また，マイクロ波は食品の表面から内部に入るにしたがってエネルギーが減少していくので，表面のエネルギーが1/2になる距離が存在する。これを**半減深度**といい，値が小さいほど表面で多くのマイクロ波エネルギーが吸収されてしまうことを意味している。

表5-15 は油と水，食塩水の誘電損失係数と半減深度を示している。水よりも食塩

表 5-15　物質の誘電損失係数および半減深度

	油	水	1.2%食塩水溶液
誘電損失係数 [1]	0.15	3〜10.0	25〜45
電磁波の半減深度 [2]	17 cm	1〜4 cm	0.3〜0.5 cm

1)　誘電率と正接損失（tan δ）をかけた値でこの値が大きいほど発熱しやすい。
2)　マイクロ波が吸収されるとエネルギーは減少するがマイクロ波の強さが1/2になる深さをいう。
　　資料：肥後温子「電子レンジと調理加工」『調理科学』21(2) 1988, p.125 を一部改変

水のほうが誘電損失係数が大きく，半減深度が短い。このことから，食塩を含む食品では表面部の加熱が進み，温度上昇が著しいといえる。食塩を表面にふって加熱する牛肉のたたきや，ローストビーフなどはこのような加熱の特徴を利用しているといえるが，みそ汁やおかず類を電子レンジで再加熱するときは，表面部だけ先に温度が上昇することを考慮する必要がある。油は誘電損失係数が小さく，半減深度が大きいので少量の油ではマイクロ波により加熱されにくい。

　電子レンジによる加熱では温度上昇が速いのが特徴で，酵素の失活も速く起こる。サツマイモの加熱では，L-アスコルビン酸の残量がオーブン加熱より多く（図5-10），また，生成する麦芽糖量は蒸し加熱より，電子レンジ加熱のほうが少ない（図5-11）。麦芽糖はβ-アミラーゼの作用により生成され，サツマイモでは70℃でも活性があるといわれる。サツマイモの色については蒸し加熱よりも電子レンジのほうが明るい黄色となるが，これは**ポリフェノールオキシダーゼ**の失活が速いためである。

　食品が単位体積あたり1秒間に吸収するエネルギーに食品の体積をかけた値は一定となり，その電子レンジの出力（W）として表される（定格高周波出力）。このため体積が大きくなると1秒間に吸収するエネルギーが小さくなるので，加熱する時間が長くなる。家庭用の電子レンジの出力は500〜1000 W程度であるが，業務用では200 Vで1500〜3000 Wのものがあり，出力によって加熱時間が異なる。

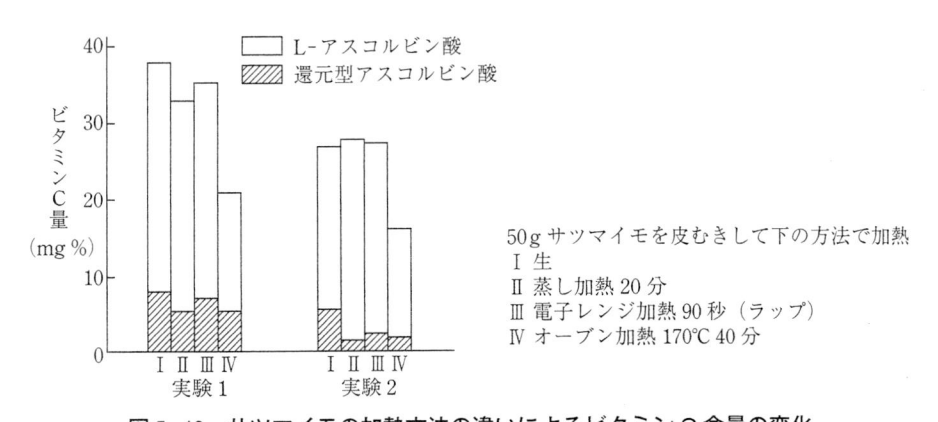

図5-10　サツマイモの加熱方法の違いによるビタミンC含量の変化
資料：久保田紀久枝ら「甘藷の加熱調理に関する研究」『家政学雑誌』29(3) 1978，p.145

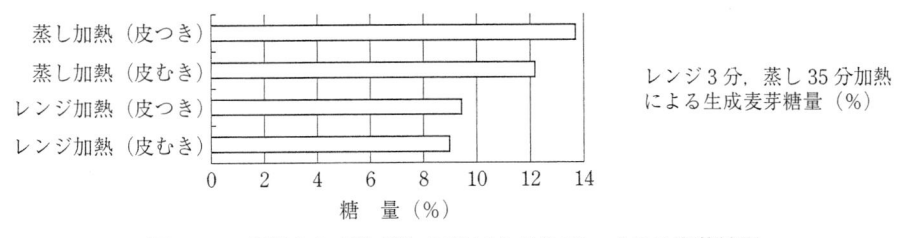

図5-11　電子レンジと蒸し加熱によるサツマイモの麦芽糖量
資料：平山静子・松元文子「電子レンジによる加熱について」『調理科学』6(1) 1973, p.21 より作成

（4）　誘導加熱

　誘導加熱とは，電磁誘導現象を利用した加熱法であり，誘電加熱と異なって熱源が外にある。電磁誘導とは，ループ状の電線の近くで磁石を動かすか，もしくは磁石のまわりでループ状の電線を回転されると電源がなくても電流が流れる現象である。誘導加熱の原理を利用した調理器具が電磁調理器（IH調理器）である。電磁調理器では，トッププレートの下にあるコイルに交流電流を流すと磁力線が発生し，電流に合わせて磁場の向きを変えながら鍋底を通過するときにうず状の誘導電流（うず電流）が発生し，鍋の電気抵抗に対応したジュール熱が鍋底に発生して，その部分が加熱されるので鍋底は平らにする。鍋自体が発熱するので加熱効率がよい。ジュール熱とは，電流が流れるとその導体内に発生する熱量で，流れる電流の2乗と導体の抵抗に比例する。鍋の材質は強い磁性をもつもので，鉄またはステンレス鋼のように鉄やニッケル，クロムを含むものが適している。最近はセラミックスやアルミニウムの鍋底にステンレスを埋め込んだ鍋が電磁調理器対応型となっている（図5-12）。

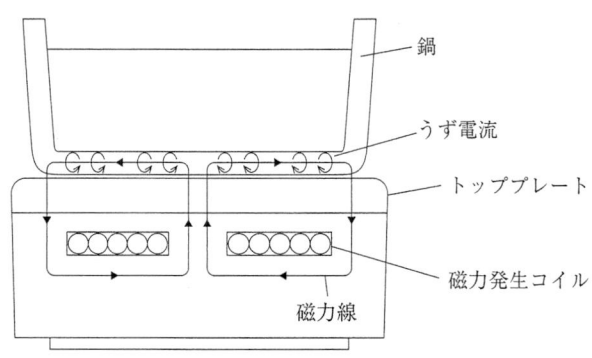

図5-12　電磁調理器のしくみ

（5）　真空調理

　真空調理とは，食材を真空包装したものを比較的低温の**湯せん**やスチームオーブンなどで加熱する調理法で，真空低温調理法ともいわれる。この場合の真空は大気圧より低い圧力の空間のことで，真空包装機により100〜1000 Pa（0.001〜0.01気圧）で包装する。加熱後にそのまま食されることもあるが，クックチルシステムで**急速冷却**するときは90分以内に芯温が3℃以下になるように行い，0〜3℃で5日間以内の保存とし，食べるときは再加熱を行う。再加熱時は中心部が75℃以上，1分間以上の加熱が必要であり，さらにノロウィルス対策としては85℃以上，1分間以上が望ましいとされている。

　真空包装時に食材そのままか調味液と一緒にするかは目的によって異なり，また，加熱温度と時間の関係は，食材の種類や大きさによって異なる。一定の品質が得られ，再加熱によりほぼ調理直後の状態が得られるのは真空調理の利点である。また，真空

包装では空気がかなり除かれているので酸素の影響が少なく，酸化による劣化は起こりにくいといえるが，完全な真空ではないため衛生面での注意が必要であり，**微生物**の生育範囲が 0〜60℃ であることに十分に留意する。

3 調味操作

調味操作とは，食材から食べ物にするために行う調理過程での非加熱操作や加熱操作に加え，さらに味や香りをよりおいしくする操作である。すなわち，食品自体がもっている本来のおいしさを損なわず，引き立てるために行うことが調味操作の意義と目的となる。食べる人の年齢・性別，健康・心理状態，食経験・食習慣などでおいしさの感じ方が変わってくるため，対象者に配慮した適切な調味操作が求められる。

3-1 調味料の種類と使用濃度

調味操作に用いられる主な調味料として，甘味を加える**砂糖**，塩味をつける**食塩・しょうゆ・みそ**，酸味をつける**食酢**，その他に**酒**（アルコール）類，**みりん**（甘味＋エチルアルコール），各種香辛料などがある。以下に個々の調味料と特性を述べる。

(1) 甘味料

甘味の代表的な調味料として砂糖がある。主成分はショ糖（スクロース）であり[7]，**グラニュー糖，上白糖，三温糖，黒砂糖**など種類が多い。一般的には上白糖が用いられる。液体状のジュース，紅茶，コーヒーなどの飲物にはその 3〜10% 程度を，日常の煮物には 3〜5% 程度を，やわらかい水ようかんや小豆餡には 20〜40% 程度を，練りようかんやジャム類には保存性を高めるために 50% 以上が用いられている。砂糖の過剰摂取は肥満や糖尿病，虫歯の要因となる。そこで病気の予防や治療の目的で，甘味度（ショ糖を 1 とした場合）0.3〜0.8 程度で，低エネルギー，低う蝕性，整腸作用などの機能性を高めた**糖質甘味料**の難消化性オリゴ糖や糖アルコール，甘味度がショ糖の 100 倍以上で肥満や虫歯の心配のないアスパルテームなどの**非糖質甘味料**などが工業的に開発されている。甘味以外の砂糖の調理性については，第 6 章 4 節を参照されたい。

(2) 塩味料

塩味は調味の基本である。代表的調味料は食塩（NaCl）であり，ナトリウムイオン（Na$^+$）と塩化物イオン（Cl$^-$）とが共存し塩味を感じている。他には，塩化カリウム（KCl）や塩化マグネシウム（MgCl$_2$）なども塩味を呈するが苦みをともなうものが多い。

---

7) ショ糖濃度：グラニュー糖 99.9%，上白糖 97.8%，三温糖 96.4%，黒砂糖 77〜85%。

1) 食 塩

塩化ナトリウムを99％以上含有している。ナトリウムは身体の血中濃度を一定に保つのに必要なミネラルである（第3章3節，第6章4節参照）。食べたときに適度な塩味を感じるのは，0.7～1％程度であり，一般に調味料に使用する塩味は汁物では汁の0.7％を，煮物では材料の1.5％程度を，つくだ煮には5～10％程度の食塩が用いられている。塩味の濃いものは食事での摂取量は少なく，米飯などで薄められ最終的に1％程度になる。しかし，食塩の摂りすぎは高血圧の原因になるので注意したい。食塩の分子量は砂糖に比べて小さく，電解質なので溶液中では陰・陽イオンに解離し，味の拡散は調味料中，最も速く，食品への味のしみ込みも速い。そこで，煮物などへの調味には砂糖よりもあとに加えるとよいといわれる。また，食塩は溶解度が低いので，食塩を加えたら十分に溶解させてから味をみるようにする。

2) しょうゆ

大豆，小麦を原料に麹菌を混ぜて麹をつくり，食塩水を加え発酵熟成させた液体調味料で，食塩を15～16％程度含有している。その他に，熟成中にたんぱく質が分解して生じたアミノ酸およびペプチド，糖類，有機酸も含まれており，うま味，甘味，酸味に加え，特有の色と香りを有する世界的な調味料である。日本で使用している種類では**濃口しょうゆ**が全国的に最も多く，**薄口しょうゆ**は主に関西地方で，**たまりしょうゆ**は中部地方で多い[8]。しょうゆを塩味として用いるには，含有塩分量から，食塩1gに対ししょうゆ約6.5gが必要になるが，しょうゆは塩味以外の味が複合した濃厚な味であるので，容量で5倍（重量で6倍）程度を用いて，最後に味を調えるとよい。

3) み そ

しょうゆと同じく大豆の発酵食品である。原料の米・麦・大豆や麹の量，熟成期間，生産地域などによりみその種類は多い。塩分量は甘みその6％程度から辛みその12，13％程度まであるので，表示をみて食塩の代替として使うとよい。**みそ汁，みそ煮，みそ焼き**（田楽），**みそ炒め，みそ和え，みそ漬け**など多くの料理に使われている。

(3) 酸味料

酸味は各種酸の解離によって生じる水素イオン（H^+）の味による。穀物をアルコール発酵させてから酢酸菌で酢酸発酵させてつくる**穀物酢**が，食酢として一般的である。4％以上含まれる酢酸が酸味の主成分であるが，その他に乳酸，コハク酸，リンゴ酸などの**有機酸**も含まれる。また果物の搾汁をもとにつくられる**醸造酢**のリンゴ酢，ブドウ酢などは，主にサラダなどの西洋料理に用いられる。

(4) その他の調味料

以下に示すような酒類やうま味料などがあげられる。

8）塩分濃度：濃口しょうゆ14.5％，薄口しょうゆ16％，たまりしょうゆ13％。

1）酒　類

日本酒，ワインなどエチルアルコールを主成分とし，魚肉のにおい消しに利用したり，含有する少量の糖やアミノ酸が料理に深みとこくを与えている。

2）みりん

本みりんは約40〜50％の糖分と約14％のアルコールを含有しており，酒と同様の効果の他に，加熱によりつやと照りをつけ，焼き色をよくする。甘味料として砂糖の代わりに用いるときには3倍量のみりんを加えると同程度の甘味となる。みりん風調味料はエチルアルコール1％以下である。

3）トマト加工品

トマトピューレ，トマトペースト，トマトケチャップがある。ケチャップはピューレを砂糖・食塩・食酢・香辛料などで調味したものである。いずれもトマト特有の酸味と甘味を有し，煮込み料理などのソースに使われることが多い。

4）うま味料

動植物から抽出したうま味成分を含む出汁（だし）が用いられる。たとえば，昆布とかつお節，煮干しなどから抽出した和風だし，中国料理の湯（タン）[9]，西洋料理のスープストック[10] は味の主体となるグルタミン酸ナトリウムやイノシン酸ナトリウム，コハク酸，ヌクレオチド（核酸）類などの他に，各種だし素材と香味野菜，香辛料類がもつうま味成分や香りとの相乗効果で単一素材よりも濃厚な風味だしが得られる。

3-2 ▌調味の時期

イモ・野菜類などの植物性食品では，加熱により組織が軟化したあとで調味すると，調味料が食品へ浸透しやすい。生の食材を使ったサラダや和え物では，食材の形状を小さくまたは薄く切るなど表面積を大きくして調味すると，細胞膜の浸透圧で調味料が食材の中まで浸透しやすい。しかし，生野菜の外側に塩分の濃い調味料をかけると，細胞の内外の浸透圧の差を等しくしようとして水分が細胞外へしみ出て味が薄くなる。そこで食べる前にドレッシングなどの調味料をかけるとよい。

一方，魚介類では加熱前に調味料を加えて生臭みを抑え，表面を加熱により変性させてから短時間加熱する方法にすると，うま味を有する肉汁や水溶性たんぱく質が食品のなかに閉じ込められるのでおいしい。ソース類は適度に加熱したあとに調味してしあげる方法が多い。茶わん蒸しのように加熱途中で調味できない蒸し料理には，調味料は加熱前に加えるか加熱後にあんかけ風にして加える方法もある。緑黄色野菜にみそやしょうゆ，食酢などの酸性の調味料を加えて加熱すると色が変性しやすいので，料理によっては調味時期や調味方法を工夫する必要がある。

9）湯：豚・鶏肉，ネギ・しょうが，干した魚介類などからとっただし。
10）スープストック：牛すね肉，香味野菜，香辛料などからとっただし。

3-3 ▌調味料の添加順序—調味順序

　複数の調味料を加えるときに，高温で短時間の加熱が特徴の中国料理などでは，調味料を前もって合わせておき一度に加えてしあげる調味方法が多い。日本料理の煮物などのようにじっくりと煮含める場合には，サ（砂糖），シ（塩），ス（酢），セ（しょうゆ），ソ（みそ）の順に加えるとよいとされる。これは，分子量の大きい砂糖は味が浸透しにくいので分子量の小さい塩よりも先に加え，香りが特徴の発酵調味料のしょうゆやみそは香りが消えないように加熱の後半に加えることで，おいしく食べられるように配慮しているといわれる。

　魚の煮つけやイモの煮しめなどの料理では，調味料を一緒に合わせ煮立たせたなかに食品を入れ短時間で煮あげる方法をとる。調味料は食品の表面付近で絡まっていてなかまで味は浸み込んでいない。一方，イモの**含め煮**やおでんなどのように食品に均一に味をつけたい料理では，**煮つけや煮しめ**より汁を多く時間をかけて煮込むので，調味料を薄めにして材料の味が活かされるよう工夫する。

　まわりに塩をまぶして握る塩にぎりをすぐに食べる場合，食塩はおにぎりの表面だけに留まっているので塩分量が少なくてもおいしいと感じる。しかし，市販のおにぎりのようにつくってから店頭に並び購入者が食べるまでに時間がかかる場合，表面の食塩が内部にまで**拡散**しているので，あらかじめ食塩量を多めにしてつくられていることが多い。炊き込み飯タイプのおにぎりの塩分量も同様に多くなっている。

3-4 ▌味の変動性を利用

　調味する場合にはそれぞれの調味料の味が単一に使われるのではなく，合わせた場合の味の**相互作用**による効果も理解しておく必要がある（第4章1節, 第6章4節参照）。たとえば，だしを使うときには，味つけに食塩（しょうゆやみそにも含まれている）を加えると，グルタミン酸はグルタミン酸ナトリウムになっており，イノシン酸もイノシン酸ナトリウムになっている。塩になることによって，そのうま味ははるかに強く感じられるようになる。うま味が十分に抽出されただしに塩分で調味するとうま味が強く感じられ，塩分量が少なくてもおいしい汁物にしあがる（**味の対比効果**）。味の対比効果を理解してだしを活用すると、減塩につながる。

　植物性の昆布や香味野菜にはうま味成分のグルタミン酸ナトリウムが多く含まれ，動物性のかつお節や肉・魚介類にはうま味成分のイノシン酸ナトリウムが多く存在し，これらを組み合わせると，より濃厚でおいしくなり，うま味の**相乗効果**が期待できる。

　カレーライスは，カレーを調理後すぐに食べるよりも時間をおいたほうがよりおいしく感じられる。それは長くおくことで食品内部まで味が均質に拡散することと，肉や野菜から溶出した種々のアミノ酸やペプチドなどがスープに移行し，塩や香辛料な

どの調味料との相互作用によって味がまろやかでこくがでるからだといわれている。

　また，すし酢や酢の物の**合わせ酢**をつくる際に，加える酢の酸味が，同時に混合する砂糖の甘味により特有の酸っぱい味が抑制されてまろやかな調味液になる（**味の抑制効果**）。

　さらに，小豆を煮て餡をつくるときやようかんをつくる際に大量に加えられる砂糖の甘味も，使用する砂糖の 0.3～0.5% の塩を加える（甘味＋少量の塩味）ことで甘味がさらに強く感じられる（味の対比効果）。このような味の対比効果を利用すれば同程度の甘さにしあげるのに実際の砂糖量を少なくすることができる。

6章

食品の調理性

1 植物性食品

1-1 ▌米

米はイネ科の穀物で小麦，トウモロコシと並び，世界三大穀物のひとつである。炭水化物を多く含むため，エネルギー源として主食に用いられる。

日本でもっとも作付面積の多い品種はコシヒカリで，次いでひとめぼれ，ヒノヒカリなどの食味のよい品種がつくられている。また各地で新しい品種も改良されている。

(1) 米の種類

米の品種はジャポニカ米（Japonica〈日本型〉：短粒型）とインディカ米（Indica〈インド型〉：長粒型）に大別され，それぞれにもち米（もち種）とうるち米（うるち種）がある。

米の主成分であるでんぷんは**アミロース**と**アミロペクチン**で構成されており，もち米はアミロペクチン100％，うるち米はアミロース10〜30％とアミロペクチン90〜70％である。アミロースはグルコース（ブドウ糖）がα-1,4グリコシド結合で直鎖状につながり，らせん構造を形成している。アミロペクチンはα-1,4結合の直鎖とその途中からα-1,6結合で分岐した構造をもつ（本章「3-1▶でんぷん」参照）。分析技術が向上し，分岐した構造のアミロースや超長鎖をもつアミロペクチンも認められるようになった（後掲，図6-48）。アミロース含量が多いほど米飯は**老化**しやすく，アミロペクチン100％のもち米は老化しにくい。

その他の分類として，水稲と陸稲，**軟質米**と硬質米，新米と古米などがあり，食生活の多様化に対応し，高アミロース米（夢十色など）や低アミロース米（ミルキークイーンなど）などの特徴のある**新形質米**も開発・利用されている。保存は，温度10〜15℃，相対湿度70〜80％の環境が品質の低下を抑制する効果がある。

(2) 米の組織構造と搗精（とうせい）

米は小麦とは異なり搗精により精白できるので，粒食することができる。米の品質を保持するため，穀温が上がらない低圧搗精や連続式搗精などの方法も行われている。米の外皮（もみ殻）を取り除くと玄米になる。これを搗精により，ぬか層（果皮，種皮，

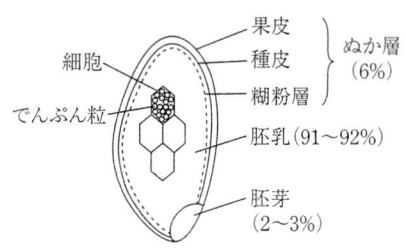

果皮
種皮　　　ぬか層
糊粉層　　（6%）
細胞
でんぷん粒
胚乳（91〜92%）
胚芽
（2〜3%）

図6-1　玄米とでんぷん粒の模式図

糊粉層）約6%と胚芽2〜3%が取り除かれ，歩留り91〜92%の精白米にする。健康を考え，玄米，七分つき米（歩留まり約94%），および五分つき米（歩留まり約96%）に搗精した米や搗精時に胚芽を残した胚芽精米もある。分つき米では食味が低下するが，米粒の胚乳外層が残るため，洗米および水切り・浸漬の間に酵素作用でマルトオリゴ糖が生じ，飯の甘味がでる[1]ともいわれている。無洗米[2]は粘着性の強い肌ぬかが除去されているので洗米を省略できる。しかし，洗浄時の吸水がなく，ぬかの分の米重量が多くなっているので，加水量は容積で約5%程度多くし，30分程度浸漬したのち**炊飯**するとよい。

（3）　成　分

うるち米精白米の成分は炭水化物77.6%，たんぱく質6.1%，脂質0.9%，灰分0.4%，水分14.9%である。たんぱく質はその約80%がオリゼニンである。米の制限アミノ酸はリシンで，ヒスチジン，メチオニンも少ない。アミノ酸スコアは61であるが，植物性たんぱく質のなかでは良質とされ，脂質含量は0.9%と少ないが，オレイン酸，リノール酸，パルミチン酸が含まれており，これらが貯蔵中に酸化することで古米臭を生じる。**搗精**によりビタミンB_1が減少するため，精白米のビタミンB_1不足を補うために，強化米や押し麦，雑穀などを精白米に混合して炊飯する場合もある。

（4）　うるち米の調理

うるち米は約15%の水分を含む。これに水を加えて加熱すると水分約60%の米飯になる。この調理過程を炊飯といい，**炊き干し法**と**湯取り法**がある。炊き干し法は煮る，蒸す，焼く操作を合わせた複合加熱操作で，日本など主にジャポニカ米を用いる場合の炊飯方法で，粘りとつやのある飯になる。一方，インディカ米は湯取り法を用いることが多く，多量の水とともにゆで，ゆで汁を除いたのち蒸すので粘りが少ない。

1）　炊飯の要領

ここではジャポニカ米の炊き干し法の手順を述べる。

①　洗　米

洗米はぬかやごみを洗い流す目的で行う。研ぎ洗いにより水溶性成分の溶出は大きくなる。洗米中に約10%の水を吸水するので，ぬか臭が残らないようにたっぷりの水で手早く洗う操作を3〜4回行う。

1）田島真・堀野俊郎・前田万里・孫鍾録「米粒外層から抽出されるオリゴ糖類」『日本食品科学工学会誌』39（10），1992，pp.85〜861

2）無洗米：無洗米の製法には，付着糖の粘着性利用（BG精米製法），水洗い乾燥式（湿式法），加熱したタピオカを付着剤として利用（NTWP加工法），ブラシなどの利用（乾式法）などがある。近年は家庭用精米機にも無洗米コースを設けたものもある。

②　加水（水加減）

　うるち米の炊きあがりが 2.1〜2.4 倍になることを考慮して蒸発量を加え，加水量は米重量の 1.5 倍，米容積の 1.2 倍を基準とする。家庭用電子ジャー炊飯器では蒸発が少ないので，米重量の約 1.3 倍の加水量でよい。また，新米では米重量の 1.3 倍程度，古米では 1.6 倍程度に加減する。

③　浸漬（吸水）

　米粒の中心部まででんぷんの糊化が均一に行われるように，十分に吸水させる。うるち米の温度別浸水時間と吸水率の関係を**図 6-2** に示した。うるち米の吸水量は 20〜25％で，吸水量，吸水速度は水温の上昇とともに増加する。また，浸漬後 30 分間に急速に吸水し約 2 時間でほぼ平衡に達することから，米は約 60 分間浸漬する。吸水速度は米の新古や水の温度，浸漬液の種類に影響されるため，古米の場合や水温が低い場合は長く浸漬する必要がある。

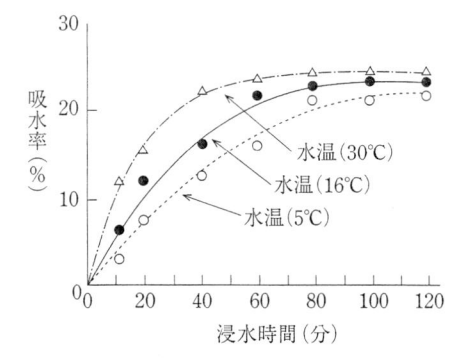

図 6-2　米の浸水時間と吸水率
資料：松元文子ら編『四訂調理実験』柴田書店，1997，p.11

④　加　熱

　炊飯の中心になる操作である。米でんぷんを完全に糊化するには，98℃以上で約 20 分間加熱する必要があるので，火力を適切に調節し，高温に保つことで，味やにおい，外観，かたさなどがよい飯を炊くことができる（**図6-3**）。

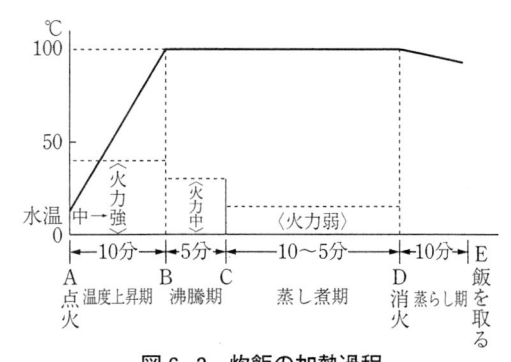

図 6-3　炊飯の加熱過程
資料：山崎清子ら編『NEW 調理と理論』同文書院，2011，p.79

ⅰ）　温度上昇期

　米の組織中のでんぷんを完全に糊化させるため，7〜10 分間で 98〜100℃に温度を上昇させる必要がある。60℃になると米でんぷんは糊化が始まり，アミラーゼやグルコシダーゼなどによる酵素反応が起こる。短時間で沸騰させると，水が米粒の内部まで吸収されないうちに高温になり，糖が生成せず飯に甘味が出ない。そこで，少量の炊飯，あるいは水の浸漬が不充分な場合は火力をやや弱めて，沸騰までの時間を少し長くする。大量炊飯ではこの

時間が長すぎて煮崩れる場合があるので，湯炊き[3] にして短時間に沸騰させる。

　ⅱ）　沸騰期

　米粒内部への吸水・膨潤とでんぷんの糊化がさらに進行し，粘りを生じる。沸騰が持続するように火力を中火程度に調節し，5分間加熱する。

　ⅲ）　蒸し煮期

　釜内の大部分の水が吸収され，米粒の周囲に残っている少量の自由水が米粒の内部へ吸収されていく。でんぷんの糊化はまだ進行しており，米が焦げないように弱火にし，約10〜15分間高温を持続させてから消火する。

　⑤　蒸らし

　米粒の周囲に存在している水分も内部に移動し，水分の分布が均一化して，ふっくらとした米飯になる。高温を保持しながら約10分間放置する。**蒸らし**（90℃以上の状態）が終わったら軽く混ぜ，余分な蒸気を逃がすとよい。

　2）　味付け飯

　味付け飯の炊飯では，調味料は米の吸水を阻害するため，あらかじめ水だけで浸漬し，加熱直前に調味する。塩分濃度は炊き上がり飯の0.6〜0.7%にするために米重量に対して1.5%あるいは炊き水の1.0%を基準とする。清酒は飯の風味を増すので，加水量の約5%を添加すると効果的である。しょうゆや清酒を添加するときは，その分だけ水を減らし，また加熱中の米の吸水を妨げ水引きが悪くなるので，沸騰時間を延長するとよい。**茶飯**は米重量の2〜4%の茶葉の浸出液で炊飯する。茶のタンニンはでんぷん粒の膨潤を抑制するため，加熱時間を10分以上長くする[4]。

　3）　**炒飯**（チャオハン）

　炒飯はかために炊いた飯（加水量は米重量の1.3倍）を飯の7〜10%の油で炒める。

　4）　ピラフ（pilaf）

　ピラフは米を約10%の油脂で炒めてから米重量の1.25倍（米容積の1.0倍）のスープストックで炊飯する。米を油脂で炒めると米粒表面の組織が損傷し，米粒表面のでんぷんは糊化する。また表面に油の層ができることから米の中心部への吸水が遅れ芯のある飯になりやすいが，米を十分に炒め，炊飯時の蒸し煮期を長くするとよい。

　5）　リゾット（risotto）

　リゾットは米を約15%の油脂で炒め，米重量の5〜6倍量の熱いスープストックを入れて煮る。できるだけ撹拌せず，米粒中心部に芯が少しあるような状態（アルデンテ）にしあげる。洗米はせず，スープストックを数回に分けて加えるとよい。

3）湯炊き：水を沸騰させたなかに，洗った米を入れ炊く方法。

4）調理科学研究会編『調理科学』光生館，p.248,1984，伊藤千恵子・貝沼やす子「味付け飯について」『調理科学』17(4)，1984，pp.233-236

6）　すし飯

飯を炊き上げたあとに**合わせ酢**を加えたもので，炊飯時の加水量は米重量の 1.3 倍（米容積の 1.1 倍）とし，蒸らし時間は 5 分間程度にする。合わせ酢は飯の温度が高いうちに飯を切るように混ぜて吸収させる。その後，余分な水分をうちわなどであおいで蒸散させると飯粒につやがでてくる。木製のすし桶を用いると，余分な水を吸収するので飯が水っぽくならない。

7）　か　ゆ

かゆは七草がゆなどの行事食や離乳食，病中病後時，および咀嚼・嚥下困難時の食事などに用いる。でき上がり重量に対する米の割合により，全がゆ（米容積の 5 倍加水），七分がゆ（同，7 倍），五分がゆ（同，10 倍），三分がゆ（同，20 倍）がある。おもゆは，かゆから米粒を除いたものである。いずれも沸騰後火を弱めて約 50 分間加熱するが，加熱中に撹拌すると粘りが出て焦げつき，見た目や食味が落ちるので，かき混ぜないほうがよい。

(5)　米の調理特性

1）　米飯の糊化

でんぷん内のアミロースとアミロペクチンは，グルコースが多数の水素結合で結合している。生でんぷん（β でんぷん）は分子が規則正しく配列した結晶質部分（ミセル）と不規則に配列した非結晶部分がある（本章「3-1▶でんぷん」参照）。加水するとミセルのすき間に水が入り，加熱するとミセルが崩れでんぷんは糊化（α でんぷん）する。アミラーゼなどの酵素作用で甘味も増し消化されやすくなる（後掲，**図 6-46** 参照）。

2）　米飯の老化

糊化した米でんぷんは冷えると老化し（本章「3-1▶でんぷん」参照），消化されにくく食味も低下する。米飯の老化速度は保存方法により異なり，冷蔵（5℃）＞室温（20℃）＞冷凍（−18℃）＞電子ジャー（70℃）の順である[5]。

3）　米飯のおいしさの評価

おいしい飯の条件としてでんぷんが十分に糊化していることが重要である。

米飯の食味の官能評価は，外観，香り，味，かたさ，粘りおよび総合評価などの項目について，評点法や順位法など目的に応じた方法を選んで行う。また，米飯の物理的測定は，一粒で測定する一粒法と 10 g 程度の米飯をまとめて測定する集団粒法などがある。**図 6-4** は改良型テンシプレッサーを用いた米粒の測定結果を示した。これは低・高圧縮 2 バイト法によるもので，測定中に試料の厚さを自動的に求め，厚さの一定量に対する変形を与えて測定したものである。測定値からかたさ，付着性，こし，しなやかさが求められる。化学的測定では，呈味成分を客観的に測定する成分分

5）松永暁子・貝沼圭二「澱粉質食品の老化に関する研究（第 1 報）米飯の老化について」『日本家政学会誌』32(9)，1981，pp.653–659

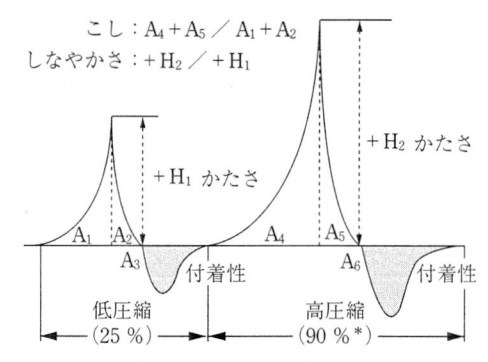

図6-4　テンシプレッサーによる米粒の測定法（一粒法）

＊集団粒法の場合，高圧縮率を92％にする。

資料：高橋節子ら「米飯の食感を評価する新測定法と食味特性」『*J. Appl. Glycosci*』47(3-4)
　　　2000, p.345

析や食味計を用いる場合がある。

（6）　もち米の調理

　もち米は，アミロペクチンのみから構成される。うるち米に比べて吸水しやすく，
加熱すると強い粘性を示し，飯は保存中に老化しにくいなどの特性をもつ。

1）　こわ飯

　こわ飯の炊き上がり重量はもち米の重量の1.6～1.9倍である（うるち米は2.1～2.4
倍）。もち米は2時間の浸漬で約30～40％吸水するので（**図6-5**），蒸し加熱が可能で
あり，蒸しこわ飯は水に2時間以上浸漬して十分に吸水させたのち，水切りして強火
で蒸す。かたさは蒸し加熱中にふり水を数回することで調節できる（**図6-6**）。炊き
こわ飯は洗米したのち約30分間水切りし，炊き水を米の重量の1.0倍（米容積の0.8倍）
の水で炊く。うるち米を混合して炊くことにより加水量を増やすことができ，もち米

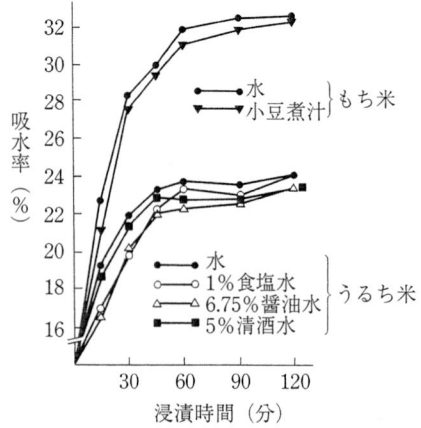

**図6-5　浸漬液中のうるち米ともち米の
　　　　　吸水率**

資料：調理科学研究会編『調理科学』光生館，
　　　1984, p.248

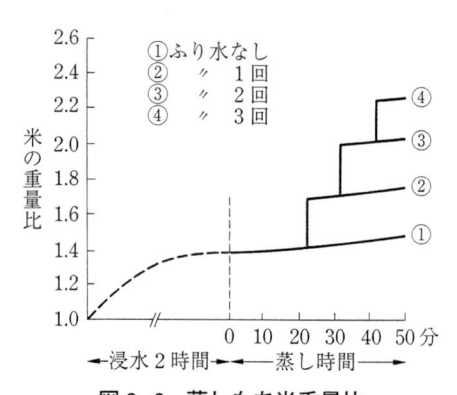

図6-6　蒸しもち米重量比

資料：松元文子ら編『四訂調理実験』柴田書
　　　店，1997, p.17

だけで調理したものよりも粘りの少ないこわ飯が得られる。

2）餅

餅はもち米を水に浸漬し，せいろで蒸し十分に糊化したものをついて粘りを出した加工食品である。よい餅の条件は，次のとおりである。

　　ⅰ）　糊化したでんぷんがペースト状になって広がっている部分と，もち米の粒組織構造を残している部分が適当な割合で生地のなかに平均して混在していること

　　ⅱ）　粒組織構造はあまり小さく壊されておらず，適度の大きさを保っていること

　　ⅲ）　大きい気泡や液泡を含まない組織であること

　　　さらに糖類や乳化剤の添加で，餅の老化を遅らせることができる。

(7)　米の加工品

1）米

常圧で炊飯できる加工玄米，GABA[6]や食物繊維含量の多い発芽玄米，また災害備蓄用に飯を熱風で乾燥させた**アルファ化米**なども利用されている。

2）米　粉

①　うるち米粉

うるち米を水洗いし，乾燥して細かく挽いたものを新粉，さらに細かいものを**上新粉，上用粉**といい，だんごや柏餅，ういろう，せんべい，ライスペーパー，ライスヌードルに利用されている。うるち米粉は粉重量の90〜110%の熱湯でこね，一部を糊化させると粘りが出てまとめやすくなる。うるち米粉を用いるだんごは，水温が高く，新粉の粒度が細かいほど吸水量が多く，よくこねるほどやわらかいだんごとなり，老化が遅くなる。また，こねる回数が多くなると白くなり，なめらかさが出る。上新粉に白玉粉を混ぜるとやわらかくなり，片栗粉を5%程度添加すると歯切れのよいだんごになる。生地に砂糖を加えると老化が遅延し，だんごのやわらかさを保つことができる。近年，上新粉より細かい米粉が製粉され，パン，洋菓子，揚げ衣，ルウなどへの利用の幅が広がっている。

②　もち米粉の調理

もち米には白玉粉，もち粉がある。もち米を蒸して乾燥させ，粗く砕いたものに道明寺粉があり，道明寺粉をさらに細かく粉砕したものはしんびき粉という。白玉粉は粉の約85〜90%の水を加えてこね，加熱調理を行う。やわらかく，なめらかな食感であり，白玉だんご，ぎゅうひや餅菓子の材料となる。

3）米ゲル・米ピューレ

高アミロース米に重量の3倍加水して加熱し，高速せん断することで保水性が高い

6）GABA：γ–アミノ酪酸を含む米。

米ゲルが調製でき，冷蔵で長期保存が可能となる[7]。米の油脂を微小な粒子として保持できることから乳化剤としても利用でき，パンの膨化，エネルギー量を少なくしたい洋菓子やアイスクリーム，グルテンフリーの食品に利用できる。

　米ピューレは300℃の過熱水蒸気で米を加熱後，加水することなく遠心分離する技術を用いた新素材で，冷凍で保存する。保水性，酸化防止作用をもち，米粉パンでは膨化剤や乳化剤として利用される。

【参考文献】
農山漁村文化協会「特集：米の力！無限大──ご飯，ピューレ，ペースト，ゲル」『現代農業』11，2016，pp.82-89，pp.92-113
永島伸浩・川端晶子・中村道徳「搗き方別および添加物別の餅の物性」『澱粉科学』34(3)，1987，pp.179-185

1-2 ▌小麦粉

（1）　小麦の構造と利用

　イネ科の植物である小麦は，世界3大穀物（小麦，米，トウモロコシ）のひとつである。同じ主要穀物である米は一般に粒食されるのに対し，小麦は小麦粉として粉食される点が大きな特徴である。これは小麦の構造と関係している。

　小麦種粒の構造を**図6-7**に示す。小麦は外皮13〜14％，胚乳84〜85％，胚芽2〜3％という構造である。6層からなる外皮はかたいのに対し，胚乳はやわらかい。また，外皮が胚乳に食い込んだ粒溝があるため，米のように粒の形を保ったまま皮部のみを

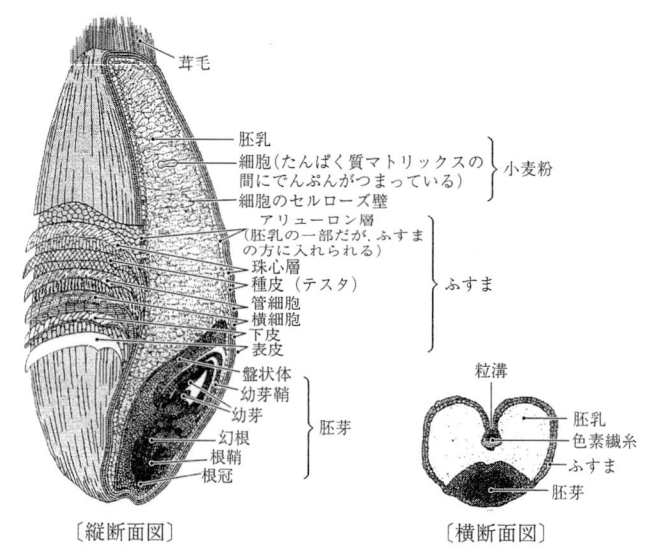

〔縦断面図〕　　　　　　〔横断面図〕

図6-7　小麦種粒の構造
資料：Pomeranz，長尾精一訳『最新の穀物科学と技術』パンニュース社，1992，p.25

7）松木順子「米ゲルについて」『日本調理科学会誌』53(1) 2020，pp.53-56

表6-1　小麦粉の分類と用途

分　類	たんぱく質含量（%）	グルテンの質	粒　度	原料小麦の質	主な用途
強力粉	11.0～13.5	強靭	粗い	硬質で硝子質	食パン，フランスパン
準強力粉	10.0～11.5	強	やや粗い	硬質で中間質および硝子質	中華麺，菓子パン，皮類
中力粉	8.0～10.0	軟	やや細かい	軟質で中間質および粉状質	日本麺（うどん，そうめん）
薄力粉	7.0～8.5	軟弱	細かい	軟質で粉状質	菓子（ケーキ，クッキー類），天ぷらの衣，一般料理
デュラムセモリナ	11.5～12.5	柔軟	極めて粗い	デュラムで硝子質	マカロニ，スパゲッティ

取り除くことが容易ではない。そこで，全粒のまま粉砕したあとに外皮や胚芽を取り除き，胚乳のみをさらに細かく粉砕して小麦粉として用いている。外皮やアリューロン層の部分を**ふすま**といい，飼料などに利用されている。外皮や胚芽を取り除かずに粉にしたものを**全粒粉**という。

（2）　小麦粉の種類とグルテン形成

　小麦粉の一般成分のうち，炭水化物は71～76%，たんぱく質は8～13%，脂質は約2%である。小麦粉は灰分含有量を目安にして，1等（0.3～0.4%），2等（0.5%前後），3等（1%前後）に等級分けされ，灰分の含有量が多い粉ほど品質は劣る[8]。家庭用はほぼ1等粉である。

　小麦粉はたんぱく質含量の違いにより，**強力粉**，**準強力粉**，**中力粉**，**薄力粉**などに分類される（**表6-1**）。小麦粉のたんぱく質の約85%は水不溶性の**グリアジン**と**グルテニン**であり，残りの約15%は水溶性のアルブミン，グロブリン，プロテオースなどである。

　小麦粉に水を加えて**混捏**（こんねつ）すると，吸水によって粘性を示すグリアジンと弾力性を示すグルテニンが絡み合って**グルテン**を形成し（**図6-8**），粘弾性のある生地となる。こねる過程で生じるこのような生地の変化は，グルテニンとグリアジンの分子間でS-H,S-S基の交換反応が起こり，分子間S-S結合（ジスルフィド結合）が形成され（**図**

グルテニン　　　　　　グリアジン　　　　　　グルテン
（弾力性）　　　　　　（粘性）　　　　　　（粘弾性）

図6-8　グルテン形成の模式図
資料：Huebner, F. R.: Boker's Dig, 51, 1977, p.154

8）長尾精一編『小麦粉の科学』朝倉書店，1995

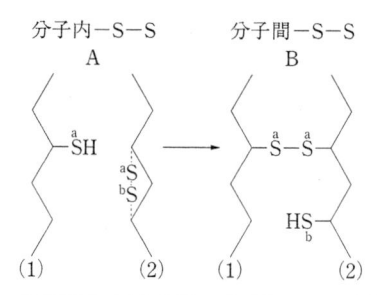

図6-9　小麦粉たんぱく質の分子間S-S結合の形成

資料：右田正男「蛋白質の調理（Ⅵ）―蛋白質の調理的特性（1）―」『調理科学』2(3) 1969, p.177

6-9），グルテンが3次元の網目構造をもつことによる。網目構造の間隙には吸水して膨潤したでんぷん粒子や遊離の水も存在している。この生地を水中でもむとでんぷんは水中に流出して，手にはガム状で黄褐色の**湿麩**（湿グルテン）が残る。湿麩を乾燥させたものを**乾麩**という。グルテンの形成は，他の穀類たんぱく質では得られない小麦粉特有の性質であり，小麦粉調理の多様性を高めている。

（3）　小麦粉生地の種類と調製

　小麦粉に水を加えた生地には，加水量の異なる**ドウ**（dough）と**バッター**（batter）のふたつがあり，適する調理も異なる（**表6-2**）。

1）　ドウ（dough）の調製

　小麦粉に小麦粉重量の50～60％の水を加えてこねると，手でまとめられるかたさの生地が得られる。この生地がドウで，はじめはポロポロとした塊だが，こね続けると次第に粘弾性のあるなめらかな生地になり，パン，麺などの調理に用いられる。ドウの性質は，小麦粉の種類の他，混捏の条件，副材料によって影響される。

①　小麦粉の種類

　強力粉は薄力粉に比べてたんぱく質含量が多い。たんぱく質が多い小麦粉ほど強<ruby>靭<rt>じん</rt></ruby>なグルテンが形成されるため，強力粉の生地は薄力粉に比べて弾性と安定性がある。

表6-2　小麦粉と水の比率

加水量（小麦粉100に対して）	生地の状態	調理例
50～60	手でまとめられるかたさ	パン，麺，ギョウザ・シュウマイの皮，まんじゅう，ビスケット，ドーナツ
65～100	手でまとめられないが，流れないかたさ	蒸しパン，ソフトクッキー，ソフトドーナツ
130～160	ゆっくりと広がる	ホットケーキ，パウンドケーキ
160～200	つらなって流れる	天ぷらの衣，さくらもちの皮，スポンジケーキ，カップケーキ
200～400	さらさらと流れる	クレープ，お好み焼き

②　加水量と水温

　グルテン形成には，小麦粉重量の 30% 以上の水が必要である。水は一度に加える
よりも少しずつ加えたほうがグルテンの形成がよい。加水時の水温は，低温よりやや
高いほうが小麦粉の吸水性が増してグルテン形成が良好になる。水温が 70℃ を超え
ると，たんぱく質の変性によりグルテン形成が悪くなり，でんぷんも一部糊化して生
地はかたくなる。しかし，加水量を多くすると生地の粘性が増し伸ばしやすくなる。

③　混捏・ねかし

　グルテン形成は，混捏する（こねる）ことによって促進される。また，生地をねか
すことによって伸長抵抗が減少し，伸びやすくなる。ピザ，ギョウザの皮，麺などの
伸ばすことが必要な調理で生地をねかせるのはこのためである（**図 6-10**）。

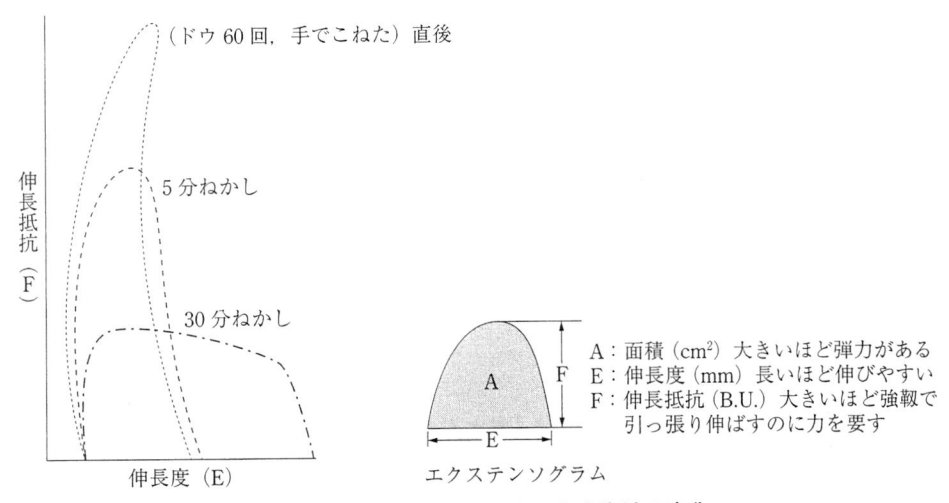

図 6-10　混捏とねかしによるドウ生地の変化
資料：松元文子ら「小麦粉の調理に関する研究（第 2 報）」『家政学雑誌』11(5) 1960, p.350 を改変

④　副材料の添加

ⅰ）　食　塩

　ドウの粘弾性と伸展性が増す。これは食塩がグリアジンの粘性を増し，グルテンの
網目構造を緻密にするためである。食塩の添加により生地のこしが強くなり，パン類，
麺類などの製品のテクスチャーは向上する。

ⅱ）　砂　糖

　グルテン形成を抑制する。砂糖は**親水性**が強いため，グルテン形成に必要な生地の
水分を奪うためである。この影響は砂糖，小麦粉，水の添加順序によっても異なる。
砂糖水に小麦粉を加えるとグルテンの形成は著しく抑制されるが，小麦粉に水を加え
てグルテンを形成させたあとに砂糖を加えると影響は小さい。

ⅲ） 油　脂

　グルテン形成を抑制する。特に油脂を小麦粉と混合したあとに水を加えた場合に，油脂添加の影響が大きい。これは油脂が小麦粉のまわりを覆って，たんぱく質と水の水和を妨げるためである。

2） バッター（batter）の調製

　小麦粉に，小麦粉重量の100〜400％の水を加えたものをバッターという。バッターは流動性のある生地で，天ぷらの衣，クレープ，スポンジケーキの生地などに用いられる。バッターを用いた調理では，でんぷんの粘性や付着性を利用し，グルテン形成はむしろ抑えた状態で用いる。グルテンを抑制したい調理では，グルテンの形成を抑えるため生地調製時の水温を低くし，過度の撹拌を避けて軽く混合する。さらに，グルテン形成は時間とともに進行するので，調製後はただちに加熱調理する。

　生地調製時に添加する砂糖，卵，牛乳，油脂などは，小麦粉生地をやわらかくする。その材料によって生地がやわらかくなる割合を水と比較して示したものを，換水値という。30℃における**換水値**は，水を100とした場合，牛乳90，卵80，バター70，砂糖30〜60である。牛乳の換水値90とは，たとえば，牛乳100gを使用すると水90gを加えたときと同程度の生地の状態のことを示す。

（4） 主な小麦粉調理

　小麦粉のグルテンとでんぷんの活用の仕方によって，表6-3のように小麦粉調理は分類される。

表6-3　小麦粉成分（たんぱく質とでんぷん）の活用法による分類

調理形態			食品例
グルテン形成の活用	膨化させる	スポンジ状	パン，中華饅頭，ピザ，発酵菓子（ドーナツ，サバラン，ピロシキ）
	膨化させない	だんご状	だんご，すいとん
		紐・線・管状	そうめん，うどん，中華麺，マカロニ，スパゲッティ，パスタ類
		うす板状	ギョウザ，シュウマイ，ワンタン，春巻
グルテン形成を制御	膨化させる	スポンジ状	スポンジケーキ，バターケーキ，マフィン，ドーナツ，サバラン，ホットケーキ，どら焼き
		空洞状	シュー類
		層　状	パイ類
	膨化させない	バッター状	お好み焼き，クレープ，ワッフル
		ペースト状	クッキー，ビスケット
		ルウ状	ソース類，スープ類
でんぷんの粘性を活用	吸水性	水で溶く	衣揚げ，天ぷら衣
		粉でまぶす	唐揚げ，ムニエル

1） 膨化調理

　加熱による膨化調理では，小麦粉生地のグルテン構造が，発生する気体の膨圧を受

け止めながら膨化が進行していく。

①　イースト（酵母）による膨化

イーストの発酵によって，持続的に発生する二酸化炭素（CO_2）を受け止めるため，グルテン含量が多く，高い粘弾性と伸展性をもつ生地が適している。そのため，たんぱく質含量の多い強力粉を用いる。混捏直後の生地は弾性が高く粘性は低いが，ねかし効果によりグルテンの網目は広がり，同時に小麦粉中のプロテアーゼやアミラーゼが作用して，生地は柔軟性を増す。

生地に加える砂糖はイーストの栄養源として発酵を助け，食塩はグルテンの形成促進とイーストの発酵速度を抑制して発酵を持続させている。調理例には，パン，ピザ，中華饅頭などがある。

②　化学膨化剤による膨化

重曹（炭酸水素ナトリウム）や，**ベーキングパウダー**などの**化学膨化剤**から発生する二酸化炭素で膨化させる（**図6-11**）。重曹の単独使用ではガス発生効率が悪く，アルカリ性のため小麦粉のフラボノイド色素は黄変し，風味もよくない。ベーキングパウダーはこれらの改良を目的に，重曹に酸性剤（ガス発生促進剤，中和剤）と緩衝剤（でんぷん）を配合したものである。酸性剤には，ガス発生の時間により即効性（酒石酸など），中間性（酒石英など），遅効性（ミョウバンなど）のものがあり，これらを組み合わせることで連続的にガスが発生し，膨化が進行する。調理例にはホットケーキ，ドーナツ，蒸しパンなどがある。

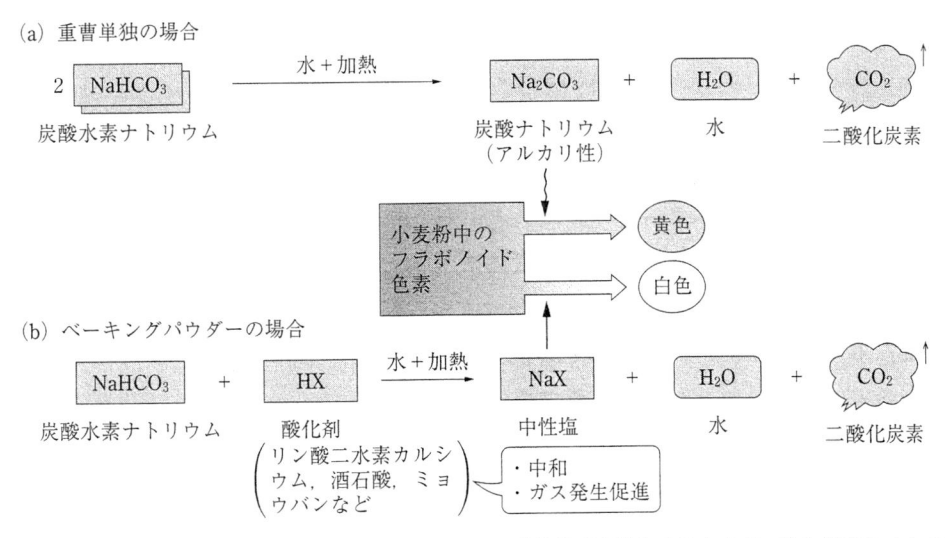

(b) では1分子の炭酸水素ナトリウムから1分子の二酸化炭素が発生するためガス発生効率は（a）の2倍となる。

図6-11　化学膨化剤によるガス発生機構

資料：貝沼やす子「§6・1」畑江敬子・香西みどり『新スタンダード栄養・食物シリーズ6　調理学』
　　　東京化学同人，2016，p.115を一部改変

③　気泡の熱膨張による膨化

卵白，全卵，ヤマイモなどを泡立てたときに包含される気泡の熱膨張を主に利用して膨化させる。イーストや化学膨化剤による CO_2 に比べると空気泡のもつ膨圧は弱いので，生地にはグルテン形成を抑えたやわらかいバッターが適する。そのため用いる小麦粉は薄力粉とし，混ぜすぎないこと，生地調製後はすみやかに加熱することが要点となる。調理例には，スポンジケーキ，卵白の泡を利用したスフレなどがある。

④　水蒸気圧による膨化

生地の水分が，加熱により気化する際の水蒸気圧によって膨化させる。調理例にはシューやパイなどがある。

ⅰ）シュー

小麦粉，水，バター，鶏卵を主材料とし，加熱により発生する水蒸気圧によってペースト状の生地を大きく空洞状に膨化させる。まず水とバターを沸騰させたなかに，小麦粉を加えてペースト状にして火を止める（**第一加熱**）。このとき，生地温度を78℃前後にコントロールすることで，でんぷんが適度に糊化し，グルテンは熱変性するが完全には失活しておらず，生地は適度な粘度となり伸展しやすくなる。

卵のたんぱく質が熱変性しないよう，生地温度が65℃前後になったところで卵を少しずつ加えて十分に撹拌し，シュー生地を完成させる。この生地を200〜210℃の高温で焼成（**第二加熱**）すると，強い水蒸気圧が発生して生地を押し伸ばしつつ空洞状に膨化し，内部の生地が次々に押し出されてシュー特有のキャベツ状を呈する。

ⅱ）パ　イ

小麦粉，水，食塩，バターを主材料とし，折りたたみ式のフレンチパイと練りこみ式のアメリカンパイがある（**図6-12**）。これらのパイ生地では，ドウのなかにバターが薄く層状に存在している。この生地を200℃の高温で焼成すると，生地内に強い水蒸気圧が発生してバターがあった空間にはドウから蒸発した水蒸気が入り込み，気化による膨張で生地を層状に浮き上がらせる。加熱により溶けたバターはドウ層に浸

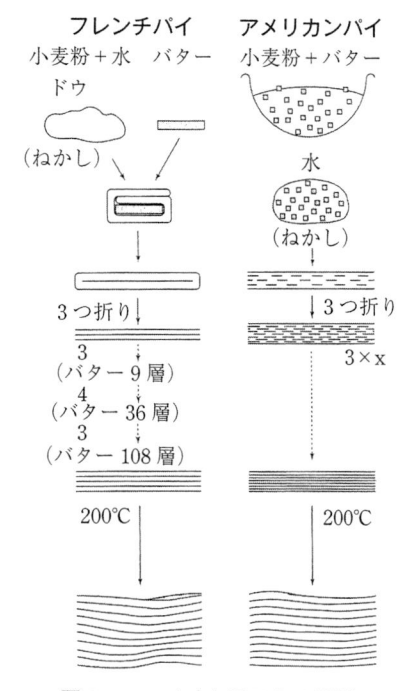

図6-12　パイクラストの製法
資料：松元文子『食べ物と水』家政教育社，
　　　1988，p.136を一部改変

透し，焼成後の製品に**ショートネス**[9] を与える。

2）　非膨化調理

①　麺・パスタ類・皮

ドウの伸展性を利用して調製するもので，うどんや中華麺，パスタ類，ギョウザやシュウマイの皮などがある。うどん，ひやむぎ，そうめんなどの日本麺は中力粉を用い，食塩を加えて調製する。食塩の添加は，生地の粘弾性やかたさを増し，生地だれを防ぐ。

中華麺は，こね水に**かん水**（炭酸カリウム〈K_2CO_3〉，炭酸ナトリウム〈Na_2CO_3〉の混合水溶液）を用いる。かん水はアルカリ性でドウ中のグルテンの水和や溶解性を促進して伸展性を増すが，時間の経過とともに収斂性（しゅうれんせい）を生じ，ドウはかたくもろくなり，ゆであがりの麺は，特有の風味や食感となる。さらに，かん水のアルカリ性により，小麦粉のフラボノイド色素が黄色に発色する。

パスタ類に用いるデュラム小麦は，胚乳部にカロテノイド色素のキサントフィルを多く含むため，麺は黄色である。

そうめんや中華麺は食塩を加えずに沸騰水中でゆでる。パスタ類はドウ生地に食塩を加えていないため，ゆで水には1％程度の食塩を加えてゆでる。

②　ルウ・ソース

ルウは薄力粉をバターなどの油脂で炒めたもので，でんぷんの糊化による粘性を利用して**ソース**，スープ，煮込み料理などに粘度を与える。小麦粉の濃度によって粘度が異なり，各調理の小麦粉濃度はスープでは2～5％，ソースは3～6％，クリームは8～10％，コロッケは12～15％である。油脂で炒めた香ばしさとなめらかな口あたりが料理に風味とこくを付与する。

炒める温度によって，ホワイトルウ（白色ルウ），ブロンドルウ（淡黄色ルウ），ブラウンルウ（褐色ルウ）の3種類に分けられる[10]。炒め温度が高いルウほど，液体で伸ばしたときのソースの粘度は低くなる（**図6-13**）。これは，加熱温度が高く炒め時間が長いと，油脂の影響ででんぷんの表面がかたく膨潤しにくくなり，またでんぷんは分解が進み一部

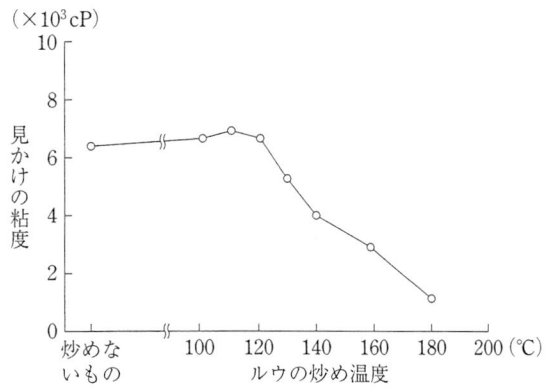

図6-13　ルウの炒め温度による白ソースの粘度変化
資料：大澤はま子・中浜信子「白ソースの性状について」
『家政学雑誌』24，1973，p.361

9）ショートネス：もろく砕けやすい性質。

10）炒め最終温度は，ホワイトルウ：最終温度120～130℃，ブロンドルウ：140～150℃，ブラウンルウ：170～180℃である。

デキストリン化するためである。

　ルウを牛乳やスープストックでのばす際，ダマにならないようにするには，液体の温度をでんぷんの糊化温度（50～60℃）以下にして手早く撹拌するとよい。高濃度のでんぷんが部分的に糊化するとダマの原因となる。ルウの他にブール・マニエ[11]を煮汁に溶かしてとろみをつける方法がある。簡便な方法で，ルウよりもソースの粘度は高いが，粉臭さを消すために十分に加熱する必要がある。

　③　天ぷらの衣

　天ぷらの衣は，小麦粉（薄力粉）に粉重量の1.6～2.0倍の卵水（卵：水＝1：2～3）を加えて，手早く混ぜてつくる。材料に衣をからめて高温の油で揚げると，衣の水分（調製時の衣の水分60～70％）が急に蒸発してかわりに油脂が侵入し，軽い口あたりの衣（天ぷらの衣の水分10～15％）となる。

　衣の調製時にグルテンが形成されると，グルテンと水の結合力が強いために水と油の交代が妨げられ，軽い衣にならない。薄力粉を用い，冷水で手早く混ぜ，ただちに揚げてグルテンの形成を抑えることが要点である。

　衣に重曹を加えるとCO_2が発生して衣が多孔質に広がり，水分蒸発が促進されてカリッとしあがるが，衣のテクスチャーはかたくなる。

1-3 ┃ その他の穀類・雑穀

　一般に穀類のなかから主穀である米，小麦，大麦を除いたものを雑穀という。近年，健康食として数種の雑穀などを米とブレンドし炊飯したり，さまざまな加工食品や食物アレルギー疾患のための代替食品として利用されている。

(1)　大麦，えん麦，ライ麦

　大麦は雑穀ではなく主穀と分類される。米と同じようにうるち種ともち種があり，穂の形態によって六条大麦と二条大麦（ビール麦）に大別される。六条大麦は食べやすく押し麦[12]や白麦[13]に加工され利用されることが多い。大麦は食物繊維が小麦の約4倍と多く，また不溶性と水溶性の食物繊維をバランスよく含んでいる。近年，大麦の水溶性食物繊維であるβ-グルカンの血中コレステロール正常化，食後血糖値の上昇抑制効果などが注目されている。大麦粉ではグルテンが形成されないため，小麦粉と同じ製法ではパンをつくることはできない。加工品では麦茶，麦粉菓子（香煎，はったい粉），麦落雁，麦みそ，麦焼酎などに，麦芽はビール，ウィスキー，麦芽飴などの製造に用いられる。

　えん麦はオーツ麦とよばれ，精麦したあと圧扁か引割りにしてオートミールに加工

11）ブール・マニエ：小麦粉を炒めずにバターと練り混ぜたもの。
12）押し麦：精麦後，蒸してローラーで圧扁する。
13）白麦：精麦後，半分に割って黒条線を除き，高熱蒸気を吹きつける。

される。水や牛乳で炊いたポリッジや朝食用のシリアル、クッキー・パンなどの材料に用いられる。

ライ麦は、ライ麦パン（黒パン）やライ・ウイスキーなどの原料として用いられている。ライ麦は、グルテニンはないがグリアジンを含んでいるので、パンは多少膨化し、酸味を有する。

（2）あわ，ひえ，きび，もろこし

あわ，ひえ，きびはいずれもうるち種ともち種がある。これらは、餅，麺，パンや菓子などの料理に利用されている。その他代表的なものにあわぜんざい，あわおこし，あわをクチナシで染めて酢じめにしたコハダと合わせたあわ漬け，ひえを麹原料として用いたひえみそやひえしょうゆ，きびだんご，きびぜんざいなどがある。

もろこし（ソルガム）は高きび、ミートミレットともよばれ、赤みを帯びた色、弾力のある歯ごたえからひき肉の代替として使われる。ホワイトソルガムはもろこしのなかで渋味，においおよび色を除去した品種である。

（3）そば，アマランサス，キノア

そばはタデ科，アマランサスはヒユ科，キノアはアカザ科に属し，穀類と同程度のでんぷんを含み疑似穀類とよばれている。

そばはたんぱく質やビタミンB群，ミネラルの他，ポリフェノールの一種であるルチンを含む。ルチンは血管強化作用や抗酸化作用などの機能性をもつが，水溶性でゆで水に溶出するため，そば湯を利用するとよい。二八そばは、そば粉8に対しつなぎの小麦粉を2の割合で打ったそばである。そばきり（そば），そばがき，そばまんじゅう，そばぼうろ，そば粉クレープなどにも利用される。

アマランサスは種皮がやわらかく、脱穀せずに食すことができる。カルシウム，鉄分，食物繊維および必須アミノ酸であるリシンとメチオニンを多く含む。

キノアの種子は脱穀処理すると白く扁平な円形で、加熱調理すると細く白い糸状の胚芽が出てくる。

（4）トウモロコシ

米，小麦とともに世界三大穀物のひとつである。でんぷん，油，バイオエタノールの原料としても用いられる。メキシコでは粉にして薄焼きパン状のトルティーヤが有名で、その他コーンフレーク，スナック菓子，シリアルなどに利用される。生実はスープ，サラダなどの料理に用いられ，若芽もヤングコーンとして食される。

1-4 ▌イモ類

イモ類は地下茎や根にでんぷんを蓄積して肥大したもので、それぞれ塊茎と塊根という。生イモは炭水化物を12〜32％（でんぷんや糖類が含まれる），水分を66〜84％含むので、加水せずに加熱してもでんぷんが糊化する。

ジャガイモ，サツマイモ，ヤマノイモ，サトイモが主に利用されているが，他にコンニャクイモ，キャッサバイモ，ヤーコンなどがあり，加工品の原料としても利用されている。

(1)　ジャガイモ

1)　種　類

ジャガイモはナス科に属し，加熱時の細胞分離性などによって**粉質イモ**と**粘質イモ**に分けられる。欧米では品種とともに比重によっても加工用途を区別し，高比重ジャガイモはマッシュポテト向け，低比重ジャガイモはベイクド向けと用途を分けている。粉質イモは煮崩れしやすく，粉ふきいもやマッシュポテトに利用される。品種としては男爵，キタアカリなどがある。

一方，粘質イモは煮崩れしにくいので煮物，シチューなどに用いられる。品種としてはメークイン，紅丸などがある。ジャガイモは2〜4℃付近，湿度90％で保存すると萌芽抑制に効果があり，水分減少が少なく鮮度が保たれるが，でんぷんの一部が分解され還元糖量が増える。常温保存するとこれを防ぐことができる。

2)　成　分

ジャガイモは炭水化物が約18％でサツマイモに比べて糖分が少なく，味が淡白なので各種料理に用いられる。でんぷん12〜17％を含み，ビタミンB_1，ビタミンCが多く，ミネラルはカリウム，マグネシウム，鉄などを含む。ビタミンC（含量28mg/100g）は貯蔵や調理による損失が少なく，食品成分表によると，水煮で63％，蒸し煮で36％，電子レンジ加熱では76％が残存する。また，煮る操作（30分間）ではカリウムが約1/3溶出するが，他のミネラルは変化がない[14]。ジャガイモの芽や緑色の皮には有毒なグリコアルカロイド[15]が含まれている。これらを多く摂取すると，吐き気や腹痛などの中毒症状を起こすことがある。グリコアルカロイドは一般的な加熱によって除去できないため，調理の際には芽や皮を除去することが望ましい。

3)　調理性

①　色の変化

ジャガイモの組織にはチロシンが含まれており，皮をむいたり切ったりすると，チロシンはチロシナーゼにより酸化され褐変物質を生じて褐変する。チロシナーゼは水に溶けやすいので切断後，水にさらして褐変を防止する。低温貯蔵し還元糖が増加したジャガイモはそのまま調理すると甘味があるが，高温調理に用いるとアミノ・カルボニル反応により褐変し，またアクリルアミドが生成される。揚げ物などの高温調理に利用する場合は，1週間程度常温におくことで，還元糖量を減らすことができる。

---

14) 畑明美・南光美子「加熱調理によるジャガイモ中の無機成分の動向」『京都府立大学学術報告（理学・生活科学）』33，1982，pp.37-45
15) グリコアルカロイド：α-チャコニン，α-ソラニンなどの総称。

② 煮熟による物性の変化

ⅰ） 粉ふきいも，マッシュポテト，いももち

ジャガイモの構造図を**図6-14**に示した。イモ類を中性あるいは弱アルカリ性で加熱すると細胞間を接着しているペクチンが**β-脱離**（トランスエリミネーション）により分解し，低分子となり煮汁中へ溶出して軟化する。イモの表層の部分（皮層部）は特にでんぷん含量が多くペクチン溶出量も多いので，ゆで水を捨てた鍋を火にかけ揺すると，表面の細胞が分離して**粉ふきいも**ができる。またイモを加熱し熱いうちに裏ごしすると，全体の細胞が分離され口あたりのよい**マッシュポテト**ができる。イモが冷めてから裏ごしすると力を要するので細胞壁が破壊し，細胞中から糊化でんぷんが流出しやすくなるので，マッシュポテトは粘りを生じ食味が悪くなる。**いももち**は逆にこの粘りを利用した料理である。新ジャガイモは不溶性のプロトペクチンが多く，細胞は分離しにくい。

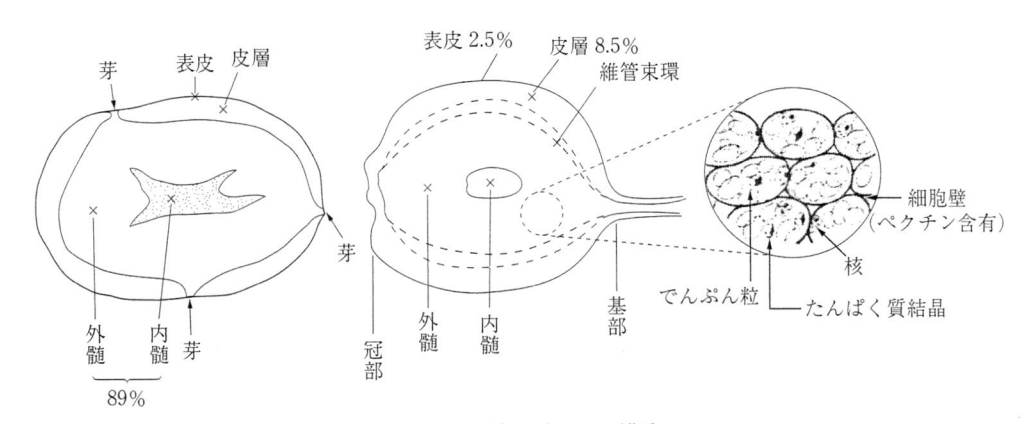

図6-14 ジャガイモの構造
資料：山崎清子ら『NEW 調理と理論』同文書院，2013，p.159
原典：戸苅義次ら『食用動植物』同文書院，1961

ⅱ） 梨もどき

pH4 付近ではペクチンの分解が抑制される。ジャガイモをせん切りして食酢液中で煮ると，歯切れがよくサクサク感がある梨もどきをつくることができる。

ⅲ） 煮込み料理

ジャガイモを長時間煮込むには，煮くずれの少ない粘質のイモを選ぶとよい。食塩を添加して長時間加熱するとナトリウムイオンがペクチンの溶出を促進するので，煮崩れしやすくなる。一方，イモを牛乳で煮ると水煮よりもかたくなる。これは牛乳中のカルシウムイオンとイモのペクチンの架橋結合により煮汁中に溶出しにくくなり，イモは煮崩れが少なくなる。また，加熱途中で中断すると組織がかたい「ゴリイモ」となるが（硬化現象），これは，細胞壁組織内のペクチンエステラーゼの作用によりペクチンの脱エステル反応が起こり，その後，カルシウムイオンやマグネシウムイオ

ンと架橋結合が生成されるためと考えられている。

（2）　サツマイモ

1）　種　類

ヒルガオ科に属する**サツマイモ**は，焼酎用としてコガネセンガン，食用としてベニアズマ，高系14号，べにはるか，でんぷん原料としてシロユタカ，これ以外にも多くの品種が栽培されている。皮色は赤紫，紅，黄，白で，肉質の色は白，黄，橙，紫などがある。サツマイモにもホクホクとした粉質イモと，ねっとりとした粘質イモがある。サツマイモは寒さに弱く，保存は10〜16℃，湿度85〜90％が適する。

2）　成　分

炭水化物を約30％と多く含み，糖としてはグルコース，フルクトース，スクロースを含む。食物繊維，ビタミンB_1，B_2，C，E，葉酸，カリウムが多く，黄色，橙色の肉質のものはβ-カロテンを，紫サツマイモはアントシアニン化合物を含む。

3）　調理性

①　色の変化

イモを切断（**図6-15 A, B**）すると内皮の付近から乳白状の粘液であるヤラピンがでて，空気にふれると酸化して黒変する。**ヤラピン**は水に不溶のため，皮を厚めにむいておくと色よくしあがる。また，切り口をそのままにしておくとクロロゲン酸などのポリフェノール物質がポリフェノールオキシダーゼにより酸化され，キノン体を形成し褐変する。そのため，切断後はただちに水に浸して

ヤラピン　　　　維管束

A　切断面　　　B　放置後
図6-15 A, B　サツマイモの断面

褐変を防止する。また，クロロゲン酸はアルカリと反応するため，重曹を入れた小麦粉の蒸しパンや天ぷらの衣では，サツマイモが接したところが緑変する場合がある。色よくきれいなきんとんをつくるためにゆで水にクチナシの実を入れると，クロシンが熱水に溶け，加水分解されてカロテノイド系色素のクロセチンができ，イモが黄色く着色できる。

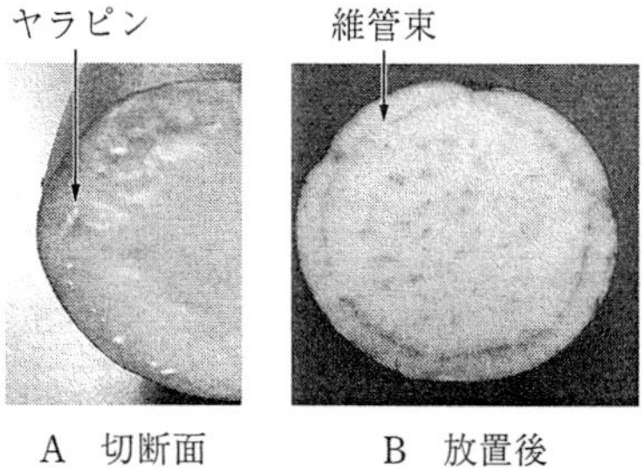

②　煮崩れ防止

サツマイモの煮崩れを防ぐためには，約0.5％の焼きミョウバン水溶液中でゆでる。ミョウバンは水中でK^+，Al^{3+}，SO_4^{2-}のイオンに解離する。細胞壁中のペクチンがAl^{3+}と結合してペクチンの溶出を抑制するため，イモの煮崩れを防ぐことができる。

③　甘味の変化

でんぷんを含む多糖類を加水分解する酵素には，唾液などに含まれるα-アミラーゼと植物などに含まれるβ-アミラーゼがある。α-アミラーゼはランダムに糖鎖の結合を切断するのに対して，β-アミラーゼは非還元末端から，マルトース（麦芽糖）の

単位で切断する。サツマイモは多くの β-アミラーゼを含有している。β-アミラーゼの至適温度は 50〜55℃ であるが，70℃ くらいまで活性が続く。サツマイモのでんぷんの糊化温度が 70〜75℃ であるので，70℃ で長時間保つと β-アミラーゼが糊化したでんぷんを分解し，マルトースを生成し甘味が増す。焼きいもが蒸かしいもより甘いのは，水分蒸発による糖の濃縮と緩慢長時間加熱のためである。イモは丸のまま，あるいは大切りにすると加熱時間が長くなるので酵素が働き甘くなる。サツマイモを電子レンジで加熱すると温度が急激に上昇するため，栄養分の損失は少ないが，酵素が失活するので甘味が少ないイモになる。

（3）　ヤマノイモ

1）　種　類

ヤマノイモはヤマノイモ科に属するイモの総称で塊根の部分である。日本で栽培されているものは日本原産のじねんじょ，中国原産のヤマイモ，東南アジア原産のダイジョの3種。ヤマイモはイモの形により円筒形のナガイモ（粘性弱），扇形のイチョウイモ[16]（粘性強），球形のヤマイモ（粘性最強：ツクネイモ）の3つの品種群に大別される。葉と茎の接続部分にできた球芽を**むかご**といい，むかご飯などに用いる。

2）　成　分

主成分はでんぷんで 13〜20％ 含まれる。カリウム，食物繊維も多い。ヤマノイモの粘質成分はマンナンとたんぱく質が結合した**糖たんぱく質**である。ツクネイモには抗炎症，抗潰瘍作用がある**アラントイン**が含まれる。生のヤマノイモをすりおろすと細胞を破壊し，糖たんぱく質により高い粘弾性や**曳糸性**を生じ，口あたりやのどごしのよい山かけやとろろになる。80℃ 以上にすると粘性が弱くなるため，とろろ汁はだし汁を冷やしてから混ぜる。ヤマノイモが生食できるのは細胞壁が薄くセルロース含量が少なくやわらかいこと，口あたりやのどごしのよいテクスチャーが好まれることが理由である。あく成分はシュウ酸カルシウムであり，その針状結晶が皮膚を刺激するとかゆみを感じる場合がある。

3）　調理性

①　色の変化

ヤマノイモはチロシンやピロカテコール（ポリフェノール）を含むので，切断後に放置して空気にふれるとチロシナーゼなどの酸化酵素で褐変する。皮をむいたらすぐに酢水（pHを低くする）や水に浸漬して褐変を防止する。

②　起泡性

粘質物は**起泡性**があり，かるかん，じょうよまんじゅうなどの和菓子やはんぺんの膨化に利用される。また，そばのつなぎ，お好み焼き生地などに混合される。生のと

16）イチョウイモ：関東ではヤマイモとよばれる。

ろろ以外に凍結乾燥粉末を用いる方法もある。

(4)　サトイモ

1)　種　類

サトイモはサトイモ科に属し，球状の塊茎の部分を食用とする。親イモを食する品種には，京イモ（タケノコイモ）など，子イモ・孫イモを食用とする品種には土垂，石川早生など，両方を食べる品種にはセレベス，赤芽，エビイモ（唐イモ），八つ頭などがある。親イモは粘性が少なく，子イモ・孫イモは粘性が高くやわらかい。保存をするには8〜10℃の温度が最適である。葉柄はズイキといい，乾燥したイモガラはえぐ味が少なく，汁物や煮物，和え物に用いる。ヤマノイモと同様にシュウ酸カルシウムの針状結晶束を含むので，えぐ味を感じる。

2)　成　分

サトイモは糖質10〜20%を含み，そのほとんどはでんぷんである。カリウム，食物繊維を多く含む。アラビノガラクタンとたんぱく質が結合した糖たんぱく質により特有のぬめりを示し，これが調理を行う際に吹きこぼれの原因となる。吹きこぼれを防止するために10%の塩でもむ方法があるが，カルシウム，マグネシウム，カリウムが溶出する[17]。チロシンはチロシナーゼにより褐変するため，切ったあと水に浸けるとよい。

3)　調理性

吹きこぼれと防止方法

サトイモの粘質物は糖たんぱく質で吹きこぼれの原因となる。ぬめりがあると，煮物では味がつきにくく焦げつきやすい。

吹きこぼれを防止するには，次のような方法がある。

（ⅰ）　あらかじめ沸騰水に入れて2分程度ゆでたあと，水から煮る

（ⅱ）　ゆで汁を食塩（1%），食酢（5%），ミョウバン（0.3%）などを加えた液にする

（ⅲ）　一度油で揚げてから煮る

（ⅳ）　最初からしょうゆ，みそなどの調味液中で煮る

（ⅴ）　蒸す　など

1-5 ▍豆・種実類

(1)　豆　類

豆類には高たんぱく質の大豆や落花生（日本食品標準成分表では種実類），でんぷんが多い小豆，インゲンマメ，エンドウ，緑豆，ヒヨコマメ，レンズマメ，ソラマメなどがある。日本では昔から伝統食品，行事食，和菓子などに豆類が使われてきた。豆

17）畑明美ら「洗浄操作による野菜中無機成分の溶出と変化」『日本調理科学会誌』16(1) 1983，pp.47-51

類は食物繊維を多く含むとともに，含まれるでんぷんの一部はレジスタントスターチ（難消化性でんぷん）として食物繊維と同様の生理機能を有する。

1）吸　水

乾燥豆はあらかじめ吸水させておくと加熱した際，短時間で煮上がり，かたさのばらつきが少なく，煮熟することができる。大豆，インゲンマメなどの乾燥豆は，4〜5倍の水に6〜8時間浸漬させてから加熱する。十分に吸水させると約2倍の重量になる。豆の吸水速度は種類，品種，貯蔵条件によって異なる（図6-16）。乾燥豆の賞味期限は1〜2年とされているが，高温高湿のみならず室温のような貯蔵条件においても調理中の軟化しやすさに影響を及ぼすため，乾燥豆を長期保存する際には冷蔵することが望ましい[18]。大豆は含有するたんぱく質グリシニンが薄い食塩水に可溶であるため，浸漬水に1%程度の食塩水を用いると早く吸水する。0.2〜0.3%の重曹液中に浸漬すると膨潤しやすくなるが，食味が劣るとされる。

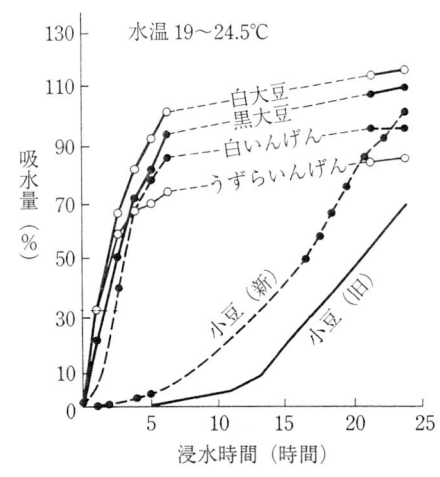

図6-16　豆類の吸水曲線
資料：松元文子『三訂調理実験』柴田書店，1958，p.114

小豆・ささげは種皮が強靭で吸水は側面の胚座（種瘤）からのみ行われるので，6時間までは徐々に，その後，胚座の部分から種皮が切れると急激に吸水する（図6-16）。浸漬時間が長いので，夏には腐敗しやすく，種皮の色がうすくなり，腹切れを起こしやすくなる。そのため，小豆・ささげは浸漬せずに直接煮る場合が多い。

2）煮　豆

吸水させた豆は，加水してあく成分である泡を除去しながらやわらかくなるまで加熱する。大豆に含まれるサポニンは起泡性があるので，吹きこぼれに注意する。小豆，ささげ，インゲンマメをゆでる際，加熱初期にゆで水を捨て渋味を除去する操作を**渋きり**という。タンニンやサポニン，カリウムなどのあくや，渋味成分を除去するために行う。豆を加熱する際に，豆の外側と内側の温度差を少なくし，内部まで熱を浸透させるために沸騰後に加える水を**びっくり水（差し水）**という。大豆は皮の伸びを抑えてしわができるのを抑える役目も果たす。煮熟途中も豆が水面から出て煮えむらが生じないようにびっくり水をしながら加熱する。煮豆の調味料は通常，豆が軟化してから加える。豆を甘く調味する場合は，急激に糖濃度を高くすると液の浸透圧で豆が

18）郡山貴子・香西みどり「種々の貯蔵豆における加熱中の軟化速度に及ぼす浸漬操作の影響」『日本家政学会誌』70(5) 2019，pp.239-249

収縮してかたくなるので，砂糖は数回に分けて加える。煮豆は最初から調味料液に浸漬して煮る場合や，軟化促進のため0.3%の重曹を加えることがあるが，重曹はビタミンB_1を破壊しやすい。

　大豆は，吸水促進のために浸漬した1%食塩水でそのまま加熱すると軟化しやすい。圧力鍋で豆類を加熱すると軟化が速いが，加熱時間が長すぎると皮むけや胴割れを起こし煮崩れしやすい。しかし，豆はねっとりとした口ざわりになり，味が濃くなる。

　黒豆は鉄鍋で煮たり，古釘を入れて煮ると，皮の色素であるアントシアニン系のクリサンテミンと鉄イオンが結合し錯塩を形成し，色が安定化する。

3）餡

　小豆，インゲンマメなどでんぷんを多く含む豆類からは餡ができる。原料豆によって赤餡，白餡，緑色のうぐいす餡，ずんだ餡などがある。原料豆をやわらかく煮熟すると細胞間物質であるペクチンが可溶化し，子葉部分が細胞単位でばらばらになり餡粒子となる。餡粒子の大きさは100μm前後の楕円形で，粒子のなかには数個から十数個のでんぷん，たんぱく質，微量のミネラルが存在している。加熱によって細胞内のでんぷんは膨潤・糊化するが餡粒子の細胞壁は強靭であり，また細胞内部のたんぱく質がでんぷん粒子を囲んで凝固し安定化するため，糊化したでんぷんは流出せずに細胞内に留まる（図6-17）。このため，餡は粘りが少なく，ざらつきのある食感となる。

　煮熟した豆をつぶし種皮と餡にふるい分け，餡を布袋などで水切りすると餡粒子の集合体である**生餡**（こし餡）ができる。生餡を乾燥させたものを**さらし餡**，生餡に砂糖を加えて練り上げたものを**練り餡**，種皮を破らないよう豆の形を残し砂糖を加えたものを**つぶ餡**，種皮ごとつぶしたものを**つぶし餡**という。

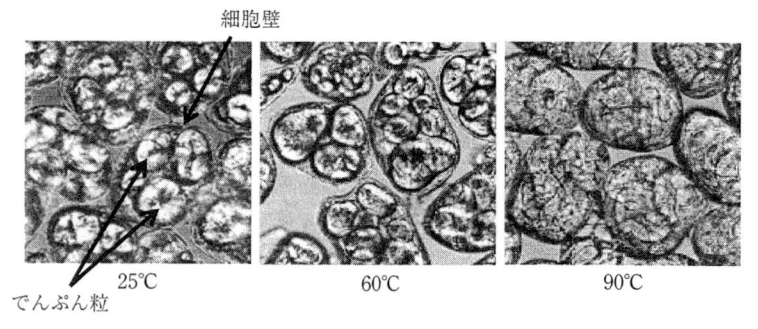

細胞壁

でんぷん粒　　25℃　　　　　　60℃　　　　　　90℃

図6-17　小豆の分離細胞（餡粒子）（撮影：廣瀬理恵子氏）

4）大豆の加工品の調理

　加工品にはきな粉，納豆，みそ，しょうゆ，豆乳，おから，湯葉，豆腐があり，豆腐の加工品として焼き豆腐，油揚げ，がんもどき，凍り豆腐などがある。

　豆腐は豆乳にマグネシウムやカルシウムの塩，あるいはグルコノデルタラクトンを加えて凝固させたものである。豆腐を90℃以上で長時間加熱するとかたくなり，す

だちを生じる。0.5〜1％の食塩水や1％でんぷん糊液中で煮るとすだちが起こりにくい。湯豆腐はだしとして昆布を入れることが多く，昆布は塩分を含むのですだちを抑える役割もしている。油揚げ，厚揚げ，がんもどきなどは熱湯にとおすか，熱湯をかけて油抜きしてから調理する。油抜きすることにより酸化した油脂の不味成分が抜け，調味料の浸透もよくなる。

　湯葉は，豆乳を加熱すると表面に熱変性したグロブリンたんぱく質が濃縮され脂肪を取り込んでできる皮膜を引き上げたものである。

　凍り豆腐は，かたい豆腐を凍結変性させたあと乾燥させたもので，スポンジ状の組織構造をもつキセロゲルである。以前は乾燥後アルカリ膨軟処理を行っていたため，湯もどしをしたあとにアンモニア臭を除去する必要があったが，現在は重曹水で解凍処理したあと乾燥させており，湯もどしの必要はないものもある。また，最近の凍り豆腐は以前のものよりも早く戻りやわらかくしあがるので，煮くずれを防ぐために塩分を含むだしや煮汁で直接煮る。

（2）　種実類

　種実類は穀類あるいは豆類以外の種子で，主にごま，けし，はす，まつの種子や，くり，ぎんなん，アーモンドなどのナッツ（堅実）類とされている。

　ごまには外皮の色が異なる白ごま，黒ごま，金ごまなどがある。洗って乾燥させた洗いごまは炒って用いる。皮むきごま（みがきごま）は皮を除いて乾燥させたものである。その他，炒りごま，すりごまなどが市販されている。ごまには脂質が多く含まれ（約50％），煎ってすり鉢で長時間磨砕すると油が出てねっとりとした状態になり，和え衣に用いられる。

　くりは他のナッツ類に比べて脂質が少なく，でんぷん質が多い。蒸しぐり，ゆでぐり，焼きぐり，くり飯，甘露煮，渋皮煮，きんとん，マロングラッセなどにして用いられる。

　ぎんなんは煎る，揚げる，ゆでるなどの加熱調理をする。新ぎんなんはクロロフィルが含まれるため，きれいな黄緑色を呈している。くるみ，アーモンドはごま同様脂質が多く，煎って磨砕し和え衣として用いたり，菓子材料として利用される。

【参考文献】
山崎清子ら『NEW 調理と理論』同文書院，2011
長尾慶子編著『調理を学ぶ（改定版）』八千代出版，2015

1-6 ▌野菜・山菜・果実類

（1）野　菜

1）野菜の種類とその成分

　野菜は，可食部位によって葉菜類，茎菜類，根菜類，花菜類，果菜類に分類される。日本の市場に出回る野菜の種類は非常に多いが，品質改良，流通の発展，輸入量の増加によって，その種類はさらに増加傾向にある。

　野菜の成分は一般的に，水分が約 90％でエネルギーは少ないが，ビタミン C やカロテンなどのビタミン類，無機質や食物繊維の重要な供給源である。可食部 100 g あたりカロテン 600 μg 以上の野菜（摂取量や摂取頻度を勘案して，トマトやピーマンなど600 μg 未満の野菜も含む）を緑黄色野菜とよぶ。黄橙色を呈するカロテンは，カロテノイドに属し，体内でビタミン A に変化するため，プロビタミン A とよばれる。脂溶性のため，油を用いて調理すると吸収がよくなる。一方，ビタミン C は，水溶性であり，調理中に組織外へ溶出しやすい。酸化型（デヒドロアスコルビン酸）は加水分解されてビタミン C 活性のないジケトグロン酸に変化しやすいため，調理操作中に還元型（アスコルビン酸）が酸化されると，実質的なビタミン C 摂取量が減少する可能性がある。たとえば，キュウリやニンジンなどアスコルビン酸オキシダーゼを有する野菜中のアスコルビン酸は，切断やすりおろし操作によって著しく酸化される。この酵素活性を抑制するには，野菜を加熱する，pH4 以下にするなどの方法がある。

　また，野菜は収穫後も呼吸や代謝などを行うため，保存条件によって，成分や外観が変化し品質の低下がみられる。そのため，ナス，キュウリ，トマトなどの**低温障害**の起こる野菜を除き，凍結しない程度の低温，高湿度で保存することが望ましい。

2）野菜の嗜好特性

①　色

　野菜の色は多様であるが，代表的な色素は，緑色の**クロロフィル**，黄から赤色を呈する**カロテノイド**，無色から淡黄色の**フラボノイド**，赤・紫・青色系の**アントシアニ**ンの4つに分類される（**表 6-4**）。

ⅰ）クロロフィル

　葉緑体に存在する脂溶性の緑色色素である。ピロール環を4つ有する環状構造[19]にフィトール基の長い側鎖が結合し，環の中央には Mg^{2+} が配位している。緑色野菜は，長時間加熱や酸にさらされると，Mg^{2+} が脱落しフェオフィチンに変化し，緑褐色になる。そのため，野菜は大量の水で鍋のふたをせずにゆで，野菜由来の有機酸でゆで汁の pH が大きく低下しないようにする。また，酢の物は供卓直前に和える。一方，

19）環状構造：ポルフィン骨格を構成するひとつのピロール環が還元されたクロリン環。

表6-4　野菜・果物の色素

色　素	おもな色素名	所在食品
クロロフィル （青緑～黄緑色）	クロロフィルa クロロフィルb	日光を受けて育った葉の緑色部に多い 緑黄色野菜
カロテノイド カロテン類 （橙赤色）	α-カロテン β-カロテン γ-カロテン リコピン	ニンジン，茶葉，かんきつ類 緑茶，ニンジン，唐辛子，かんきつ類 ニンジン，アンズ，かんきつ類 トマト，スイカ，カキ
キサントフィル類 （黄～赤色）	ルテイン ツアキサンチン クリプトキサンチン リコキサンチン カプサンチン フコキサンチン クロセチン	緑葉，オレンジ トウモロコシ，カボチャ，緑葉 ポンカン，トウモロコシ トマト 唐辛子 コンブ，ワカメ クチナシ，サフラン
フラボノイド （無・黄色）	ケルセチン ルチン アピイン ヘスペリジン ノビレチン ナリンギン ダイジン	タマネギの黄褐色の皮 ソバ，トマト パセリの葉 ミカン，ダイダイ，レモン，ネーブル ミカンの皮 ナツミカンの皮，グレープフルーツ ダイズ
アントシアニン （赤・青・紫色）	ナスニン シアニジン シソニン オエニン フラガリン クリサンテミン	ナス 赤カブ，イチジク 赤ジソ 赤ブドウの皮 イチゴ 黒ダイズの皮，クワの実

資料：下村道子・和田淑子編著『新調理学』光生館，2015, p.94

重曹などを加えたアルカリ性の水でゆでると，側鎖のフィトール基が切断されてクロロフィリンとなり，鮮緑色を呈し，組織は軟化する。

　ⅱ）　カロテノイド

　黄・橙・赤色の脂溶性色素で，緑黄色野菜に多く含まれる。構造は，熱に安定で長時間加熱しても変色しない。通常の調理に用いる酸・アルカリ条件ではほとんど変色しない。一方，紫外線には弱いので，保存中に退色することがある。

　ⅲ）　フラボノイド

　フラボノイドとはジフェニルプロパン構造を有するフェニル化合物の総称で，カテキンやアントシアニジンなども含まれるが，狭義では無色から淡黄色を呈する水溶性色素をさす。酸性では白色，アルカリ性では黄色を呈し，鉄やアルミニウムと錯塩をつくると黄色から青褐色を示す。そのためカリフラワーを酢水でゆでると白くしあがる。また小麦粉もフラボノイドを含むので，鹹水を用いた中華麺は黄色に発色する。

iv）　アントシアニン

アントシアニンは，アントシアニジンに糖が結合した配糖体で，赤・紫・青色を呈する水溶性色素（アントシアンは，アントシアニンとアントシアニジンの総称）である。酸性で赤色，中性で紫色，アルカリ性で青色を示す。紫キャベツ，しょうがやミョウガなどを酢に漬けると赤色になるのはそのためである。また，鉄やアルミニウムなどの金属イオンと錯体をつくると色が安定する。この性質は，ナスのぬか漬けにミョウバンを入れるなど，色止めに利用される。

また，野菜には多種多様なポリフェノールが含まれる。広義のフラボノイドもポリフェノールに属する。このポリフェノールのなかには，カテキン類やクロロゲン酸など，酸素と反応して褐変するものがある（酵素的褐変）。ゴボウやレンコンは，ポリフェノールオキシダーゼを有するので切断して放置すると，すみやかに褐変する。褐変を防ぐには，水に浸漬する，酢などを加えて pH を下げる，ビタミン C などの還元剤を用いて還元する，加熱によって酵素を失活させるなどの方法がある。

②　味

野菜には，糖，有機酸，遊離アミノ酸，核酸関連物質などが存在するが，その量はわずかで味は淡泊である。

しかし，一部の野菜には，不味成分のあくを含むものがある。ホウレンソウに含まれるシュウ酸など，その多くは水溶性であり，野菜をゆでることによって除去できる。さらに，ぬかに吸着させたり（タケノコ中のホモゲンチジン酸），重曹を加えて組織を軟化させて溶出を促進させるなどの方法をとることもある。

また，ダイコンやワサビ，カラシは，すりおろすと組織中のグルコシノレートがミロシナーゼの作用によってイソチオシアネートに変化して，辛味と刺激臭を生じる。

③　におい

緑色野菜の青臭いにおいは，リノール酸がリポキシゲナーゼで分解されて生じるヘキセノール（青葉アルコール），ヘキセナール（青葉アルデヒド）に由来する。ニンニク，ニラ，ネギ，ラッキョウなどネギ科の野菜特有のにおいは，含硫アミノ酸誘導体がアリイナーゼ（システインスルホキシドリアーゼ）によって分解された物質から生成した含硫化合物による。タマネギの催涙物質も，タマネギの鱗茎に含まれる成分が酵素反応によって生じた揮発成分によるものである。

3）　野菜の調理特性

①　浸透圧の利用

植物の細胞液の浸透圧は 0.85％食塩水（砂糖溶液では 10％）とほぼ同等である。そのため，生野菜を真水などの浸透圧より低い溶液に浸けると，細胞内に水が流入して膨圧が上昇し，パリッとした歯ざわりになる。逆に，野菜より浸透圧が高い液に浸すと細胞内の水分が外部に流出し，さらに，細胞膜が細胞壁から離れて原形質分離を起

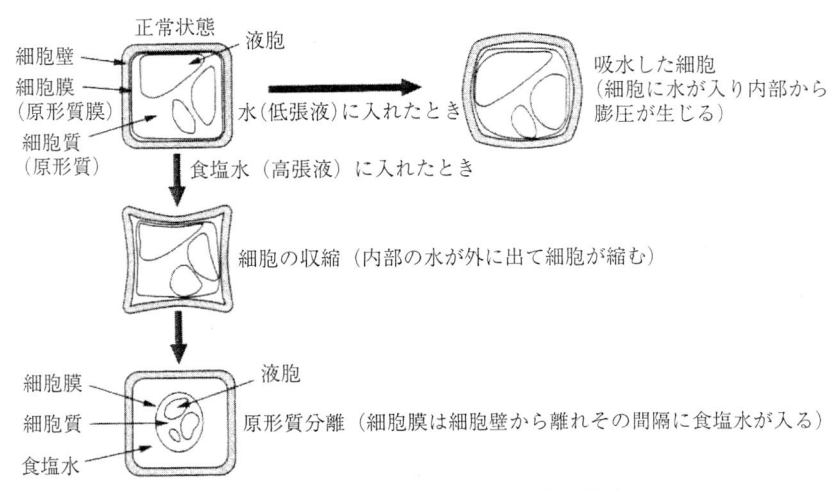

図 6-18 植物細胞の浸透圧と吸水・脱水
資料：畑江敬子「野菜」島田淳子ら編著『調理とおいしさの科学』放送大学教育振興会,
1998, p.130

こす（**図 6-18**）。その結果，食塩水をしぼってから調味液につけると細胞壁と細胞膜の間に調味液が入り込む。和え物の下処理として行う塩もみは，野菜から脱水させて調味液が薄まることを防ぎ，さらに，調味液の浸透をよくする効果がある。また，漬物では，野菜に3%程度の塩を加えると，野菜の細胞は原形質分離を起こしたあと，高濃度の食塩水にさらされると細胞膜の半透性も失う。その結果，野菜中の酵素作用や微生物の影響を受けやすくなり，漬物に特有の風味を生む。

② 加熱による野菜の軟化とペクチン

野菜は加熱によって軟化するので食べやすくなる。これは，ペクチン（ペクチニン酸）が分解して可溶化し，細胞間の接着力が失われるためである。ペクチンは，一部がメチルエステル化したガラクツロン酸がグリコシド結合で直鎖状につながっており，多くは，細胞壁の中層に存在する。このペクチンの加熱分解は，ゆで汁の pH や加熱温度の影響を受ける。野菜を pH5 以上で加熱すると *β-脱離*（トランスエリミネーション）が起こり，pH3 以下で加熱すると加水分解され，いずれも軟化する（**図 6-19**）。pH4 付近ではどちらの反応も起こりにくいため，酢を加えてゴボウやレンコンをゆでると，水煮に比べてシャキシャキと歯切れのよい感触にしあがる。また，50℃ 付近では，細胞壁に存在するペクチンエステラーゼが活性化し，ペクチンが脱エステル化される。ペクチンはエステル化した箇所でのみ *β-脱離* するので，50〜60℃ で野菜を加熱すると，ペクチンの *β-脱離* が起こりにくく，さらに，脱エステル化したペクチンは Ca^{2+} など2価の陽イオンを介して互いに架橋するので，硬化が著しい。そのため，50〜60℃ であらかじめ加熱した野菜は，100℃ 近くで再加熱しても軟化が抑制される。

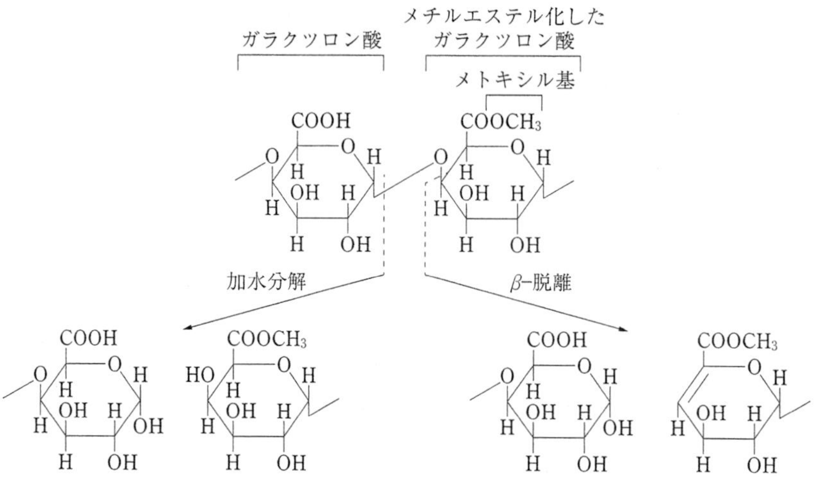

図6-19　ペクチンの加熱分解

資料：今井悦子ら編『改訂新版　食材と調理の科学―食べ物と健康―』アイ・ケイコーポレーション，2014，p.36

(2)　山　菜

　山菜は，本来山野に自生する食用植物で，ワラビ，ゼンマイ，フキノトウ，タラの芽などをさすが，現在は栽培されているものも含む。一般に，野菜よりもあくの強いものが多く，その場合，下ごしらえとしてあく抜きする必要がある。灰汁や0.3％程度の重曹液などアルカリ性溶液でゆでる。アルカリ性溶液では，組織が軟化し，あくが溶出しやすく，緑色のものがより鮮やかになる。

(3)　果実類

1)　果実の種類とその成分

　果実類は，樹木に実る果実のことで，草本植物の果実[20]とともに，果物とよばれる。生食される他，乾燥果実，料理や菓子材料として用いられる。

　果実の成分は，一般に，水分含量が80〜90％と多く，糖質含量も高い。脂質含量はアボカドやオリーブなどを除き低い。食物繊維，ビタミン，ミネラル給源となる。ミネラルは特にカリウムが多く，ビタミン類ではビタミンCが多い。黄色果実はプロビタミンAなども多く含む。

2)　果実の嗜好特性

　果実の嗜好特性は，その熟度によって変化する。成熟すると，緑色のクロロフィルが減少してそれぞれ固有の色となる。有機酸が減少し糖が増加するので，酸味が緩和し甘味が増す。また，熟度の上昇にともない，不溶性のプロトペクチンが酵素作用によって水溶性のペクチン（ペクチニン酸）に変化し軟化する。

---

20)　草本植物の果実：播種後1，2年で収穫する果実（イチゴ，スイカ，メロンなど）。

①　色

　成熟した果実は，カロテノイド，アントシアニン，フラボノイド系色素を含むが，果実は一般に微酸性から酸性のため，フラボノイド由来の色は目立たない。また，リンゴ，モモなどの果実を切断すると，ポリフェノールオキシダーゼの作用によってポリフェノールが酸化し切り口が褐変する。この褐変は，1%程度の食塩水に浸したり，レモン汁をかけることによって防止できる。

②　味

　果実の甘味成分は，果糖，ブドウ糖，ショ糖などである。果糖は，β型がα型の3倍甘く，低温ではβ型の比率が高くなる。そのため，果物は一般に食べる前に冷やしたほうが甘くなる。また，酸味の主体は有機酸である。柑橘類はクエン酸，リンゴやモモはリンゴ酸，ブドウは酒石酸を多く含む。

③　におい

　成熟した果実の甘いにおいの主成分はエステル類である。テルペン類のリモネンは，柑橘類の果皮に多く含まれ，特徴的な芳香を示す。

3)　果実の調理特性

①　ペクチンによるゲル化

　ジャムやマーマレードは，果実中のペクチンがゲル化したものである。適度な酸と糖の共存下で加熱すると高メトキシルペクチン[21]がゲル化する。果実の種類によってペクチン含量が異なるため，ペクチンや酸，糖を加えて調製する場合がある（**表6-5**）。

　プロトペクチンやペクチン酸はゲル化しないため，ジャム製造には適熟果物を用いる。一方，低メトキシルペクチンはカルシウムイオンなど2価の陽イオンを介してゲル化する。デザートの愛玉子（オーギョーチー）は，イチジク属の果実，愛玉子の乾燥させた種子を袋に入れて水中で揉むことによって，溶出してきたペクチンがペクチンエステラーゼによって脱メチル化して低メトキシルペクチンとなり，内在するカルシウムイオンと結合してゲル化したものである。

表6-5　果実の糖，酸，ペクチン含量

果　実	糖度（Bx）	酸（%）	ペクチン（%）
あんず	7〜8	1.2〜2.3	〜0.8〜
いちご	5〜11	0.5〜1.0	〜0.6〜
いちじく	7〜10	〜0.3〜	〜0.7〜
すもも	〜15〜	1〜2	〜0.7〜
ぶどう	12〜16	0.9〜1.0	0.2〜0.3
ベリー類			
⎰カーランツ	11〜13	0.4〜1.0	1.0〜2.1
⎱ラズベリー	〜10〜	0.6〜1.0	1.3〜1.9
⎱グーズベリー	〜7〜	1.5〜3.0	0.5〜1.2
もも	9〜10	0.3〜0.6	〜0.6〜
りんご	10〜15	0.5〜1.0	〜0.6〜

資料：三浦洋ら『果実とその加工』建帛社，1988，p.187

---

21) 高メトキシルペクチン：ペクチンを構成するD-ガラクツロン酸のカルボキシル基が7%以上メチルエステル化したもの。

②　プロテアーゼの利用と制御

　果物には，パイナップルやイチジク，キウイフルーツなど，プロテアーゼ（たんぱく質分解酵素）を有するものがあり，食肉の軟化などに使われる。また，ゼラチンゼリーに，これらの生果を用いるとゼラチンの凝固が妨げられるので，加熱によってプロテアーゼを失活させてから使用する。

1-7 ▌ 海藻・キノコ類

（1）　海　藻

1）　海藻の種類とその成分

　日本では，古くから海藻を食用に供し，その種類は 100 を超える。色によって，緑藻類，褐藻類，紅藻類，藍藻類に分類される（**表6-6**）。生食や塩蔵，乾燥保存して利用されるだけでなく，海藻から寒天，カラギーナン，アルギン酸などを抽出し，ゲル化剤，増粘剤，安定剤として利用される。

　海藻の成分は，生では水分が約 90 ％，乾燥品では 3〜15 ％である。ミネラル（カリウム，カルシウム，鉄，亜鉛，ヨウ素など），ビタミン類（カロテン，ビタミン B 群，ビタミン C）が豊富である。また，優れた食物繊維供給源でもあり，不溶性の食物繊維であるセルロースやアルギン酸に加え，水溶性食物繊維である粘質多糖類のフコイダンなどに富む。なお，アルギン酸はナトリウム塩では可溶化する。

表 6-6　藻類の分類

分　類	含有色素	種　類	利用法
緑藻類	クロロフィル カロテノイド	あおのり属 ひとえぐさ属 かわのり	青のり，もみ青のり（乾燥品） 青のり（乾燥品），佃煮の原料 生産料が少ないので珍味品（乾燥品）
褐藻類	フコキサンチン クロロフィル カロテノイド	こんぶ属 わかめ属 ひじき もずく まつも あらめ	だし（乾燥品），とろろこんぶ，塩こんぶ，こぶ茶などに加工 酢の物，和え物，汁の実，サラダ（生，塩蔵，乾燥品） 炒め煮，和え物，サラダ（煮干し品） 酢の物，汁の実，雑炊（生，塩蔵） 酢の物，汁の実（生，塩蔵，乾燥品） 煮物（乾燥品），酢の物，汁の実（生）
紅藻類	フィコエリトリン フィコシアニン クロロフィル カロテノイド	あまのり属 てんぐさ属 おごのり属	焼きのり，味付のり（焙乾品） 寒天，ところてんの原料 さし身のつま，酢の物，サラダ（塩蔵）
藍藻類	フィコシアニン クロロフィル カロテノイド	かわたけ （水前寺のり）	さし身のつま，汁の実（塩蔵，乾燥品）

資料：川端晶子ら編著『時代とともに歩む　新しい調理学　第 2 版』学建書院，2015, p.136

2）　海藻の嗜好特性

①　色

海藻の色は，クロロフィル系色素（緑色）とカロテノイド系色素（黄色）を基本としている。緑藻類は，クロロフィルのなかでも青緑色のクロロフィルaとbやカロテノイドを多く含む。褐藻類は，クロロフィルaとcに加えてカロテノイド系のβ-カロテンとフコキサンチンを多く含む。ワカメの場合は，クロロフィルaの比率が高いものほど良質とされる。乾燥品は質が悪いとフェオフィチンが多くなる。生ワカメに灰をまぶして天日乾燥した灰干しワカメは灰のアルカリ性によりクロロフィルがクロロフィリンに変化するため，鮮やかな緑色が保たれる。また，湯通しした塩蔵ワカメが緑色になるのは，加熱によってたんぱく質と結合していたフコキサンチンが遊離して，赤色から橙黄色に変化し，クロロフィルと混在するからである。

　一方，紅藻類は，クロロフィルaとカロテノイドやフィコビリン[22]を含む。乾のりの高級品はフィコビリンが多く青みのある黒色である。乾のりを火であぶる（火取り）と青緑色になるのは，フィコビリンが変性して退色し，加熱による変化のないクロロフィルとカロテノイドの色が残るためである。また，巻きずしののりが赤褐色になるのは，フィコエリトリンが変性し，赤紫色を呈するためである。

②　味

昆布やアマノリはグルタミン酸含量が高く，うま味が強い。昆布は，アスパラギン酸，アラニン，プロリンなどの呈味アミノ酸にマンニトール[23]も加わり，特有の風味を有する。乾燥品は煮物だけでなくだし材料としても利用される。だしの取り方は，昆布の種類によってさまざまであるが，粘りや昆布臭が強くなるので，高温長時間加熱は行わない。

③　におい

アオノリ特有のにおいはジメチルスルフィドによる。この物質は，磯のにおいと認識されることが多い。

④　テクスチャー

海藻，特に褐藻類の粘りは，粘質多糖類のアルギン酸とフコイダンによる。また，灰干しワカメを水戻しすると，素干しワカメよりもかたくしあがる。これはアルギン酸とカルシウムが結合して不溶化したためと考えられている。乾燥昆布を水浸漬後加熱するときに，酢を加えると軟化が促進されるのは，アルギン酸の重合度とカルシウムとの結合量の低下が一因と考えられる。

22）フィコビリン：フィコエリトリン（紅色）やフィコシアニン（青色）などの色素たんぱく質の総称。
23）マンニトール：乾燥品の表面に析出する白い粉。

（2）キノコ類

1）キノコの種類とその成分

　キノコは，子嚢菌と担子菌が形成する大型の子実体である。その種類は1万種を超え非常に多い。食用として市場に出ているものは，人工栽培されたものが主体で，シイタケ，ヒラタケ，エノキタケ，マッシュルーム，エリンギ，マイタケ，キクラゲなどがある。人工栽培に成功していないマツタケは天然ものであり，国内の収穫量に限りがあるため，外国産が多く出回る。

　生のキノコには，水分が90％以上含まれており，たんぱく質や脂質は少ない。炭水化物は5〜7％含まれ，その60〜90％が食物繊維である。プロビタミンD（エルゴステロール）も多い。キノコは変質しやすいため乾物などに加工されて利用されるが，天日乾燥した場合は紫外線によってプロビタミンDがビタミンD_2に変換される。

　また，キノコ含有成分のなかに，コレステロール低下作用，抗腫瘍作用，血圧降下作用などの機能性を有するものが見出されている。

2）キノコの嗜好特性

① 味

　キノコの呈味成分の代表的なものに，うま味を呈する5′-グアニル酸がある。しかし，その含量は生のキノコには少ない。リボ核酸に核酸分解酵素（ヌクレアーゼ）が作用して生成されるため，生よりも加熱したキノコに多い。また，キノコには，ホスファターゼという5′-ヌクレオチドを分解する酵素が含まれているので，5′-グアニル酸の蓄積には，ヌクレアーゼとホスファターゼの活性を制御する必要がある。そのため，干しシイタケは10℃以下で水戻しをしてから加熱する（**図6-20**）。キノコのうま味は，5′-グアニル酸と遊離のグルタミン酸との相乗効果によって高められる。

　この他，トレハロース（二糖）やグリセロール，マンニトールなどの糖アルコールや各種有機酸もキノコの味に関与する。

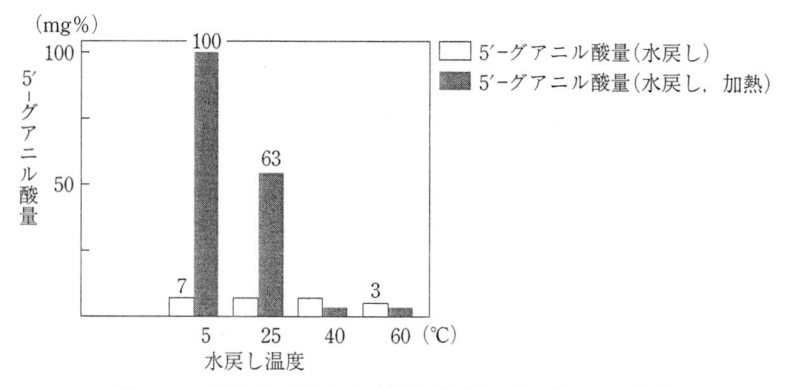

図6-20　干しシイタケの水戻し温度と5′-グアニル酸量

資料：川端晶子・大羽和子『健康調理学　第5版』学建書院，2015, p.139
原典：菅原龍幸「干シイタケは水で戻す」原洋一ら『健康食きのこ』農山漁村文化協会，1989

②　におい

キノコは独特のにおいをもつ。1-オクテン 3-オール（マツタケオール）は多くのキノコから検出されるため，キノコ全般のにおいに寄与すると考えられる。マツタケのにおいは，1-オクテン 3-オールとケイ皮酸メチルに起因する。また，干しシイタケを水戻しすると生じるにおいはレンチオニンで，レンチオニン酸から酵素作用によって生じる。香り高くシイタケを煮るには，5℃で3〜5時間水戻しし，10分程度の沸騰加熱がよいとされる。

③　テクスチャー

キノコは，トレハロースを含むので乾燥後水戻ししやすいとされるが，干しシイタケは，水戻しで十分に膨潤させておかないと，いくら加熱してもやわらかくしあがらない。また，水戻し温度が40℃以上では，時間を延長しても十分には戻らない。

2 動物性食品

2-1 食肉類

食肉類は，家畜，家禽として食用に肥育されたもので，日本で多く流通しているものは牛，豚，鶏，羊，鴨などである。肉の消費量を家計調査（2016〜2018年の平均）からをみると牛15%，豚48%，鶏37%である。他に馬，イノシシ，兎，七面鳥，アヒル，ハト，ウズラなどが消費されている。また，特殊なものではカエル，スッポン，イナゴ，ハチの子などもある。野生の動物を狩猟により食用として利用しているものを野禽（ジビエ）という。近年イノシシやシカの農産物被害が多くなり，ジビエの利用も進められている。

(1)　肉の構造と成分

1)　構　造

食肉は骨格筋であり，主に筋線維（筋細胞）と筋線維を束ねる結合組織と白色の脂肪組織でできている。筋線維は一般に長さ 20〜30cm，直径 10〜100μm と細長く，それが 50〜150 本ぐらい集まり膜で包まれている（図6-21）。筋線維の間には筋形質たんぱく質が存在し，多種類の酵素や色素，微量成分が含まれている（表6-7）。

肉の部位によって筋線維と結合組織と脂肪組織の割合が異なり，肉のかたさ，色や香りが異なる。筋線維や結合組織は主にたんぱく質からできている。

脂肪組織は筋束間，筋束内に存在する。牛肉においては筋束内脂肪の分布状態で「脂肪交雑」「さし」「霜降り」などといわれ，肉のかたさ，多汁性に関与する。「バラ肉」は肋骨の部分の肉で，「三枚肉」ともいわれる（図6-22）。

　また，牛肉の格付けは枝肉の歩留まりと肉質によって等級が決められる。歩留まり
は枝肉から肉がとれる割合でA，B，C等級に分けられAが最もよく，肉質は5段階
に分けられ5等級が最もよい。

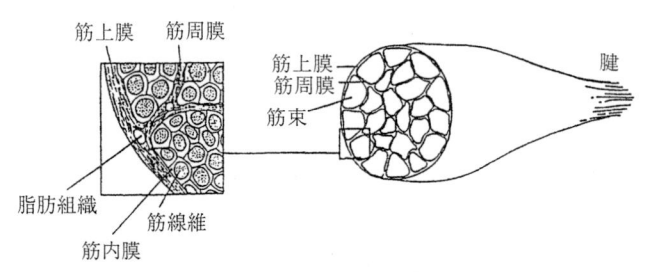

図 6-21　骨格筋の構造

資料：沖谷明紘「食肉のおいしさの決定要因」『栄養学雑誌』60（3）2002，p.120

原典：Frandson, R.D.：Anatomy and Physiology of Farm Animals, Lea and Febriger, Philadelphia, 1974, p.160

表 6-7　筋肉たんぱく質の種類

所在	種　類	含まれるたんぱく質	備　考
筋線維	筋原線維たんぱく質	ミオシン アクチン トロポミオシン	筋肉たんぱく質の約50％を占めており，線維状で水に難溶，薄い塩溶液に可溶，45〜52℃で凝固しはじめる。アクトミオシンの生成（保水性，粘着性）
	筋形質たんぱく質	ミオゲン ミオアルブミン ミオグロビン ヘモグロビン	筋肉の約30％，球状，水溶性（ゾル），凍結により変性しやすい。56〜62℃で凝固しはじめる。筋線維の細胞質にありグリコーゲン，脂肪粒を含む呈味成分が存在。スープのあく成分，うまみ成分
結合組織	肉基質たんぱく質	コラーゲン エラスチン	筋肉の約20％，水に難溶，熱で強く収縮，線維状コラーゲンは腱，皮，筋膜に含まれる。水中での長時間加熱により可溶化（ゼラチン，煮こごり）し，エラスチンは靭帯，血管壁に含まれ加熱しても不溶。食肉のかたさを左右する

資料：長谷川千鶴ら『調理学（奈良女子大学家政学シリーズ）』朝倉書店，1983を一部改変

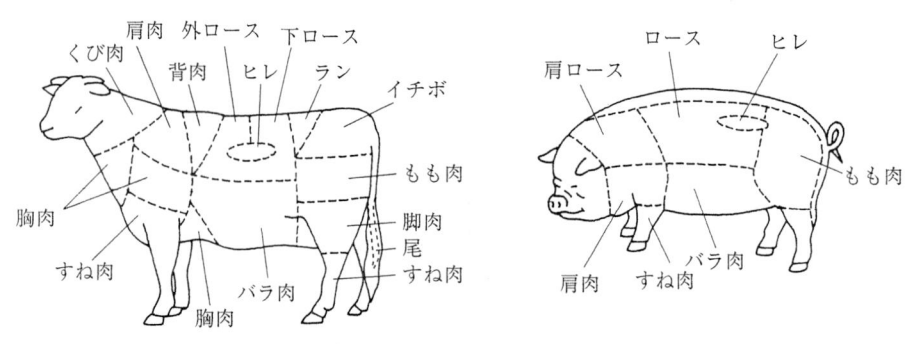

図 6-22　肉の部位の名称（牛，豚）

資料：松元文子編著『新版調理学』光生館，1979，p.170，173を一部改変

2)　成　分

①　たんぱく質

　肉の成分は，およそたんぱく質が20％，脂質が2〜30％，水分が50〜75％である。たんぱく質はおもに筋線維と結合組織に含まれている。筋線維には繊維状の筋原線維たんぱく質と，粒状の筋形質たんぱく質があり，結合組織には線維状の網状肉基質たんぱく質がある。肉類のたんぱく質のアミノ酸価はおおむね100であり良質なたんぱく質である（**表6-7**）。

　肉のたんぱく質は加熱により大きく変化する。筋形質たんぱく質は水溶性で肉汁と共に流出し，加熱により固まる。また，筋原線維たんぱく質や肉基質たんぱく質のコラーゲンは加熱により収縮し，肉をかたくする。また，ひき肉に塩を加えてこねると筋原線維たんぱく質の**ミオシン**が解離・溶解し**アクチン**と結合し，**アクトミオシン**となり粘りがでる。これを加熱すると肉の結着性や保水性が向上する。

②　脂　質

　脂質の特徴は脂肪酸の種類による。脂質は飽和脂肪酸が多く含まれ，脂質の融点が高く常温では固体である。加熱によって溶けて液状になり，肉をやわらかくする。牛脂はヘッド，豚脂はラードとしても利用される。

③　その他の成分

　肉類にはビタミン類，無機質が豊富に含まれている。特に，ビタミンB_1，マグネシウム，亜鉛などの給源として重要である。鉄分はたんぱく質と結合しミオグロビン（肉色素たんぱく質），ヘモグロビン（血色素たんぱく質）に多く含まれている。これらの成分はレバーなどの内臓にも多く含まれている。牛肉，豚肉，鶏肉の色はミオグロビンの量により異なる。うま味の成分はイノシン酸やアミノ酸，ペプチドであり，核酸や筋肉たんぱく質が分解されて生成される（**表6-7**）。

(2)　肉の生食と安全性

　牛肉，馬肉などは生で食することもある。筋肉中に食中毒菌が入ることはないが，肉の扱い方によって食中毒菌に汚染されることがあるので注意が必要である。豚肉や鶏肉には寄生虫がいる可能性もあるので生では食せず，必ず加熱する。また，レバーなどの内臓は牛レバーから腸管出血性大腸菌に感染されているものが見つかり，厚生労働省は2012年7月より飲食店での提供を禁止している。豚レバーについてもE型肝炎ウイルスやサルモネラ属菌などの感染が報告されており，生食を禁止している。これらのウイルスや食中毒菌は熱により死滅するため，加熱して安全に食することができる。

(3)　肉の軟化

　肉は熟成されてから市場に出る。動物は屠畜後，**死後硬直**し筋肉が収縮してかたくなる。加熱すると多くの肉汁が分離され，さらにかたくなりおいしくない。熟成の条

件は 0℃で，牛肉は 10〜14 日，豚肉は 3〜7 日，鶏肉は 7〜8 時間である。熟成中には筋肉に内在する酵素が働き，うま味を増強し筋肉がやわらかくなりおいしくなる。すなわち，たんぱく質はたんぱく質分解酵素によりアミノ酸やペプチドに，核酸（ATP）は核酸分解酵素によりイノシン酸などに分解されうま味が増強する。また，筋肉中の pH が上昇し保水性が増し，酵素により筋線維が分解され脆弱化してやわらかくなる。

1)　切断による変化

肉のかたさは部位によって異なる。運動により筋肉が発達している部位はかたいため，肉の繊維に直角に切る，筋切りをする，肉をたたく，ひき肉にするなど物理的な方法によってやわらかくなる。

2)　酵素による変化

肉たんぱく質をしょうが，パイナップル，キウイフルーツなどの野菜や果物に含まれるたんぱく質分解酵素（プロテアーゼ）によりたんぱく質を分解することでやわらかくする方法がある。

3)　調味料による変化

肉の保水性は，たんぱく質の等電点付近（およそ pH5〜6）で低くなり肉はかたくなる。調味料としてみそ，しょうゆ，清酒，ワイン，酢などは肉の pH を低下させ，保水性が増し，肉はやわらかくなる。マリネは酢，油，ワインなどに香辛料を加えて漬け込み加熱するもので，酸によって保水性が向上するとともに酸性のたんぱく分解酵素が働き，筋線維たんぱく質が分解され軟化する（図 6-23）。また，食塩のナトリウムイオンと塩化物イオンはたんぱく質相互の結合をゆるめるはたらきがあり，保水性が高まる。

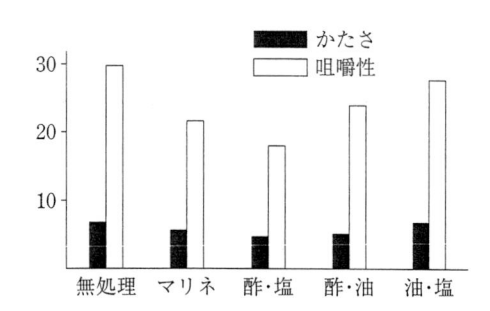

図 6-23　マリネにおける調味と物性
資料：吉松藤子ら「マリネが肉の軟らかさにおよぼす効果」『家政誌』27(7) 1976, p.468

(4)　肉類の加熱による変化

1)　テクスチャーの変化

肉を加熱するとたんぱく質は凝固・収縮し，かたくなる。それは繊維状の筋原線維たんぱく質や球状の筋形質たんぱく質が凝固するとともに，筋肉を包んでいる膜や腱を構成している肉基質たんぱく質が収縮するためである。たんぱく質は 50〜80℃ ぐらいのところで変性が起こる。温度が高くなると凝固・収縮の度合いも高い。一方，水中で長時間加熱によって肉はほぐれやすくなる。それは，肉基質たんぱく質のコラーゲンが分解して，筋線維を包んでいた膜が溶け出すからである。

コラーゲンは分子量 30 万ぐらいの高分子成分であり，加熱により分子量 10 万，20万の分子鎖に分解され**ゼラチン化**する。ゼラチン化したものは可溶化するかさらに低

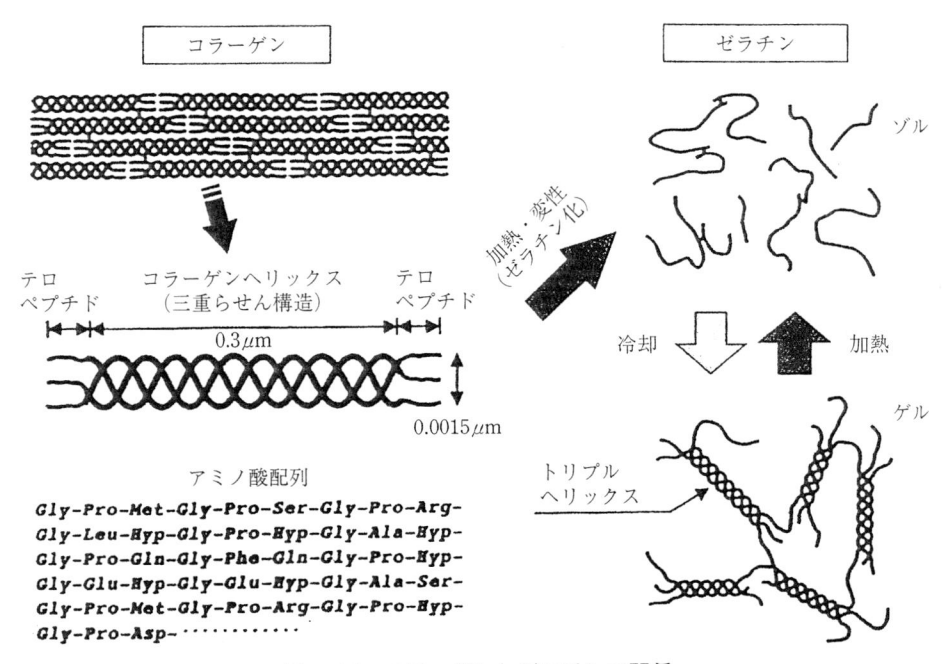

図6-24 コラーゲンとゼラチンの関係
資料：古川徹『食品加工技術』21(1), 日本食品機械研究会, 2001, pp.28-33

分子化し，温度が低下すると凝固（ゲル化）する。鶏肉の煮汁が冷めたとき煮汁が固まるのはこのためである（**図6-24**）。

2) 味の変化

　肉には水分が約50〜75％含まれているが，加熱するとたんぱく質が凝固，収縮するため，うま味成分である遊離アミノ酸や核酸関連物質が含まれる肉汁が滲出しやすくなる。さらに加熱によりたんぱく質分解酵素が働き，筋肉たんぱく質を分解し，さらに遊離アミノ酸やペプチドが増加し，うま味やこくなどが増す。

3) 色の変化

　生肉は透明感のある薄桃色や赤色であるが，加熱によって不透明な灰褐色になる。この色の変化は，肉色素の**ミオグロビン**と血色素たんぱく質の**ヘモグロビン**によるもので，いずれもグロビンというたんぱく質に鉄を含むヘム色素が結合したものである。ミオグロビンが多い肉は暗赤色であるが，肉が空気に触れてミオグロビンが酸素と結合し，オキシミオグロビンになり鮮赤色に変化する。加熱によりミオグロビンのたんぱく質部分のグロビンが変性し，メトミオクロモーゲンになり赤色から灰褐色に変化する（**図6-25**）。

4) 香りの変化

　肉が加熱されると脂質は溶けて液状になり，香りと味に大きく影響する。加熱により脂質から遊離脂肪酸が分解され，カルボニル化合物を生成し肉の香りとなる。また，

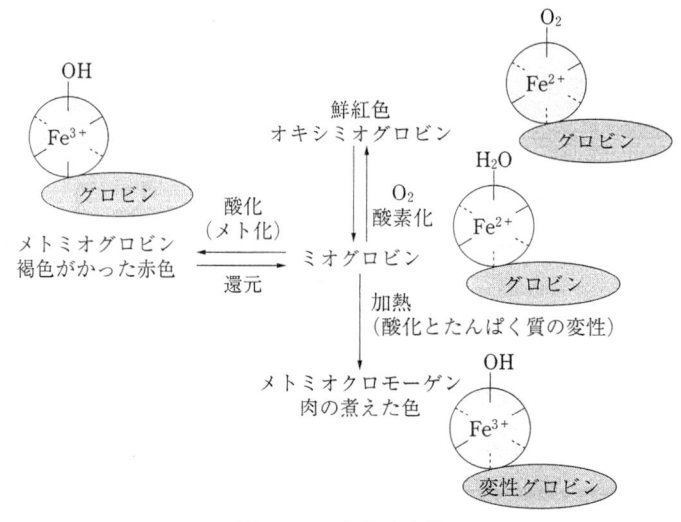

図6-25　肉色の変化
資料：渋川祥子・杉山久仁子『新訂調理科学』同文書院，2005, p.110を一部改変

加熱により筋肉のたんぱく質と糖質が**アミノ・カルボニル反応**を起こし，香ばしい香りとなる。

(5)　肉の調理

　肉の調理は，ゆでる，煮る，蒸す，焼く，炒める，揚げるなどすべての加熱調理法が用いられる。加熱により肉のかたさが増すことから最適加熱時間は肉の厚さと加熱温度に影響される。豚肉や鶏肉は寄生虫がいる場合もあり，中心部まで加熱する必要がある。牛肉でもひき肉は無菌ではないので75℃で1分，中心部まで加熱する。

　牛肉も豚肉も部位によって結合組織や脂質の量が異なり，肉質に違いがあるので，それぞれの部位にあった調理法を用いている。一般的な部位の分け方と調理法について**表6-8，6-9**に示す。

1)　焼く調理

　ビーフステーキは肉そのもののやわらかさが求められるので，結合組織の少ないロースやヒレの部位が用いられる。中心温度はレアで，40〜50℃，ミディアムで55〜65℃，ウエルダンで70℃以上である。鉄板の温度は150〜200℃ぐらいであるが加熱時間は30秒〜5分ぐらいと幅がある。肉は筋切し，収縮しないようにする。

　ハンバーグステーキはひき肉に塩を加えて練ることにより肉の結着性を出し，副材料とともにまとめて焼く。フライパンで焼く場合は中火から強火で表面を焼き，肉汁の流出を防ぎ，そのあと，弱火にして蓋をして加熱する。蓋は短時間で中心部まで加熱するのに効果的である。

　ミートローフはハンバーグと同じような生地で，高さ5cmぐらいに成形し，オーブンで170℃, 約30〜40分中心部まで加熱する。ローストビーフは塊肉のまま加熱し，

表6-8 牛肉の部位，特色，適する調理

部 位 （一般名）	店頭における名称	特 色	適する調理
くび肉	こま切れ ひき肉	肉質が硬い。	煮込み料理 スープストック
背肉	ロース	肉の一番厚い部分で脂肪が多い。良質のものほど「霜降り」肉になっている。	ロースト ステーキ すき焼き 網焼き
外ロース（リブロース）	ロース		
下ロース（ロインロース）	ロース		
ヒレ（テンダーロイン）	ヒレ	外ロースの内側にあり，脂肪が少なく最も軟らかい。	ステーキ，網焼き
ラン （サーロイン）	ラン	上部に薄く脂肪があり軟らかい赤身で味がよい。	ロースト ステーキ コールドビーフ カツレツ 上等のひき肉料理
イチボ	最上肉	腎部の赤肉で軟らかく味がよい。 コーンビーフの原料にする。	
もも肉	最上肉		ロースト，カツレツ， ステーキ，すき焼き
すね肉	並肉	肉質が硬い。こま切れにもする。	煮込み料理 ひき肉料理
バラ肉	バラ肉 中・並肉	脂肪と肉が層になっているので「三枚肉」ともいう。	煮込み料理 ひき肉料理
胸肉（ブリスケ）	中・並肉	バラ肉につづいて肋骨についていた肉。	煮込み料理 ベーコン巻

資料：山崎清子ら『調理と理論』同文書院，1968，p.288

表6-9 豚肉の部位，特色，適する調理

部 位	店頭における名称	特 色	適する調理
肩ロース 肩肉	上肉 中肉	肉質の中に脂肪が多く軟らかい。	焼き豚，ソテー， 煮込み料理
ロース	ロース	外側は厚い脂肪に囲まれ，軟らかく味も最上である。	カツレツ
ヒレ	ヒレ	ロースの内側にあり，特に軟らかい。脂肪が比較的少なく，味はロースより劣る。	ソテー，カツレツ，串焼き
もも肉	上肉 中肉	赤肉で脂肪が少なく硬い部分もある。 ハムの原料にする。	カツレツ，焼き豚 ソテー，酢豚
バラ肉	中・並肉	脂肪と肉が層をなし，脂肪が多く，肉質は比較的硬い。 ベーコン，ラードの原料にする。	煮込み料理，ひき肉料理， 角煮，酢豚
すね肉	並肉 こま切れ	肉質は硬い。	ひき肉料理 スープストック

資料：山崎清子ら『調理と理論』同文書院，1968，p.289

肉のまわりは加熱されるが，なかはミディアムの状態である。

　ローストチキンの鶏は，牛肉や豚肉に比べて結合組織が少なく，部位による差も少ないので1羽のまま使う。オーブンの温度は180℃ぐらいで約40分〜1時間，中心部まで加熱する。加熱時間は長いが，骨付きであるため，肉の収縮も少なく鶏肉はや

わらかくしあがる。

2)　煮る調理

肉の部位や大きさにより，加熱時間が異なる。シチュー，東坡肉（トンポーロウ）には結合組織のコラーゲンの多いすね肉やバラ肉のかたい肉を用い，長時間煮る。煮ることでコラーゲンが分解し，肉線維がほぐれやすくやわらかくなる。バラ肉の脂肪は溶解し，やわらかく口ざわりがなめらかになる。

スープストックをとるには肉基質たんぱく質が多いかたいすね肉などを用い，長時間加熱し，肉のうま味成分を汁に溶出させる。水中で肉を加熱すると，沸騰直前からあくがでてくる。あくの成分は，主に脂質とたんぱく質である。水中に溶け出てきた水溶性の筋形質たんぱく質が脂肪を包み込んで凝固し，浮き上がってくる。あくは激しい対流を起こすと微粒となって液に混ざり，スープが濁る原因になるので微沸騰状態でスープの液面に浮き上がらせてすくう。あくはスープに卵白を加え，卵白があくを抱き込んで凝固することによってとる方法もある。

3)　炒める調理

肉をやわらかく炒めるには短時間で，切り方を薄切り，せん切りにし，肉の収縮を少なくする。野菜とともに炒めると，肉に熱が伝わりにくいので，まず肉だけ加熱し，そのあとに野菜を入れるなどする。また，肉に片栗粉をまぶして炒めることにより，肉汁が閉じ込められうま味が保持され，やわらかくなる。

4)　揚げる調理

大きな肉を揚げる場合は150℃程度の低温で長く揚げ，油から取り出すときに170〜180℃に温度を上げるとやわらかく，表面はカリッと揚げることができる（二度揚げ）。カツレツのような衣がパン粉のものは180℃の油で揚げると，短時間できつね色になるので，豚肉や鶏肉の厚さを1cmぐらいに調整する。厚い肉の場合は油の温度を160℃と低温にし，時間をかけて揚げる。ひき肉を用いたメンチカツやスコッチエッグの場合は，肉の中心部まで熱を通す。コロッケのように他の材料とともに加熱した生地を揚げる場合は，170〜180℃で短時間の加熱でよい。スコッチエッグなど生地に空気が混入していると熱が伝わりにくい。

5)　電子レンジによる調理

電子レンジはマイクロ波（2450MHz）を照射して，肉の水分が発熱し熱を伝導させるため，オーブンや鉄板で加熱するよりも急速に温度が上昇する。鶏肉では，急速加熱ではイノシン酸の残存量が多いが，たんぱく質の分解が少なく，グルタミン酸は緩慢加熱より生成量が少ない傾向がある。

6)　真空調理

真空調理は1970年代にフランスではじめられた調理法である。食材と調味料を袋に入れ，真空パックして袋ごと湯煎あるいは蒸気で加熱する方法である。肉はたんぱ

く質の保水性が68℃以上で低下するので，それ以下の温度で加熱することが多い。

7）　内臓の調理

　肝臓，心臓，舌など多くの内臓が食用にされているが，日本では肉食の歴史が浅く，内臓や血液を利用することが少ない。内臓には酵素が多く含まれ，腐敗の進行も速い。内臓は無機質やビタミンが多く含まれ，日本人に不足しがちな鉄やビタミンの給源として利用されている。内臓は独特のにおいをもつものもあり，調理の際には前処理を行っている（**表6-10**）。

表6-10　内臓の種類，特色，適する調理

種　類	特色・下処理	適する調理
肝臓 （レバー）	色が鮮やかで弾力のあるものが良質。十分に血抜きをし，香味野菜を加えた熱湯で湯引きする。ソテー用はあらかじめ牛乳に溶ける。	串焼き ソテー レバーペースト
心臓 （ハツ）	子牛の心臓が一番軟らかくて美味。塩水のなかで，たわしでぬめりをこすり落す。香味野菜を入れた熱湯中で軟らかくゆでる。	ソテー フライ，煮込み スープ，マリネ
腎臓 （マメ）	豚の腎臓はそら豆に似ている。牛の腎臓は球がたくさんくっついたような形をしている。 よく洗って横から半分に切り，白い部分を切り取る。ここに臭みが多い。香味野菜とともにさっと湯引きする。	シチュー ソテー コロッケ 和え物
舌 （タン）	牛の舌は1本1.5〜2.5kgもある。豚は600g前後である。 牛の舌は皮が硬いので，熱湯でさっと茹でてからこそげ取る。舌は比較的しまった筋肉で脂肪もあり，長時間煮込むと軟らかくなり美味。硝石などを用いて塩漬けにし，ハムと同じように冷製料理に用いたりする。	シチュー 煮込み サラダ サンドイッチ
尾 （テール）	豚のテールがよく用いられる。毛は炎にかざしてあぶり焼き，関節ごとに切って香味野菜を加え約3時間ゆでる。	煮込み

資料：山崎清子ら『調理と理論』同文書院，1968，p.290

2-2 ▌魚介類

　わが国は国土を海に囲まれており，新鮮な魚介類が容易に手に入るため，古くから魚類に限らず貝類やタコ，イカなどの頭足類，エビやカニなどの甲殻類など，多様な種類の魚介類を貴重なたんぱく質源として食してきた。

　魚介類は食肉と異なり，季節によって得られる種類が異なるため，日本料理の特徴である季節感を感じられる食材でもある。

（1）　魚類の調理

1）　魚類の筋肉構造

　魚の体側筋は，頭部から尾部にかけて並列する筋節で構成される。**筋節**はW型構造をしており，薄い結合組織の**筋隔膜**で仕切られている（**図6-26**）。筋節の厚さは数mmから1cm程度であり，魚の筋線維は，食肉の筋線維に比べるとはるかに短い。

2）　魚類の成分

　魚肉の成分は，たんぱく質が約20％であり，残りが水分と脂質である。水分と脂質は時期によって相互に変動する。

①　たんぱく質

　魚肉のたんぱく質構成成分は，食肉と同様に**筋原線維たんぱく質**，**筋形質たんぱく質**，**肉基質たんぱく質**である。食肉に比べ，肉基質たんぱく質の割合が極めて少ないので，魚介類の肉は食肉に比べてやわらかい（**表6-11**）。

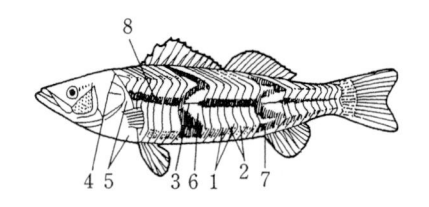

スズキの体側筋

1. 筋節　2. 筋隔　3. 水平隔壁
4. 背側部　5. 腹側部　6. 前向錐
7. 後向錐　8. 表面血合筋

図6-26　魚肉の構造
資料：松原喜代松ら『新版魚類学（上）』
　　　恒星社厚生閣，1979，p.32

表6-11　魚類筋肉のたんぱく質組成（%）

種　類	筋形質たんぱく質	筋原線維たんぱく質	肉基質たんぱく質	残渣中の細胞内たんぱく質
ブ　リ	32	60	3	5
サ　バ	30	67	2	1
タ　ラ	21	76	3	
ホシザメ	21	64	9	7
イ　カ	12〜20	77〜85	2〜3	
ハマグリ（閉殻筋）	41	57	2	
ウサギ	28	52	19〜21	

資料：須山 三千三ら編『水産食品学』恒星社厚生閣，1987，p.18を一部改変

②　脂　質

　魚肉の脂質含量は，種類や部位により2〜40％程度と大きく異なる。また，同一魚種においても，季節，餌料，年齢などによる変動が大きい。産卵前は魚体の充実にともない脂質が多くなり，この時期を「魚の旬」とよぶ。また，天然魚と養殖魚では，養殖魚のほうが脂質含量は多い傾向にある（**表6-12**）。魚肉脂質の脂肪酸組成は，不飽和脂肪酸の割合が高く，イコサペンタエン酸（EPA, $C_{20:5}$），ドコサヘキサエン酸（DHA, $C_{22:6}$）といった食肉には含まれない**高度不飽和脂肪酸**が多く含まれるのが特徴である。

表6-12　養殖および天然魚筋肉の脂質含量（%）

魚　種	養殖魚	天然魚	魚　種	養殖魚	天然魚
メバル	7.3	1.3	マアジ	10.9	7.7
カワハギ	0.5	0.2	クロダイ	4.9	2.0
ブリ	7.5〜9.8	0.8〜2.9	カサゴ	1.2	0.5
マダイ	3.3〜5.7	1.0〜1.4	イシダイ	5.2	5.7
アユ	7.3	3.6	トラフグ	0.4〜0.3	0.2〜0.4

資料：阿部宏喜ら『シリーズ〈食品の科学〉魚の科学』朝倉書店，1994，p.22
原典：兼松弘ら「魚介類および藻類中のトコフェロール含量ならびに同族体組織について」『日本栄養・食糧学会誌』36（4）1983, pp.239-245

表6-13　魚肉の脂肪酸組成（%）

脂肪酸	飽和脂肪酸		不飽和脂肪酸				
	$C_{16:0}$	$C_{18:0}$	$C_{18:1}$	$C_{18:2}$	$C_{18:3}$	$C_{20:5}$	$C_{22:6}$
	16：0	18：0	18：1	18：2	18：3	20：5	22：6
マイワシ	22.4	5.0	15.1	1.3	0.9	11.2	12.6
マアジ	19.9	7.3	18.8	0.9	0.5	8.8	17.0
マサバ	24.0	6.7	27.0	1.1	0.6	5.7	7.9
ニシン	13.9	0.1	22.3	1.3	0.8	6.9	6.1
ホンマグロ	18.0	8.8	23.7	1.0	0.4	3.4	15.0

飽和脂肪酸の $C_{16:0}$：パルミチン酸，$C_{18:0}$：ステアリン酸，不飽和脂肪酸の $C_{18:1}$：オレイン酸，
$C_{18:2}$：リノール酸，$C_{18:3}$：α-リノレン酸，$C_{20:5}$：イコサペンタエン酸，$C_{22:6}$：ドコサヘキサエン酸
資料：文部科学省「日本食品標準成分表2015年版（七訂）脂肪酸成分表」

代表的な魚の脂肪酸組成を**表6-13**に示した。

③　呈味成分

魚介類の味の発現には，アミノ酸，ヌクレオチド，Na^+のような無機イオン類などがかかわっている。カツオのうま味を凝縮させたかつお節の主たるうま味成分は，5′-イノシン酸ナトリウム（IMP）である。その他，多くの遊離アミノ酸，ペプチドが総合してうま味，こく味に関係している。貝類に多く含まれるコハク酸もうま味をもつ。軟体動物や甲殻類に多く含まれるグリシンベタインは，以前は甘味をもつとされていたが，味への寄与はごく小さいとされる。

④　におい成分

新鮮な魚類は，においが弱いかほとんど無臭である。鮮度低下にともない魚の生臭いにおいが強くなる。この原因物質はアミン類で，トリメチルアミンオキシドから生成される**トリメチルアミン**やジメチルアミンなどである。

⑤　魚介類の色

魚肉の色素は，筋形質たんぱく質の肉色素ミオグロビンと血色素のヘモグロビンに由来する。カツオやサバなどの回遊魚の普通筋は，ミオグロビン含量が多く，赤色を帯びているので，**赤身魚**という。一方，タイやヒラメなどの底棲魚（ていせいぎょ）は，普通筋のミオグロビン含量が0.01%以下と少なく，白色を呈しているので，**白身魚**という。サケやマスの筋肉の赤色は，エサ由来のカロテノイド系色素の**アスタキサンチン**によるもので，加熱してもミオグロビンのように褐色に変化しない。エビやカニをゆでると鮮やかな赤色に変化するのは，アスタキサンチンに由来する。生の甲殻類では，アスタキサンチンがたんぱく質と結合して存在しているので暗緑色を呈しているが，加熱すると，たんぱく質が熱変性し，アスタキサンチンが遊離し，さらに酸化されてアスタシンになり赤色を呈する。

3)　魚類の鮮度

　魚類の鮮度低下は，食肉に比べて速い。そのため魚類の調理では，鮮度により適する調理法が異なり，一般に**図6-27**に示すように使い分けている。

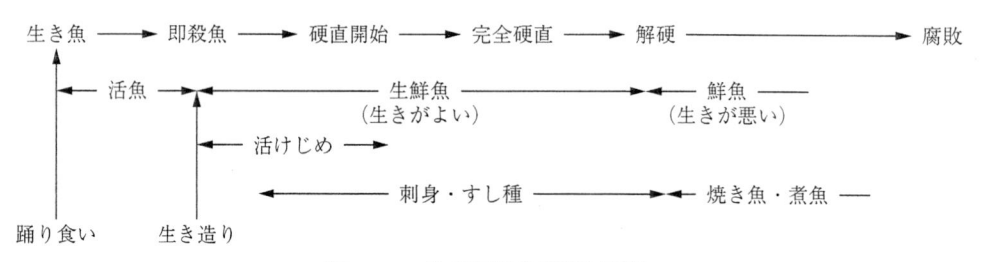

図6-27　魚の死後の鮮度と調理

資料：阿部宏喜ら編『シリーズ〈食品の科学〉魚の科学』朝倉書店，1994，p.44
原典：岩本宗昭（1992）．食品工業，35：53

①　外観による経験的判定

　魚類の鮮度は，次に示すような外観から経験的に判断している。

i ）　眼球が黒く澄んで，落ち込んでいない。

ii ）　えらが鮮やかな赤色である。

iii ）　腹に張りがあり，肛門から汁や内臓が出ていない。

iv ）　一尾の魚の頭をもって横にしたとき魚体がピンと張って，尾が下がらない。

②　化学的判定法

　死後の魚類の筋肉では，アデノシン三リン酸（ATP）は**図6-28**に示す経路でヒポキサンチンへと分解される。アデノシン三リン酸からイノシン酸（IMP）までの分解は速く，そのあとはゆっくり進むので，イノシン酸の分解物の量を指標として魚類の鮮度を示したのがK値である。K値は次のように求める。

$$K\,値(\%) = \frac{（イノシン(HxR)+ヒポキサンチン(Hx)）量}{ATP\,関連物質(ATP+ADP+AMP+IMP+HxR+Hx)量} \times 100$$

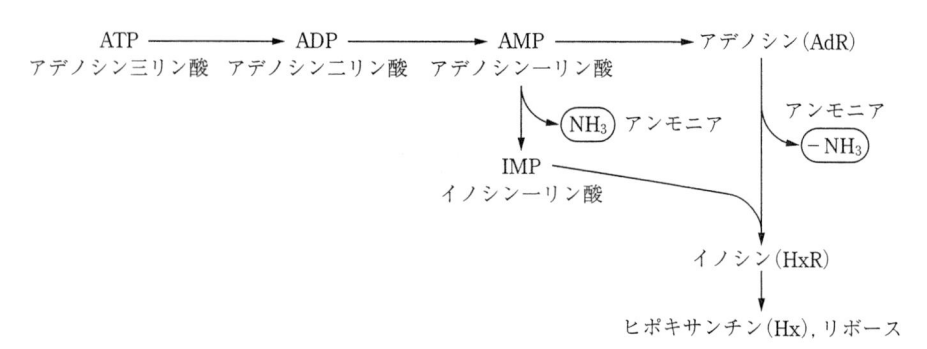

図6-28　ATPの分解経路

資料：遠藤金次「魚介類の鮮度判定」『調理科学』6(1) 1973，p.16を改変

　K値を測ったデータによると活魚およびあらいに用いる魚は10％以下，鮮魚のうち刺身用には20％以下，煮魚用には40％以下で，K値が60％以上だと初期腐敗に相当する。

4)　魚類の生食

　魚類は，食肉に比べて結合組織が少なく，死後硬直期も肉質がやわらかいので，新鮮な材料が得られれば生食が可能である。魚はえらや表皮に細菌が付着しやすく，内臓には酵素が多く，自己消化が進みやすい。保存する場合は，内臓やえらを除き，腹腔を洗ってから0℃付近で保存する。

①　さしみ

　新鮮なもの，硬直中のものを用いて，生肉のテクスチャーを味わう調理である。魚種によって肉質が異なるので，それに合わせた切り方をする。一般に，赤身魚の筋肉は，白身魚よりもコラーゲンが少なくやわらかい（**図6-29**）ので，マグロやカツオのような赤身魚は，引きづくり，平づくり，角づくりなどにして肉を厚く切る。一方，カレイやフグなどの白身魚は，肉質がかたいので，そぎづくり，糸づくりなどにして肉を薄く，細く切る。

　魚類の表皮はコラーゲンが多く，皮下組織に脂肪を含んだ結合組織がある。表皮はかたいので，はぎ取るか（皮引き），焼いたり，湯をかけて**霜降り**にする。表皮のコラーゲンは，熱で容易に可溶化し，噛み切りやすくなる。タイの霜皮づくり，カツオのたたきなどがこの例である。

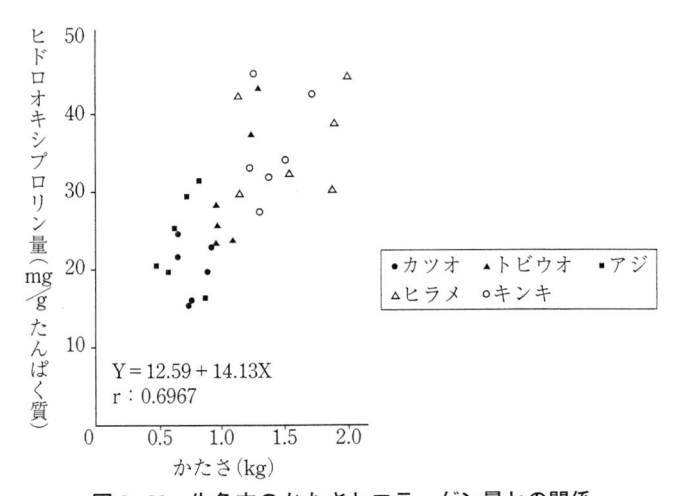

図6-29　生魚肉のかたさとコラーゲン量との関係
資料：畑江敬子ら「魚肉の特性とその魚種差に対する結合組織の寄与」『日本水産学会誌』52（11）1986，p.2005

②　あらい

　あらいは，活魚あるいは活魚と同じくらい鮮度が高い魚介類の身をそぎ切りや糸づ

くりにし，氷水，冷水，湯などで勢いよく洗ってつくる料理である。筋肉の収縮・弛緩にかかわる ATP が洗うことにより急激に流失し，筋原線維を構成するアクチンとミオシンが結合して収縮する。その結果，肉片は縮れ，コリコリとした食感になる。スズキやタイなどの白身魚やコイやフナなどの川魚があらいに用いられる。

③　酢じめ

生の魚肉を塩じめ後，食酢に漬けると魚臭が弱くなり，肉質が締まり，うま味も増す。しめさばがこの例である。

ⅰ）　塩じめ

酢じめにする魚肉は，三枚におろして魚肉に対して 10〜15％の食塩を表面に白くまぶすべた塩をしてしばらく時間をおき，塩じめする必要がある。この他，魚の塩じめの方法には，魚肉に対して 2〜10％の食塩を振りかける**振り塩**，10〜20％程度の食塩水に漬ける立て塩，魚肉に和紙をかぶせた上から食塩を振る**紙塩**などがある。食塩濃度が高くなると魚肉は脱水して，肉が締まる。

ⅱ）　酢じめ

塩じめした魚肉を食酢に漬けると，水洗いしたあと肉はさらに締まり，白色になり，肉質はかたくもろくなる。一方，塩じめが十分でない魚肉は，食酢に漬けても肉が膨潤し，重量が増加する。この現象は，筋肉たんぱく質のなかで最も多いミオシンの性質によるものである。ミオシンは塩が存在しない場合は，等電点付近では不溶となり凝固するが，pH4 以下，あるいは 7.5 以上では溶解する（**図6-30**）。食酢に漬けると

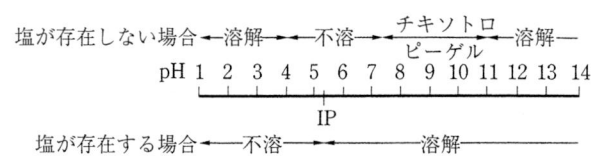

チキソトロピーゲルは，静置で流れないが，力を加えていくと流れるようになる。

図6-30　ミオシンの溶解度

資料：Bailey, K.: Advances in Protein Chemistry I, Academic Press. 1944, p.289

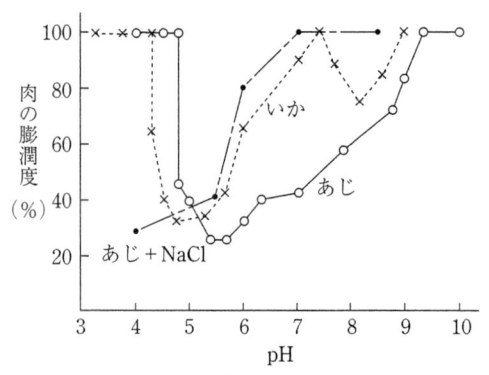

図6-31　魚肉の膨潤性と pH

資料：下田吉人ら編『新調理科学講座4』朝倉書店，1973，p.23

魚肉の pH は 4.0 付近になるので，塩じめ後に酢に漬けると魚肉は凝固してかたくなる。また，筋肉にはたんぱく質を分解する多種類の酵素が存在し，酸性プロテアーゼであるカテプシン D は pH4 付近で活性化する。それによりたんぱく質が分解され，遊離アミノ酸が増加し，うま味が向上する。

4）　加熱による魚肉の変化

魚類を加熱すると一般に次の変化が起こる。

①　肉の色

肉色素（本章「2-1▶食肉類」参照）であるミオグロビンが多い赤身魚の肉は，肉色素がメトミオクロモーゲンに変化するので灰褐色になる。白身魚の肉は，肉たんぱく質の変性により不透明な白色になる。

②　保水性

たんぱく質の熱変性により筋肉の保水性が失われ，エキス成分や脂肪を含む肉汁が滲出する。その結果，重量が減少する。

③　テクスチャー

魚肉のコラーゲンは，加熱により容易に可溶化する。**筋節**を束ねる**筋隔膜**は加熱により脆弱化しやすく，魚肉は崩れやすくなる。加熱魚肉のテクスチャーは，筋線維の

カツオ　　　　　　　　タラ

5mm

5分間水中加熱し，ほぐしたもの。（写真：下村道子氏）

図6-32　加熱したカツオとタラの筋細胞束の写真

表6-14　魚肉中の筋形質たんぱく質の割合

魚　種	筋形質たんぱく質／全たんぱく質（%）	魚　種	筋形質たんぱく質／全たんぱく質（%）
スケトウダラ	12.8, 17.8	イナダ	32.0
アンコウ	19.4	ボ　ラ	32.6
マダイ	21.5	マグロ	36.7
ハ　ゼ	22.1	カツオ	34.9, 39.0
メカジキ	23.5	ア　ジ	40.8, 41.1
ホウボウ	28.9	サ　バ	47.3, 55.9, 56.2
フツコ	30.5		

資料：高橋豊雄ら『New Food Industry』2, 食品資材研究会, 1960, p.38

太さ，全たんぱく質に占める筋形質たんぱく質の割合，脂質含量などにより異なる。カツオ，アジ，サバなどの赤身魚が，筋形質たんぱく質の割合が多く，これが凝固すると筋線維間の結着性を強めるので，身が締まりかたくなる。そこで，カツオやサバは，加熱すると節にすることができる。一方，タラやタイなどの白身魚は，筋線維が太く，筋形質たんぱく質の割合が少ないので，身がほぐれやすく，そぼろ[24]にできる。

④　呈　味

味にかかわるエキス成分は，生肉では筋線維内に取り込まれていて味として感じにくい。加熱すると筋線維の保水性が低下するために，肉汁と一緒に流出しやすくなり，うま味や甘味を感じやすくなる。特に，甲殻類の甘味が強く感じられる。

5)　魚臭の除き方

魚介類の調理では，鮮度低下にともない発生する魚臭を抑え，嗜好性を高める工夫が必要である。

①　洗　う

アミン類は，水に溶けやすい。えらや内臓を除いた魚体を水洗いすることで，魚臭成分を取り除くことができる。また，調理前に冷たいお茶にさらすとお茶に含まれるカテキンにより魚臭が除かれる。

②　霜降りにする

下処理として，熱湯にさっとくぐらせて表面が白くなったら，脂や血，ぬめりなどを水中で取り除くと，魚臭が生じにくくなる。

③　pH の低い食品の利用

アミン類を酸類で中和して魚臭を抑制する。煮魚に梅干しや食酢を加えたり，料理にレモンなどの柑橘果汁をかけたり，下処理で魚類をワインに漬けたりするとよい。

④　香味野菜の利用

しょうがやネギ，シソ，ミョウガなど，香りの強い野菜は魚臭をマスキングする。

⑤　香辛料の利用

ワサビやサンショウ，とうがらし，ガーリック，タイム，フェンネルなどの辛味や香りの強い香辛料は魚臭をマスクキングする。

⑥　調味料の利用

しょうゆ，みそ，清酒，ワインなどの発酵食品の芳香により魚臭をマスキングする。しょうゆ，砂糖，みりん，酒などと加熱したときのアミノ・カルボニル反応による加熱香気にもマスキング効果がある。

⑦　コロイド状食品の利用

みそや牛乳のように脂質やたんぱく質の粒子がコロイド状に分散している食品を用

---

24) そぼろ：魚肉や食肉などをほぐして調味し，パラパラになるまで炒りあげたもの。

いて，粒子に魚臭成分を吸着させることで，魚臭を抑える。

⑧ アルコールを含む食品の利用

清酒やみりん，ワインなど，アルコールを含む食品と加熱すると，アルコールが蒸発する際に魚臭も一緒に揮発しやすくなる。

6) 魚の加熱調理

① 煮 魚

煮汁が沸騰したところに，魚を入れて加熱する。魚肉たんぱく質を短時間で凝固させて，うま味の流出を防ぐ。魚を入れて再度煮汁が沸騰するころにしょうがを加えると魚臭抑制効果がある。くせの強い赤身魚は，みりんや砂糖を加えて味を濃くし，加熱して魚臭を抑制する。あらかじめ沸騰水中で魚を霜降りにしてから煮ると魚臭を抑制できる。下処理として素焼き，揚げ処理をすると，煮崩れが少なく魚臭を抑制できる。魚のコラーゲンは加熱により可溶化しやすく，冷却するとゲル化する。これを利用した調理が寄せ物や煮こごりである。

② 焼き魚

焼き魚は，表面を 160～250℃ の高温で加熱するので焼き色がつき，香気が発生する。つけ焼きや照り焼きでは，アミノ・カルボニル反応による香気が生じやすく，塩焼きより魚臭をマスキングできる。

③ ムニエル

1尾あるいは切り身の魚に小麦粉をつけて少量の油で焼きあげる料理である。小麦粉は，魚の表面を覆い，肉汁の滲出を抑え，カリッとしたテクスチャーを付加する。また，適度な焦げを生じ香気を発生する。焼く前に魚を牛乳に浸漬すると，魚臭を抑えられると同時に焼き色もよくなる。

④ 魚肉だんご

魚肉に 1～2％の食塩を添加してすると粘りのあるすり身となる。食塩によりミオシンやアクチンが溶解して筋原線維構造が崩れ，アクチンとミオシンの一部は**アクトミオシン**となり，相互に絡み合い粘りが生じる。このすり身を加熱すると網目構造のなかに水を抱き込んだ状態で安定化し，魚肉だんご，クネル，つみれ，しんじょなど弾力のあるゲルとなる。すり身にでんぷんを加えると，加熱により魚肉から滲出する水分を吸収してでんぷん粒が膨潤・糊化するので，重量保持率が向上する。でんぷんを添加した魚肉だんごは，かたくなる。

⑤ 潮汁

タイなどくせのない白身魚の身や頭，アラあるいは，貝類などを水から煮出し椀種のうま味を用いた澄まし汁である。塩のみで調味しそのだしのうま味を味わう。昆布も用いるとさらにうま味が引き立つ。頭やアラはあらかじめ，塩をして霜降りにし，よく洗ってから用いると生臭みが出ない。

（2）　イカの調理

　イカは，筒状の胴部を外套膜とよび，胴部と 10 本の腕の間に頭部がある。イカの筋線維のほとんどは体軸と直角にリング状に走る**環状筋**で，外皮と内皮を結ぶ方向にも環状筋を隔てるように放射状筋がある。外皮は 4 層からなり，外側の 2 層には色素細胞があり，手で剥げるのは第 1，2 層までで，第 3，4 層は筋肉に接着しており剥ぎにくい。特に第 4 層目は体軸方向に走る強靭な線維状の結合組織でできていて，加熱すると，体軸方向に表皮を内側に丸まる。この性質を利用して，皮に切れ目を入れてから加熱すると，松かさイカ，鹿の子イカなどの飾り切りができる。外皮のほうが内皮より強く収縮するので，内皮に切り目を入れると模様がはっきりする。両面に格子状の切り目を入れると，丸まるのを防ぐことができる。切れ目はイカ肉を噛み切りやすくし，調味液を絡みやすくする。

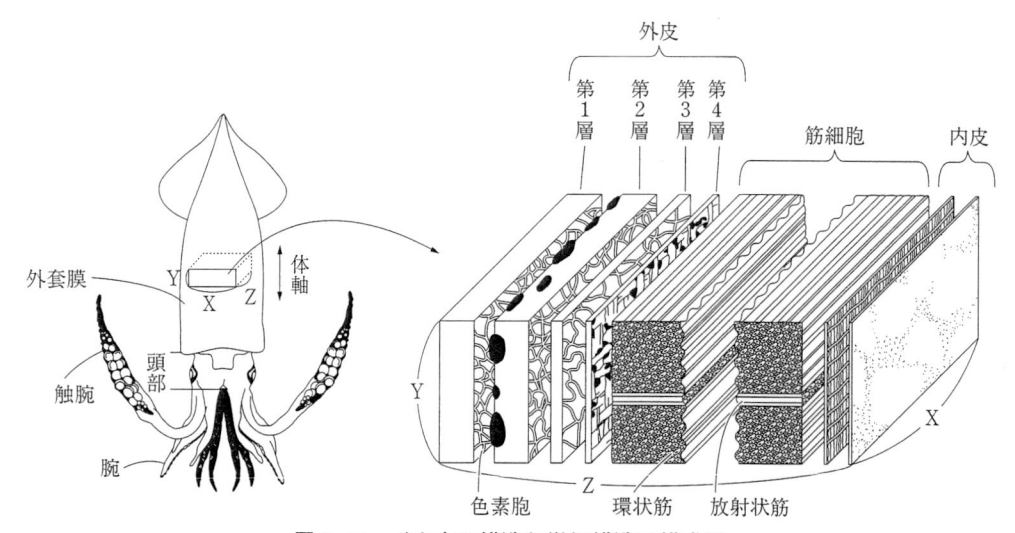

図 6-33　イカ肉の構造と微細構造の模式図

（3）　貝類の調理

　貝類は，貝殻を除いた全体を食べるもの，貝柱を食べるものなどがある。死後は腐敗しやすいので生きているうちに調理する。加熱に際しては，脱水してかたくなりやすいので，水から貝を加熱して，殻が開いたらすぐ火を止めるとかたくなりにくい。冷凍の貝の場合は，沸騰水中で加熱する。一方，アワビの煮貝は調味液中で長時間加熱することで，コラーゲンが分解されやわらかくなった料理である。

2-3 ▌卵類

　卵は鶏卵の他，かも，うずら，あひる，七面鳥，がちょう，鳩などが食用に供されている。特に鶏卵は価格，供給量が安定しており，1970 年以降ほぼ横ばいである。鶏卵はたんぱく質の栄養価を表すアミノ酸価が 100 であり，良質なたんぱく質である。

近年，卵の卵白たんぱく質（オボムコイド）によるアレルギーが乳幼児を中心にみられる。鶏卵は，養鶏場からGPセンター（グレーディング・アンド・パッキングセンター）で洗浄・殺菌を経て流通し，サルモネラ菌の付着率は0.003％（2012年）と少ない。またサルモネラ菌の食中毒の発生件数は1999年の825件をピークに減少し，2018年は18件と報告されている[25]。

(1) 鶏卵の構造と成分

鶏卵の構造を図6-34に示す。卵殻は炭酸カルシウムを主成分とし，多数の気孔があり，空気や水分が出入りしている。産卵直後の卵は，その表面がクチクラで覆われ微生物の侵入を防いでいる。流通段階では，洗浄されクチクラはなくなるが殺菌されている。その内部には繊維状の外卵殻膜，内卵殻膜がある。さらに内部には卵白，卵黄があり，重量構成比はおよそ卵殻11％，卵白57％，卵黄32％である。

卵白は外水様卵白，濃厚卵白，内水様卵白，カラザからなる。新鮮なうちは濃厚卵白が多いが，保存によりこれが水様化してくる。卵白は水分88％で約10％がたんぱく質である。生のときには透明であるが，加熱により白く凝固する。卵白たんぱく質ではオボアルブミンが54％と多く，起泡性に関係するたんぱく質としてオボグロブリンが8〜9％，溶菌性を有するリゾチームが3.4〜3.5％，トリプシンインヒビターとして知られるオボムコイド11％などである。

卵黄はたんぱく質が約16％，たんぱく質は大部分がリポたんぱく質である。卵黄の脂質は33％で，中性脂肪が主成分である。脂肪酸組成はオレイン酸，リノール酸の不飽和脂肪酸が多い。卵黄のたんぱく質には微量であるが，でんぷんを分解するα-アミラーゼが含まれている。そのためにカスタードクリーム，シュー生地，黄身酢などでんぷんが糊化したところに卵黄を加えると，温度によってα-アミラーゼによりでんぷんが分解され粘度が低下することがあるので酵素が失活する温度まで加熱

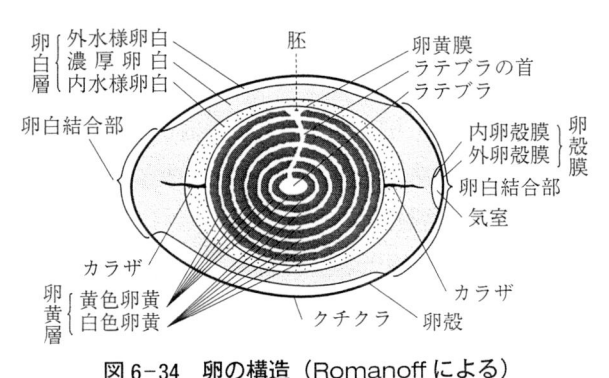

図6-34 卵の構造（Romanoffによる）
資料：山崎清子ら『NEW 調理と理論』同文書院, 2013, p.323

する。また，無機質，ビタミンも豊富に含まれている。

(2)　保存による変化

鶏卵の保存による変化には，水分の減少，濃厚卵白の水様化，卵黄膜の脆弱化，pH の上昇がある。これらの変化は保存温度により異なり，温度が高いと変化が大きいので低温での保存がよい。

1)　気室の増大による比重の低下

卵殻にある気孔から二酸化炭素と水分が放出され，気室に空気がたまり，比重が小さくなる。この変化を利用して 5〜10％の食塩水に入れると卵の比重によって浮き沈みし，鮮度を判別することができる。

2)　濃厚卵白の水様化

卵白は保存によって**濃厚卵白**の水様化が起こる。新鮮卵の濃厚卵白率（全卵白に対する濃厚卵白の重量％）は約 60％であり，夏期室温に 30 日間で濃厚卵白はすべて水様化する。鮮度の判断に国際的に用いられているのが**ハウユニット**（HU）である。これは濃厚卵白の高さと卵の重量から求める。HU72 以上は新鮮で，HU60 以上のものは加熱調理用として使用できる。

$$ハウユニット（HU）＝100 \ \log（H-1.7 \ W^{0.37}＋7.6）$$

H：濃厚卵白の高さ（mm），W：卵の重量（g）

3)　卵黄膜の脆弱化

卵黄は保存により卵黄に水分が移行し，透明感が増す。卵黄膜の上層が剥離し，膜の脆弱化により割卵したときに卵黄が崩壊しやすくなる。カラザの脆弱化と濃厚卵白の水様化により卵黄は中央に保持できなくなる。**卵黄係数**[26] が新鮮卵では 0.44〜0.36 であり，割卵時に卵黄が崩れやすいものは 0.25 と小さい。

4)　卵白の pH の上昇

卵白の pH は二酸化炭素の蒸散によって，新鮮卵では pH7.5〜7.6 から保存により，pH9.5 程度まで上昇する。pH が高いほうがゆで卵の殻がむけやすくなる。

(3)　鶏卵の調理性

鶏卵の調理性は生で流動性があり，加熱すると熱凝固し，卵白には起泡性，卵黄には乳化性がある。卵の各部の調理性と調理例を**表6-15**に示す。

1)　生卵の粘性，流動性，希釈性

生卵は割卵後，ときほぐすと卵白と卵黄はよく混じり合う。濃厚卵白や卵黄の脂質に粘性と流動性があるのでさまざまな液体と混合でき，食材をつなぐ役割を果たす。卵白と卵黄を混ぜ合わせるには，粘度の高い濃厚卵白をほぐしてから混ぜる。ときほぐした生卵は，粘性や流動性があるためフライの衣をつきやすくするために用いられ

26）卵黄係数：卵黄の高さを直径で除した数。

表 6-15　全卵，卵白，卵黄の調理性と調理例

調理性	流動性，粘性	凝固性	希釈性・凝固性		起泡性	乳化性
			静置加熱	撹拌加熱		
全卵	生卵，すき焼きのつけ卵 つなぎ ミルクセーキ	ゆで卵 落とし卵 締め卵 卵焼き かきたま汁	茶わん蒸し カスタードプディング 卵豆腐	オムレツ 芙蓉蟹 厚焼き卵 薄焼き卵 いり卵	スポンジケーキ カステラ パウンドケーキ	アイスクリーム マヨネーズ ケーキ生地
卵白	つなぎ	あくとり ひき肉料理			エンゼルケーキ メレンゲ シャーベット 泡雪羹	
卵黄	カスタードソース			カスタードクリーム 黄身酢	卵黄ケーキ	アイスクリーム マヨネーズ

資料：下村道子・和田淑子編著『新調理学』光生館，2015，p.119 を一部改変

たり，すき焼きの肉や野菜につけて食べたり，とろろや納豆に混ぜたり，牛乳と砂糖で調味してミルクセーキなどに用いられる。さらに，だし汁，牛乳を加えて卵液を希釈し混ぜあわせることができるので，カスタードプディングや茶わん蒸しのように均一でやわらかいゲルをつくることができる。卵白を軽く泡立て器で泡立て，スープに入れると，あく成分をとりこんで一緒に凝固し，澄んだスープをつくることができる。

2）熱凝固性

鶏卵は卵白，卵黄ともに熱により凝固する。卵白と卵黄で凝固開始温度が異なり，卵白は 58～60℃ で凝固が始まり，68～70℃ でゼリー状にやわらかく凝固し，80℃ 以上で完全に凝固する。一方，卵黄は 65℃ で凝固が始まり，70℃ で流動性を失い，75～80℃ で黄白色の粉状に凝固する。このような凝固温度の違いを利用したのが温泉卵で，70℃ で 30 分加熱すると，卵白は半熟状態で卵黄がやわらかく凝固する。卵殻のまま加熱するゆで卵で，中心部分まで熱が到達するのに約 12～13 分を要する。その間の時間設定でさまざまな凝固状態のゆで卵ができる。

①　凝固温度の変化

割卵し，卵白と卵黄を混ぜた卵液の**凝固温度**には卵の濃度（希釈割合），加える塩，糖，加熱速度などが影響する。卵液の濃度が低くなると凝固温度は高くなる。塩や糖の濃度が高くなると凝固温度も高くなる。食塩を加えたときの凝固温度の変化を**表 6-16**に示した。加熱における温度上昇速度を緩やかにすると凝固は低温で生じ，なめらかな状態になる。一方，温度上昇速度を急速にしたり，加熱温度が高すぎると卵液はスポンジ状に穴があくすだちという状態になる。この現象の原因は，熱凝固した卵たんぱく質のなかに包含されている水分が蒸気となり急激に蒸発していくことや，長時間高温に熱せられることにより卵たんぱく質の凝固が進み，スポンジ構造が密になり物

表6-16　食塩添加量による凝固温度の変化（℃）

食塩濃度	卵 白	卵 黄	全 卵
0 ％	60.4	74.0	74.0
0.5	61.2	73.1	74.5
1.0	61.8	75.0	75.2
1.5	63.4	75.6	76.8
2.0	67.7	75.8	77.4
2.5	72.7	76.5	77.7

資料：粟津原宏子「卵白および卵黄の熱凝固について」『調理科学』15(2)，1982，p.117

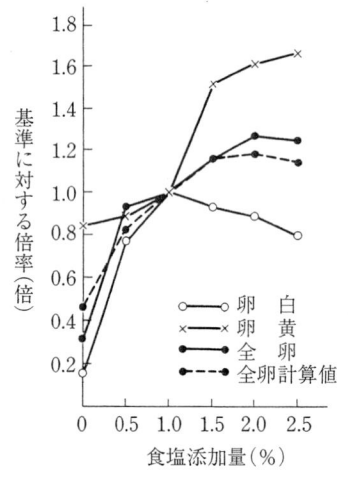

図6-35　食塩添加によるかたさの変化
（食塩添加1.0％を基準とした）
資料：粟津原宏子「卵白および卵黄の熱凝固について」『調理科学』15(2) 1982，p.116

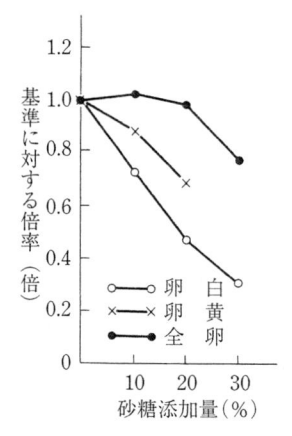

図6-36　砂糖添加量によるゼリー強度の変化
（食塩1％）（砂糖添加0％を基準1.0とした）
資料：粟津原宏子「卵白および卵黄の熱凝固について」『調理科学』15(2) 1982，p.117

理的に水分が押し出されかたくなることである。

②　ゲルのかたさ

　卵液の熱凝固によるゲルのかたさは卵液濃度，添加する塩および糖の濃度，pH，加熱速度，加熱温度などによって影響される。卵液の濃度が低いほどゲルはやわらかくなる。調味料として添加される食塩はゲルをかたくし，砂糖はゲルをやわらかくする（図6-35，36）。砂糖濃度が極端に高くなると，凝固しにくくなる。卵液に加えるだし汁や牛乳にはカルシウムやほかの無機塩が含まれているのでゲルをかたくする。また，砂糖は-OH基が卵たんぱく質と水素結合で結びつき，卵たんぱく質の分子の変形を妨げ，ゲルは凝固しにくくなると考えられる。

3)　起泡性

　卵白は水分約90％のたんぱく質溶液で，この溶液を撹拌すると泡が立つ。これはたんぱく質が撹拌によって変性し，空気を抱き込みながら膜をつくるからである。卵

白，卵黄，全卵ともに**起泡性**はあるが卵白の起泡性が最も大きい。

①　泡立ちやすさ

　泡立ちやすさには，たんぱく質の種類，鮮度，温度，pHなどが関与している。卵白にはおよそ5種類のたんぱく質があるが，オボグロブリンとトランスフェリンはpHに関係なく泡立ちやすい。含量の多いオボアルブミンは等電点付近（pH4.7）で起泡性が高くなる。その性質を利用し，卵白にレモン汁や酒石酸を加えるとpHが等電点に近づき泡立ちやすくなる。卵白の粘度も泡立ちやすさに関係し，卵が古くなり水様卵白が多く粘性が小さいと泡立ちやすいが安定性は劣る。一方，新鮮な卵は濃厚卵白が多く水様卵白が少なく泡立ちにくいので，濃厚卵白を泡立て器でほぐしてから撹拌すると泡立ちやすくなる。卵白の温度も起泡力に影響する（**表6-17**）。また，砂糖，水，脂質は卵白を泡立ちにくくする。

②　卵白泡の安定性

　新鮮な卵白は濃厚卵白が多く，粘度が高く泡立ちにくいが泡の安定性は高い。濃厚卵白の粘性にはたんぱく質のオボムチンやリゾチームが関与している。また，**卵白泡**に砂糖が加わると安定性が増す。砂糖は水と結合しやすく，卵白泡の水分を保持する（**表6-18**）。砂糖の量は多いほど安定性は増すが，卵と同量（100%）以上になるとべたつき扱いにくくなる。このように，砂糖は泡立ちにくくするが安定性は増すので，卵白を泡立てるときには砂糖を加えずに泡立て，角が立つくらいになってから砂糖を

表6-17　卵白温度が起泡力におよぼす影響

種　類　＼　卵白温度℃	10	20	30	40
卵白（全）	100	110	120	130
水様卵白	150	170	200	240
濃厚卵白	84	91	88	94

（中原氏式）内径15mm，長さ15〜16cmの試験管に卵白4.5ccおよび蒸留水1.5ccを取り，30秒間60の割で上下振動を加え，5秒後にそのあわだての高さを測り，10℃におけるあわの高さを100とした数。

資料：山崎清子ら『NEW調理と理論』同文書院，2013，p.329

表6-18　卵白泡の安定性に対する砂糖の影響

卵白重量に対する砂糖量（%）	比　重	メレンゲからの分離液量（%）			
		経過時間（時）			
		0.5	1.0	2.0	3.0
100	0.238	0	0	3.64	9.09
80	0.209	0	0.31	7.27	15.54
54	0.171	1.39	1.46	28.23	29.11

電力撹拌で卵白を1分間撹拌後，砂糖を加え更に2分撹拌したもの。

資料：下村道子・和田淑子編著『新調理学』光生館，2015，p.122

加えると泡立てやすく安定性も増す。卵黄には脂質が多く含まれ，脂質は泡立ちを阻害し安定性も低い。全卵で泡立てる「共立て法」は，卵白と卵黄に分けて泡立てる「別立て法」よりも泡立てに要する時間が長くなる。しかし，全卵液では砂糖を加えて粘度を高くし，温度を40℃くらいに湯せんすると短時間に泡立てることができる。

4)　乳化性

卵黄には約30%の脂質が含まれているが，卵白ともよく混じり合い，卵と水を混合しても脂質が浮き上がることもない。これは卵黄が**水中油滴型**（O/W型）の**エマルション**のためである。乳化剤のはたらきは，卵黄に含まれる低密度リポたんぱく質（LDL）が主体で，低密度リポたんぱく質は脂質を90%含んでいるが水への分散性がよく，レシチン（リン脂質）が乳化剤のはたらきを高めている（本章「3-2▶油膜」参照）。乳化性は卵白にもあるが，その力は卵黄の1/4程度で単独に用いられることは少ない。卵黄の乳化性を利用した食品にマヨネーズがあり，卵黄にサラダ油を加え撹拌することにより油滴を細かくし，エマルションをつくる。卵黄と同じO/W型のエマルションなので分散媒は水相になり，口あたりに油っぽさがない。加えたサラダ油の油滴が集合して大きくなると分離することがある。サラダ油が75%以上では水相の割合が少なく，乳化剤も油滴を包み込めなくなり，安定性は低下する。卵白を加えた全卵マヨネーズもつくられている。

(4)　鶏卵の調理

1)　ゆでる——ゆで卵，落とし卵，締め卵

ゆで卵は，卵を卵殻のまま加熱する。水から入れて加熱し，沸騰してから加熱継続し固ゆで卵になる12〜13分の間にさまざまな凝固状態のゆで卵ができる。沸騰継続が過度になると卵白たんぱく質から硫化水素（H_2S）が発生し，卵黄に含まれる鉄と結合し硫化第一鉄が生成して，卵黄の表面は暗緑色になる。鮮度が低下した卵では硫化水素が多く発生しやすい。加熱後卵を冷水に浸し温度を下げることは，加熱中に中心に向かって移動していた硫化水素を卵殻側に拡散し，硫化第一鉄の生成を防ぐことになる。

産卵直後の卵をゆで卵にすると，卵殻膜が卵白とはがれにくくなることがある。殻のむけやすさには，卵白に含まれる二酸化炭素が関与している。新鮮な卵には二酸化炭素が多く含まれ，加熱により二酸化炭素が膨張し卵殻膜を押していくことにより卵白が卵殻膜の網目構造のなかに入り込んで凝固し，剥離しにくくなる。それが新鮮な卵の殻がむけにくい理由とされている（図6-37）。

落とし卵（ポーチドエッグ）は卵を割卵し，湯のなかにそっと入れて加熱し，卵黄は半熟，卵黄を包む卵白は凝固している状態がよい。卵の鮮度がこの卵白の状態に大きくかかわり，濃厚卵白が多いと卵黄を包み込みやすい。また，湯を0.8%の食塩水にすると，卵白の凝固が促進され，形のよい落とし卵になる。

締め卵は 1% 食塩水が 100℃ の沸騰状態のところにほぐした卵を流し入れ，10〜30 秒間加熱し凝固したら布巾をしいたざるに流し，布巾でしっかりしめて形を整える。

2）　焼く・炒める——目玉焼き，厚焼き卵，オムレツ，スクランブルエッグ

卵を割卵して卵黄の形をくずさず焼くのが目玉焼きである。卵の鮮度と鉄板の温度が目玉焼きの形に関与する。新鮮な卵では卵黄に厚みがあり，また濃厚卵白が多く，こんもりとした目玉焼きができる。短時間で卵黄にも熱が伝わるように鉄板に少量の湯を入れ，蓋をして加熱することで蒸気が充満し，卵の上面からも加熱される。

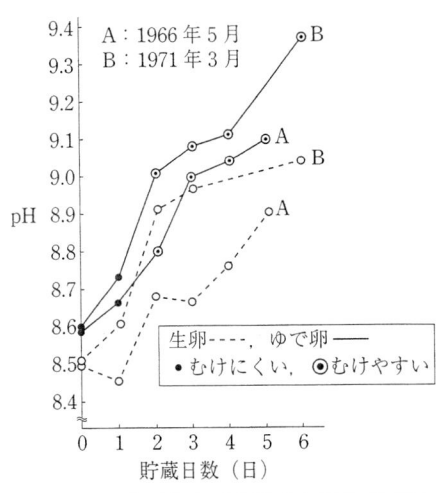

図 6-37　ゆでたまごの殻のむけやすさにかかわる貯蔵日数と pH
資料：吉松藤子ら「新鮮卵のゆで卵の卵殻のむけやすさに関する研究」『家政学雑誌』28(7) 1977, p.472

厚焼き卵，オムレツは全卵液にだし汁や牛乳を加えて焼く。だし汁や牛乳の添加量は卵の約 20〜30% である。卵を濃厚卵白と水様卵白がよく混ざるように強く撹拌すると泡立つことがある。これは卵白のたんぱく質であるオボアルブミンが空気と触れ，変性するために起こる。このような変性が起きると熱凝固しにくくなるので，割卵してからの撹拌はできるだけ少ないほうがよい。また，加熱による凝固速度が速いほうが弾力性のあるふっくらした卵焼きになる。180℃ ぐらいの高温で速く凝固させるとやわらかい。

スクランブルエッグは全卵を撹拌しながら炒めるものであり，鉄板の温度を高温にして卵の凝固温度まで早く到達させ，短時間で加熱したほうがやわらかい。また撹拌速度の違いができあがりの卵の粗さに関係し，速く撹拌すると細かくなる。

和風のいり卵は湯煎で 5〜6 本の箸を用いて加熱すると，細かい粒状のものをつくることができる。

3）　煮る——親子丼，卵とじ

親子丼や青菜の卵とじなどは，煮物の最終段階で溶き卵を加え半熟状態に加熱する。卵を煮汁，材料と一緒に固めることができる。

4）　蒸す——卵豆腐，カスタードプディング，茶わん蒸し

蒸し調理は全卵液をだし汁や牛乳で希釈し，やわらかく凝固させるものである。希釈することにより卵の濃度は 50〜25% となり，凝固温度は卵だけよりも高くなるので，85〜90℃ で蒸す。90℃ 以上の加熱では水分が蒸気となり，**すだち**が生じる。卵液を入れる容器によっても凝固状態が変化し，熱伝導率の高い金属より低い陶器やガラスでは卵液の温度上昇速度が緩やかになり，すだちにくく，良好に凝固する。

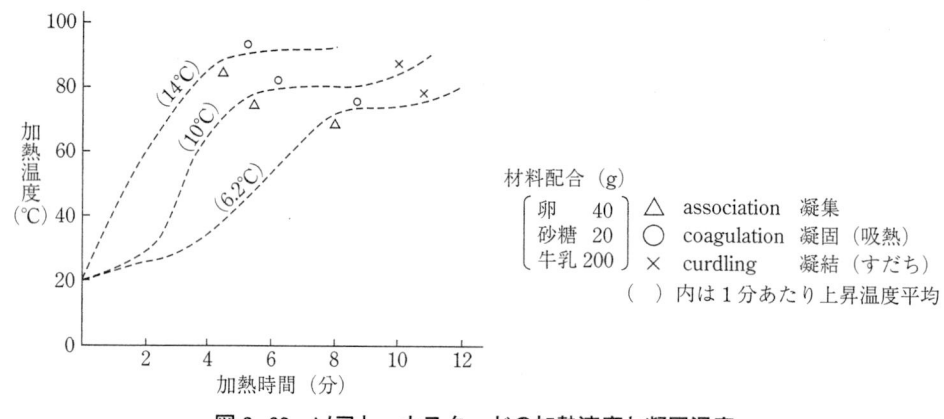

図6-38　ソフト・カスタードの加熱速度と凝固温度
資料：下村道子・和田淑子編著『新調理学』光生館，2015，p.124

ソフト・カスタードは，卵，砂糖，牛乳を混合し，なべで撹拌しながら加熱する調理で，その凝固状態は**図6-38**に示す。温度上昇速度が大きいほど凝固する温度は高く，凝固までの時間は短かい。凝固点では吸熱反応がみられ，この温度ではすだたない。

5）卵白泡を利用した調理

① メレンゲ，あわ雪かん

卵白の泡に砂糖を加えたものが**メレンゲ**で，砂糖を加えると泡は細かくなめらかになり絞り出すことができ，焼いたり，スポンジケーキなどの膨化剤の役割を担っている。あわ雪かんは寒天液にメレンゲを加えて固めるもので，寒天液が熱いうちに混合すると寒天液が凝固するまでに分離を起こす。

② スポンジケーキ，シフォンケーキ，エンゼルケーキ

メレンゲに砂糖と小麦粉などを加えて焼くと種々のケーキができる。これらは卵白の泡に含まれた空気が加熱によって膨化することを利用している。スポンジケーキでは卵白の泡に卵黄を加え，シフォンケーキでは卵黄の割合を少なくし，エンゼルケーキでは卵白のみ用いる。新鮮な卵の卵白の泡で作成したエンゼルケーキの品質がよい理由として，メレンゲのきめの細かさがあげられ，濃厚卵白の粘度の高さもかかわっている。

2-4 ▍乳類

乳類の主要原料は牛乳である。乳類は，飲用乳，粉乳，練乳，クリーム，バター，チーズなどに分類され飲用乳は，生乳，普通牛乳，濃厚乳，低脂肪乳などに分類される。わが国では乳類の大部分が飲用乳として摂取されている。

(1) 牛 乳

1) 成 分

牛乳の成分は, 水分87.4%, たんぱく質3.3%, 脂質3.8%, 炭水化物4.8%, 灰分0.7%である。たんぱく質の約80%は, リンたんぱく質のカゼインである。カゼインがいくつか会合し, 直径20nmのサブミセルを構成している。リン酸カルシウムによる架橋により, サブミセルはさらに凝集し, 直径100~300nmのカゼインミセルを形成している (図6-39)。脂質は, 中性脂肪(98~99%), リン脂質(0.2~1.0%) などである。脂質の大部分は, 直径0.1~17μmの脂肪球として分散している。牛乳は, 水相に分散している**カゼインミセル**や脂肪球に光が当たり乱反射するので白色にみえる。炭水化物のほとんどは乳糖である。たんぱく質や乳糖などのはたらきにより, 牛乳中のカルシウムの吸収率は他の食品よりも高い。市販牛乳は, 搾乳した生乳を均質化と加熱殺菌処理したものである。均質化 (ホモジナイズ) により, 脂肪球が微細になり, クリーム層の分離を防ぎ, 牛乳の品質を一定にする。(**図6-40**)

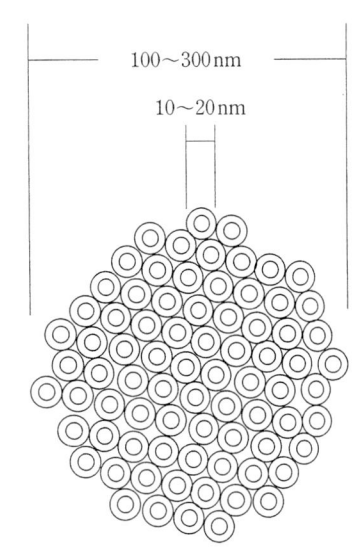

図6-39 カゼインミセルの模式図

均質化した牛乳

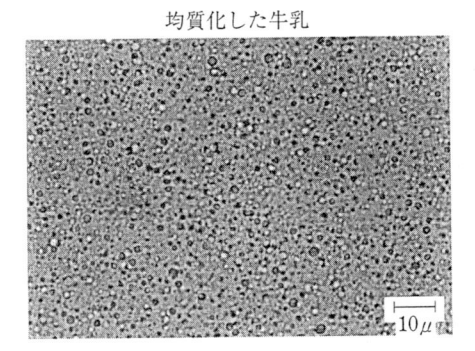

均質化していない牛乳

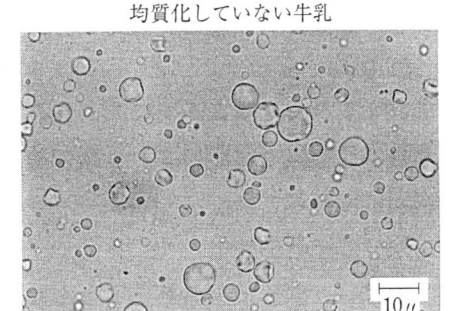

図6-40 牛乳の脂肪球の大きさ (写真：市川朝子氏)

2) 調理性

① なめらかな食感

牛乳中に細かく分散した脂肪球が, ベシャメルソースやホワイトシチューなどの料理になめらかな食感を与える。

② 料理を白くしあげる

ホワイトシチュー, ブラマンジェなど, 牛乳を多量に利用した料理は白くしあがる。

③　泡立ち

牛乳は表面張力が小さいので泡立ちやすい。両親媒性構造であるたんぱく質や脂肪球が，空気と液体の界面に吸着して泡を形成する。これを利用した飲料がカプチーノやカフェラテなどである。牛乳を加熱するとふきこぼれることがある。これは牛乳中の溶存空気が加熱膨張して，一気に多数の泡が生じるからである。かき混ぜながら加熱すれば，ふきこぼれを抑えられる。

④　皮膜形成

牛乳を静かに60℃以上に加熱すると表面に皮膜が生じる。これは液面での成分濃縮にともない，カゼインミセルや脂肪球を取り込んで乳清たんぱく質が凝集するからである。

⑤　焼き色をよくする

牛乳中のたんぱく質や乳糖によるアミノ・カルボニル反応によりホットケーキやクッキーなどに焼き色を付加する。

⑥　魚やレバーの生臭みの除去

脂肪球やカゼインミセルを含むコロイド溶液である牛乳には，におい成分を吸着する作用がある。魚やレバーを加熱前に牛乳に浸しておくと，特有の匂いを除去することができる。

⑦　ゲル形成への影響

卵を牛乳で希釈したカスタードプディングは，牛乳中のカルシウムにより熱凝固が促進される。ゼラチンゲルは牛乳添加によりかたくなる。一方，寒天ゲルでは牛乳添加によりたんぱく質や脂肪の影響でゲルはやわらかくなる。

⑧　酸凝固

イチゴミルクやクラムチャウダーなどで牛乳が凝固することがある。カゼインが野菜，果物の有機酸や貝類のコハク酸で**酸凝固**し，さらにタンニンやカルシウム塩も牛乳の凝固に関与している。

⑨　ジャガイモの硬化

牛乳中でジャガイモを加熱すると水煮に比べてかたく，煮崩れしにくい。ジャガイモのペクチンが牛乳中の Ca^{2+} と結合し可溶化しにくくなるためである。

(2)　クリーム

1)　成分と種類

クリームは，生乳，牛乳などから乳脂肪分以外の成分を除去してつくられ，乳脂肪分18％以上と定められている。ホイップ用クリームには，脂肪含有量35〜50％のものが使用され，コーヒー用クリームには脂肪含有量20％程度のものが使用される。

クリームは，乳脂肪のみのクリームの他に，乳化剤や安定剤を加えたクリーム，乳脂肪と植物性脂肪を組み合わせた混合クリーム，植物性脂肪のみのクリームがある。

2）調理性

①　なめらかな食感

牛乳と同様に，クリーム中に細かく分散した脂肪球が，ソース，スープ，飲料などの料理になめらかな食感を与える。

②　起泡性

クリームを撹拌すると抱き込まれた気泡の表面にたんぱく質が吸着し，さらに脂肪球が凝集して連続的につながり，安定した泡が形成される。泡立てるときは，クリームの温度が5℃程度に保たれるように冷やしながら撹拌する。泡立て温度が高い（15℃）と泡立つまでの時間は短いが，気泡の包含性を示すオーバーランが小さくなる。乳脂肪のみのクリームは，泡立つまでの時間が短く，脂肪が分離しやすいので，泡立てすぎに注意する。一方，植物性脂肪や安定剤添加クリームは，乳脂肪のみのクリームよりオーバーランが高く，エマルションの安定性が高い（**図6-41**）。目的に合わせて使い分けるとよい。

クリームを泡立てすぎると，なめらかな状態がぼそぼそになり，さらに撹拌を続けると脂肪が凝集しバター状に固まり，乳清が分離する。これは過度の撹拌によりクリームの水中油滴型エマルションが油中水滴型エマルションに転相したためである。

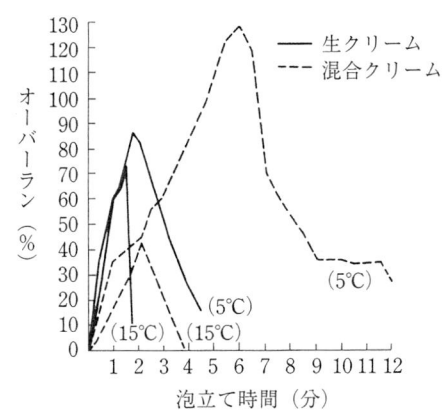

ただし，
生クリーム：乳脂肪　48%
混合クリーム：$\lbrace$乳脂肪　18%
　　　　　　　植物性脂肪　27%

オーバーラン（%）＝Wb－Wa/Wa×100
Wb：ホイップ前の一定容積のクリーム重量
Wa：ホイップ後の同容積のクリーム重量

図6-41　5℃ または 15℃ におけるクリームの起泡性
資料：松本睦子ら「市販クリームの起泡性と起泡クリームの特性」『調理科学』11（3）1978, p.189

（3）　バター

1）　成分と種類

バターは乳脂肪（81.0%）を主成分として，水分（16.3%），食塩（1.9%），たんぱく質（0.6%）などからなっている。**分散媒**である脂肪中に，無脂乳固形分と塩分を含む水滴が分散した油中水滴型エマルションの固体脂である。成分の違いから有塩バター，

食塩不使用バター，原料の違いから発酵バター，甘性バター[27] に分類される。

2）　調理性

バターの融点は 28～35℃ であり，口どけがよく風味豊かな油脂である。いったん溶けたバターは冷却しても元の状態には戻らないので溶かす際は注意を要する。

①　クリーミング性

撹拌により固体脂が空気を抱き込む性質を**クリーミング性**という。バターケーキをつくる際には，バターを充分撹拌して用いる。クリーミング価が高いとバターケーキは膨らみ，軽い口あたりになる。

②　ショートニング性

クッキーやパイなどの小麦粉を用いた焼き菓子などにバターを多く加えると，もろく，砕けやすくなる。これを**ショートネス**といい，このショートネスを付与する性質を**ショートニング性**という。

③　可塑性

外力を加えると変形するが，力を除いたらその形状を維持する性質を**可塑性**という。バターをパンに塗る，折り込みパイ生地の調製，バタークリームを絞り出す，ケーキをデコレーションすることなどは，この性質を利用している。バターは，13～18℃のときに可塑性のある状態となる（図6-42）。

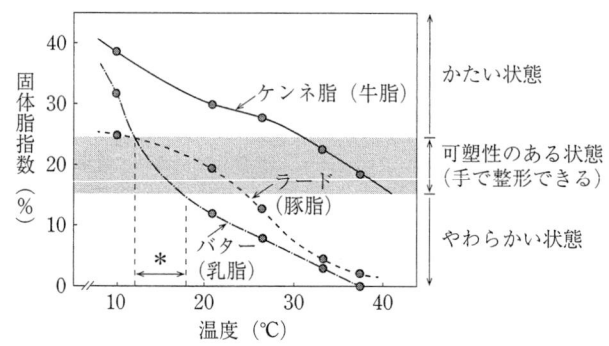

図6-42　バター，ラード，ケンネ脂の固体脂指数（Weiss のデータより）
＊バターが良好な可塑性を示す温度範囲
固体脂指数とは油脂全体に占める固体脂の割合を％で表したもの
資料：河田昌子『お菓子「こつ」の科学』柴田書店，1987，p.155

④　熱媒体

サラダ油と同じように炒め加熱や焼き加熱などで**熱媒体**として用いられる。オムレツ，ムニエルなどの料理にバターの風味が加わり，嗜好性が増す。バターには，たんぱく質や糖質が含まれるため焦げやすいので加熱しすぎないようにする。バターを溶

27）甘性バター：生乳から分離したクリームを原料として，発酵などの処理をしないで製造されるバター。

かして分離した脂質層である**澄ましバター**を用いると焦げにくい。

(4) チーズ

1) 成分と種類

チーズは，乳酸菌やレンネットを用いてカゼインたんぱく質を凝固させ，乳清を除いて加塩，成形後，細菌やカビで熟成させたタイプと，熟成させないタイプがある。非常に種類が多く（**表6-19**），水分や塩分はさまざまであるが，たんぱく質や脂質を多く含む。国内で多く製造されている**プロセスチーズ**は，**ナチュラルチーズ**を数種混合して成形したもので，加熱により，熟成が止まっているので保存性がよい。

表6-19 ナチュラルチーズの種類とその特徴

	硬 さ	水分，塩分量	代表的なもの	熟成方法	調理例，他
ハードタイプ	超硬質	水分約15% 食塩3〜5%	パルメザン（イタリア）	細菌による 2〜3年間熟成	スパゲッティなど調味用
	硬 質	水分40%以下 食塩1.3〜2%	エメンタール（スイス） グルイエール（スイス） エダム（オランダ） ゴーダ（オランダ，フランス） チェダー（イギリス）	細菌による｛ガス孔あり ガス孔なし	フォンデュ用 調味用，プロセスチーズの原料
ソフトタイプ	硬 質 半硬質	水分約50% 食塩1.5〜5%	サムソー（デンマーク） ブリック（アメリカ） ブルー（フランス，アメリカ，カナダ）	細菌による 細菌による カビ	ドレッシング用 オードブル用，塩辛い
	軟 質	水分40〜60% 食塩1〜2%	ブリー（フランス） カマンベール（フランス）	カビ カビ	デザート（ワインと共に） デザート（ワインと共に）
フレッシュタイプ	軟 質	水分50〜80% 食塩 0.8〜1.2%	カッテージ（イギリス，アメリカ） クリーム（デンマーク，アメリカ） モッツァレラ（イタリア）	熟成せず 熟成せず 熟成せず	脂肪が少なく低エネルギー レアクリームケーキ用 ピザ用

資料：大澤はま子「チーズと料理」『調理科学』6(3) 1973，p.136，山崎清子ら『NEW 調理と理論』同文書院，2011，p.407，山内邦男ら『ミルク総合事典』朝倉書店，1992，p.107 より作成

2) 調 理

チーズは，そのまま食べたり，おろしたチーズを料理にかけたりする。熟成による香りとうま味は，料理の風味を豊かにする。加熱すると溶けるチーズは，濃厚なソースなどに用いられ，**チーズフォンデュ**には，エメンタールやグリュイエールが用いられる。ピザには，加熱により溶けるが，冷めても急にかたくならないで糸を引くモッツァレラが用いられる。軟質系のクリームチーズは，ケーキの材料としても用いられる。

3 その他の食品

3-1 ▎でんぷん

　でんぷんは，陸上植物の種実，根，茎，幹などの細胞中に粒状で存在する貯蔵多糖類であり，エネルギー源として重要な成分である。でんぷん素材として市販されている片栗粉，コーンスターチなどは植物に含まれるでんぷんを抽出したものである。

　でんぷんはアミロースとアミロペクチンから構成されている（**図6-43**）。アミロース（本章「1-1▶米」参照）はグルコースが α-1, 4 グルコシド結合した直鎖状のらせん構造で，アミロペクチンは α-1, 4 結合とその一部が α-1, 6 結合で結晶性のクラスター（房状）構造をつくり，分岐したグルコース鎖（グルコース重合度10以上）同士は2本絡み合ってダブルヘリックス構造（二重らせん構造）を形成している[28]（**図6-44**）。分

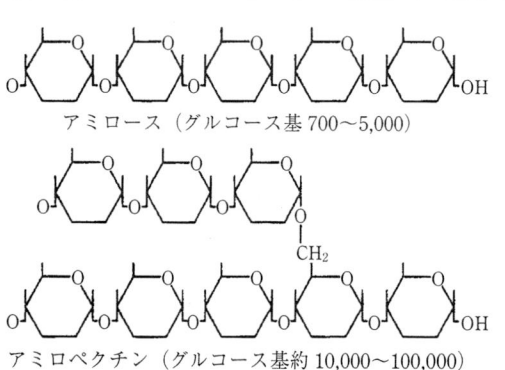

アミロース（グルコース基 700〜5,000）

アミロペクチン（グルコース基約 10,000〜100,000）

図6-43　アミロースとアミロペクチンの構造

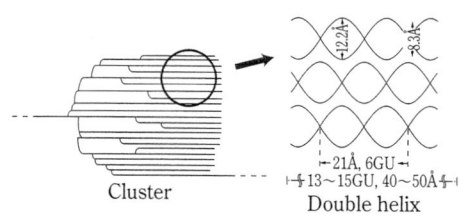

Cluster　　　　Double helix

**図6-44　クラスター構造と
ダブルヘリックス構造**

資料：貝沼圭二「澱粉の微細構造およびマルトヘキサオース生成アミラーゼに関する研究『澱粉科学』24(4), 1977, p.145

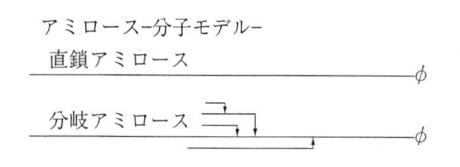

アミロース–分子モデル–
　直鎖アミロース

　分岐アミロース

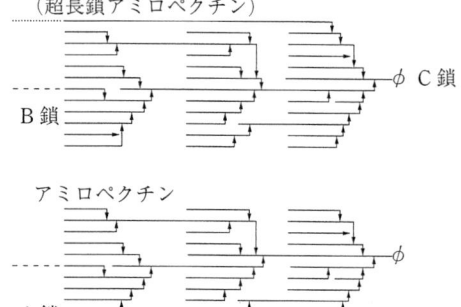

アミロペクチン–分子モデル–
　アミロース様の長い枝をもつアミロペクチン
　（超長鎖アミロペクチン）

B鎖　　　　　　　　　　　　　　φ C鎖

アミロペクチン

A鎖

図6-45　アミロースとアミロペクチンの分子モデル
資料：竹田靖史「澱粉の分子構造と食品のおいしさ」『日本調理科学会誌』40(5), 2007, p.358 に加筆

28) 貝沼圭二「澱粉の微細構造およびマルトヘキサオース生成アミラーゼに関する研究『澱粉科学』24(4), 1977, p.145

析技術が向上し，**分岐アミロース**や，アミロース様の長い分岐鎖をもつ**超長鎖アミロペクチン**もあることが明らかとなった[29]（**図6-45**）。

　一般的なでんぷんのアミロース含量は約15〜27％で，残りがアミロペクチンである。緑豆やソラマメでんぷんのアミロースは35％，ハイアミロースコーンスターチは50〜85％のアミロースを含むが，イネ科植物のもち種はアミロースを含まない。

（1）　でんぷんの種類と特徴

1）　天然でんぷん

　米，小麦，トウモロコシ（コーンスターチ），豆類から抽出した種実でんぷん（地上でんぷん）とジャガイモ（片栗粉），サツマイモ，キャッサバ（タピオカ）から抽出した根茎でんぷん（地下でんぷん），サゴでんぷんのようにサゴヤシの樹幹から抽出したものがある（**表6-20**）。

　カタクリ，ワラビなどの根茎でんぷんの収量は少なく高価なため，市販の片栗粉はジャガイモでんぷん，わらびもち粉はサツマイモの甘藷でんぷんが多く使用されている。原料によりでんぷん粒の大きさ，形が異なるため，それにより粘度上昇開始温度（糊化開始温度），糊化後の粘度，ゲルの透明度などが異なる。

表6-20　でんぷんの種類と特徴

でんぷんの種類			粒形	平均粒径(μm)	アミロース(%)	でんぷん6%		ゲル	
原料	通称					糊化開始温度(℃)	最高粘度(BU)	ゲルの状態(でんぷん7%)	透明度
種実でんぷん	米	米でんぷん	多面形	5	17	67.0	112	もろく，かたい	やや不透明
	小麦	小麦でんぷん(浮き粉)	比較的球形	21	25	76.7	104	もろく，やわらかい	やや不透明
	トウモロコシ	コーンスターチ	多面形	15	28	73.5	260	もろく，かたい	不透明
	緑豆	緑豆でんぷん	卵形	15	34	73.5	900	もろく，非常にかたい	やや不透明
根茎でんぷん	ジャガイモ	馬鈴薯でんぷん，片栗粉	卵形	33	22	63.5	2,200	強い粘着性	透明
	サツマイモ	甘藷でんぷん	球形，だ円形	15	19	68.0	510	強い粘着性	透明
	クズ	くず粉	卵形	30	23	66.2	450	弾力性，かたい	透明
	キャッサバ	タピオカ	球形	20	18	62.8	750	強い粘着性	透明
	カタクリ		卵形	25	18	54.2	980	強い粘着性	透明
幹	サゴヤシ	サゴでんぷん	だ円形	31	26	71.0	135	弾力性，弱い付着性	透明〜不透明

BU：粘度の単位（ブラベンダーユニット）

資料：川端晶子ら『Nブックス調理学』建帛社，2002，p.115を改変

2）　加工でんぷん

　天然でんぷんを化学的，物理的および酵素的処理したものを**加工でんぷん**という。

29）竹田靖史「澱粉の分子構造と食品のおいしさ」『日本調理科学会誌』40(5)，2007，p.358

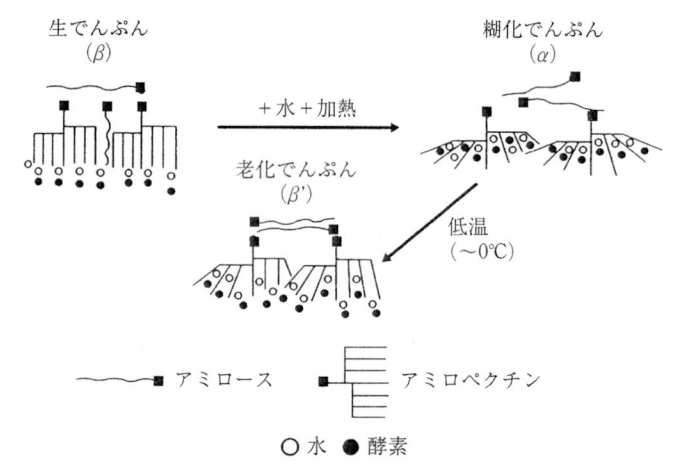

図6-46 でんぷんの糊化と老化

資料：松永暁子ら「澱粉質食品の老化に関する研究（第1報）米飯の老化について」『家政学雑誌』
　　　32(9) 1981，p.655 を一部改変

リン酸架橋でんぷんやヒドロキシプロピルでんぷん，酸化でんぷん，その他，湿熱処
理でんぷんなど数が多い。加工でんぷんにすることで，冷水膨潤，糊化温度の調整，
老化抑制や弾力性の付与などの物性改変や保存安定性などの機能が付与され，食品加
工に利用される。最近は，化学的処理を付与したあと，さらに酵素的処理を二重に行っ
た加工でんぷんも利用されている。

(2) でんぷんの糊化

　天然でんぷんに水を加えると，溶けずに沈殿する。これを撹拌しながら加熱すると，
吸水してでんぷん粒が膨潤し，次第に透明度が増し，粘度が上昇し，糊状（α-でんぷ
ん）になる。この現象を**糊化**（α**化**）という（本章「1-1▶米」参照）。糊化には少なく
とも30％以上の水分と60℃以上の加熱が必要である。でんぷんの分子鎖の間に水が
入り，二重らせん構造が緩み分子鎖が広がるため，糊状になり酵素が働きやすくなる
（**図6-46**）。

　でんぷん粒が最大に膨潤したとき，粘度が最大となる。さらに加熱するとでんぷん
粒は崩壊し，粘度が低下する。これを**ブレークダウン**という。**図6-47**に各種でんぷ
んの**アミログラム**を示した。ジャガイモ，タピオカなどの根茎でんぷんは粘度上昇開
始温度が低く，粘度が急激に上昇して高い最高粘度を示すが，ブレークダウンが著し
い。一方，小麦，トウモロコシなどの種実でんぷんは粘度上昇開始温度が高く，最高
粘度は低くブレークダウンは小さい。根茎でんぷんは種実でんぷんより粒子が大きく，
最高粘度は高く，糊化した糊液の透明度が高い（**図6-48**）。

(3) でんぷんの老化

　糊化したでんぷん糊液を放置すると，白度とかたさが増し，でんぷんの網目構造中
に含まれていた水が押し出され**離漿**（**離水**）する。この現象を**老化**という。糊化によっ

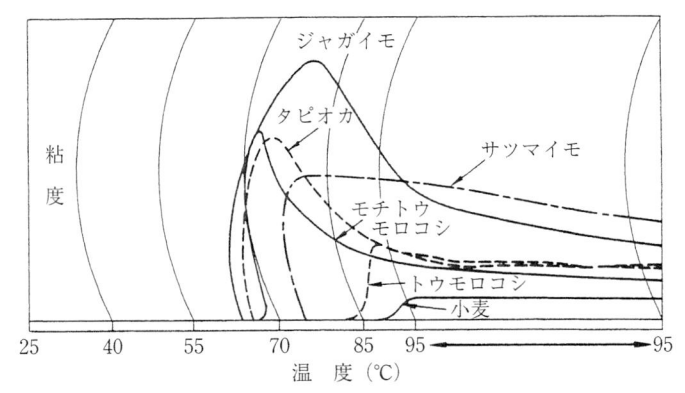

図6-47　各種でんぷんのアミログラム

ジャガイモでんぷんは4%，他は6%，試料により若干変動がある。

資料：中村道徳ら編『澱粉科学ハンドブック』朝倉書店，1977，p.37

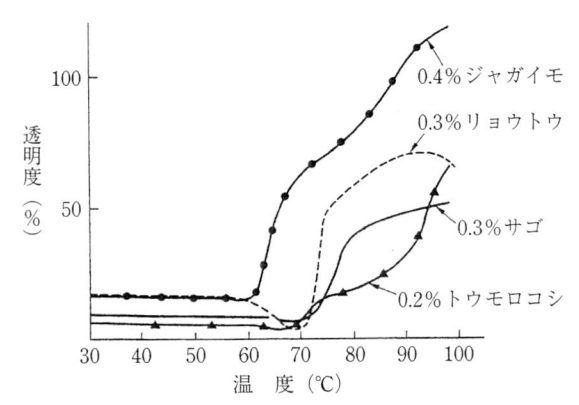

図6-48　でんぷんのフォトペーストグラム

資料：高橋節子ら「澱粉の調理に関する研究（第1報）」『澱粉科学』28(3)，1981，p.155

て広がったグルコース分子鎖が再配列し，部分的にミセルを形成する（β'-でんぷん）。

　老化は水分，温度，糊化の状態に影響される[30]。水分は30～60%で最も老化しやすく（米飯，麺，パン），10～15%以下の乾燥状態（煎餅，クッキー）や，水分が多い状態では老化しにくい。温度は0～5℃付近で最も老化しやすく，60℃以上では老化しにくい（炊飯器の保温温度は70℃）。したがって，でんぷんを主成分とする食品は，冷蔵より，冷凍，乾燥（80℃以上の乾燥）のほうが老化しにくい。また，糊化が不十分なほど老化しやすい。アミロースは，アミロペクチンより老化速度が速い。老化のしやすさはでんぷんの種類によっても異なり，ジャガイモでんぷんの糊液はアミロース含量が少なく離漿がわずかであることから老化しにくく，緑豆やトウモロコシでんぷんはアミロース含量が多く，高い離漿率を示すことから老化しやすい性質をもつ。老化したでんぷん（冷飯，餅）を再加熱すると再糊化する。砂糖は親水性が大きいため，

30）檜作進「炊飯とでんぷんの老化」『澱粉科学』3(4) 1970，pp.225-229

ぎゅうひや蒸しようかんのように砂糖を多く添加すると老化を遅らせることができる。

(4)　でんぷんのその他の性質

1)　デキストリン化

でんぷんを無水状態で120〜220℃に加熱すると分子が切断され，デキストリンを生ずる。ホワイトルウは小麦粉を120℃，ブラウンルウは170℃以上で炒めて，でんぷんをデキストリン化したもので，高温で加熱したほうがソースの粘度が低くなる。

2)　糊液の曳糸性

ジャガイモでんぷん，キャッサバでんぷん（タピオカ），サゴでんぷんなどの糊液は弾力のある糸を曳く性質（曳糸性）がある。でんぷん濃度が高く，加熱温度が高いほど曳糸性が大きい[31]。

(5)　でんぷんのゲル化

高濃度の糊化でんぷん液（8〜20％）を冷却すると，流動性を失いゲル化する。でんぷんの種類・濃度，加熱・冷却の温度・時間，撹拌の程度，添加材料の種類・量・添加時期などによりゲル強度が異なる。一般的に種実でんぷんは不透明で，もろく，かたいゲルを形成し，根茎でんぷんは透明で，強い粘着性（付着性），弾力のあるゲルを形成する。同じ濃度・調製法の場合，ゲルのかたさは，トウモロコシ＞小麦＞米＞ジャガイモ＞キャッサバのでんぷんの順になる。

(6)　でんぷんの調理性

1)　でんぷんの調理性と調理

でんぷんの調理性と調理例，使用量，用いるでんぷんの種類を示す（**表6-21**）。

①　粉のまま使用

でんぷんの結着性，吸湿性を利用して肉だんご，から揚げ，くずたたきなどに使用する。つなぎの役目や表面に膜をつくり，食品成分の流出を防ぎ，やわらかさを保つ。

②　低濃度でんぷん

ジャガイモやくずのでんぷんを汁物やあんかけに用いると，透明感のあるとろみをつけることができる。汁物のとろみには，0.8〜1.5％の水溶きの状態で添加すると口あたりがよく冷めにくく，具の沈殿を防ぐ。あんかけには3〜6％のでんぷんを使用すると，油や具材の分散に役立つ。

③　高濃度でんぷん

8〜20％のでんぷん懸濁液を加熱したのち冷却すると，ゲル化する。ブラマンジェには歯切れがよいトウモロコシでんぷんを7〜8％，くず桜やごま豆腐には弾力と歯ごたえのよいクズでんぷんを15〜20％使う。調理目的に合わせてでんぷんの種類を選択する。

---

31)　平尾和子ら「馬鈴薯澱粉糊液の流動特性」『家政学雑誌』36(1) 1985, pp.10-17

表6-21　でんぷんの調理性

調理性	目　的	調理例	濃度(%)	用いられるでんぷん
吸湿性 結着性 (つなぎ)	水分の吸収 つなぎ，歯ごたえ 粘りつき防止 食品に皮膜	から揚げ，竜田揚げ 肉だんご，かまぼこ，はんぺん 打ち粉 くずたたき		ジャガイモでんぷん トウモロコシでんぷん ジャガイモでんぷん クズ粉，ジャガイモでんぷん
粘稠性	口あたり，保温，具の分散 口あたり，保温，具の分散 材料に調味液をからめる 口あたり 口あたり	薄くず汁，かきたま汁 のっぺい汁 あんかけ・溜菜 くず湯 カスタードソース	1～1.5 2 3～6 5～8 7～9	ジャガイモでんぷん ジャガイモでんぷん ジャガイモでんぷん，クズ粉 クズ粉，ジャガイモでんぷん トウモロコシでんぷん，小麦粉
ゲル化性 (伸展性) (粘弾性)	歯切れ 口あたり，歯ごたえ 舌ざわり，崩こたえ 口あたり，のどごし 口あたり，歯こたえ	ブラマンジェ くず桜の皮 ごま豆腐 くずきり わらびもち	8～12 15～20 15～20 20	トウモロコシでんぷん クズ粉，ジャガイモでんぷん クズ粉 クズ粉，ジャガイモでんぷん サツマイモでんぷん，ワラビ粉
その他 加工食品	歯ごたえ，調味液の浸透 口あたり	はるさめ料理 タピオカ（またはサゴ）パール		サツマイモ・緑豆・ジャガイモ でんぷん キャッサバ(タピオカ)，サゴで んぷん

資料：金谷昭子『食べ物と健康　調理学』医歯薬出版，2004，p.156を一部改変

④　加工食品

　でんぷんを用いた加工食品として，はるさめ，タピオカパールがある。はるさめは，大きくふたつある。緑豆やソラマメのでんぷんを原料としたはるさめは，煮崩れしにくく，こしが強い。サツマイモやジャガイモのでんぷんを原料としたはるさめは，アミロース含量が低いため麺を一度凍結してから乾燥させるが，やわらかく付着性があり，酢の物や和え物にあう。

　タピオカパールは，加熱により透明感のある美しい形状と歯切れのよい独特の食感が得られることから，スープの浮身，プディング，ゼリー，ドリンクに用いられる。ポットを用いて戻すと粒径が大きく，弾力のよいタピオカパールを調製できる[32]。

2)　調味料の影響

①　砂　糖

　10～30%添加では粘度，透明度を増すが，50%以上ではでんぷん粒の膨潤，糊化が抑制されるので，粘度が低下する。しかし，多量の添加はでんぷんの老化を防止する。

②　食　塩

　ジャガイモのでんぷんではでんぷんの粘度は低下するが，小麦でんぷんでは粘度が増す。その他のでんぷんでは，影響が少ない。

---

32) 平尾和子ら『パール状澱粉の調理に関する研究（第1報）タピオカパールの加熱方法について』40(5)，1989，pp.363-371

③ 食 酢

pH3.5以下では酸による加水分解のため粘度が低下する。

④ 油 脂

でんぷんの膨潤，糊化を抑制する。ジャガイモでんぷんへの添加では粘度が高くなり，トウモロコシでんぷんに10〜30％添加するとゲルがかたくなる。

【参考文献】
吉尾信子「でん粉：植物が創り出す─さまざまな「でん粉」の性質」『alic』4月号，2010
平尾和子「サゴでん粉の特性と調理適性」『alic』6月号，2016

3-2 ▌油脂

（1） 油脂の種類と性質

油脂は，グリセリン1分子に脂肪酸3分子がエステル結合したトリアシルグリセロールの混合物であり，動物性，植物性の食品素材から抽出・精製される。単一素材から抽出・精製されたものをそのまま食用油脂として使用するだけでなく，2種類以上の精製油を混合した天ぷら油，サラダ油などの調合油やマーガリン，ショートニングなどの加工油脂の原料となるものもある。

　油脂を構成する脂肪酸の種類とその割合（脂肪酸組成）は原料によって異なる（**表6-22**）。この脂肪酸組成によって，融点や生理機能など油脂の性質が左右される。一般に，大豆油，ナタネ油，コーン油などの植物性油脂や魚油は常温で液体の油（oil），バター，牛脂などの動物性油脂は常温で固体の脂（fat）である。

　脂肪酸の二重結合位の水素の立体構造（シス型，トランス型）も油脂の生理機能に影響する。トランス型の二重結合をもつ脂肪酸（**トランス脂肪酸**）を多く摂取すると，血液中のLDLコレステロールが増え，HDLコレステロールが減少することが報告されており，心臓病のリスクの上昇が危惧される。天然の不飽和脂肪酸はほとんどシス型だが，水素添加した硬化油を原料にして製造されるマーガリン，ショートニングなどの油脂はトランス脂肪酸を含む。

　また，生活習慣病予防に着目したさまざまな油脂が，特定保健用食品として許可されている。たとえば，コレステロールの吸収を抑制することを期待して植物ステロールエステルを配合した油脂や，体に脂肪のつきにくい油脂として中鎖脂肪酸（炭素数8〜10）を多く含む油脂などが市販されている。

（2） 油脂の調理特性

1） 高温の熱媒体

　油脂の比熱は小さく，水の約1/2である。同じ火力で加熱すると，温度は水の2倍速く上昇する。そのため，140〜220℃付近で加熱する炒め物や揚げ物などの高温短時間加熱に適している。逆に，揚げ油に材料を入れたときの温度低下も速いため，温

表6-22　油脂の主要脂肪酸組成

	飽和脂肪酸（%）						不飽和脂肪酸（%）					融　点（℃）	発煙点（℃）	引火点（℃）
	C_{12}以下	C_{14} ミリスチン酸	C_{16} パルミチン酸	C_{18} ステアリン酸	C_{20} アラキジン酸	C_{22}以上	C_{16}以下	$C_{18:1}$ オレイン酸	$C_{18:2}$ リノール酸	$C_{18:3}$ リノレン酸	C_{20}以上			
植物性油脂														
大豆油		0.071	9.9	4.0	0.35	0.5	0.084	22.0	50.0	6.1	0.19	−8〜−10	195〜236	326
なたね油	0.064	0.078	4.0	1.9	0.58	0.44	0.2	58.0	19.0	7.5	1.39	−20〜−24	186〜227	
とうもろこし油			10.0	1.9	0.41	0.3	0.12	28.0	51.0	0.76	0.24	−7〜−10	222〜232	326
ごま油			8.8	5.4	0.61	0.214	0.12	37.0	41.0	0.31	0.16	−3〜−6	172〜184	262
オリーブ油			9.8	2.9	0.42	0.12	0.66	73.0	6.6	0.6	0.28	6〜0	150〜175	321
落花生油		0.044	11.0	3.0	1.4	4.7	0.13	42.0	29.0	0.21	1.32			
サフラワー油 （ハイリノール）		0.11	6.3	2.2	0.3	0.31	0.074	13.0	70.0	0.22	0.36	−20		
調合油	0.032	0.075	6.9	3.0	0.47	0.47	0.14	40.0	34.0	6.8	0.805			
動物性油脂														
牛脂	0.075	2.2	23.0	14.0	0.13		3.3	41.0	3.3	0.17	0.505	43〜48	190	
豚脂	0.217	1.6	23.0	13.0	0.2		2.5	40.0	8.9	0.46	1.13	23〜48	190	215
バター（有塩）	9.96	8.3	22.0	7.6	0.12	0.114	1.99	16.0	1.7	0.28	0.33	28〜38	208	
加工油脂														
ソフトマーガリン	4.401	1.7	11.0	4.8	0.3	0.3	0.132	39.0	12.0	1.2	0.305			

「日本食品標準成分表2015年版（七訂）」より
　　資料：木戸詔子ら編『新食品・栄養科学シリーズ　調理学　第3版』化学同人, 2016, p.115

度管理には留意する。また，加熱温度が高いので，食品表面と内部の温度差が大きくなる傾向にある。食品内の熱伝導が速やかになるように食品の切り方などを工夫する。なお，天ぷら油の場合，320℃付近で引火し，340〜370℃で発火する。油脂の種類や劣化度によって，さらに低温で引火や発火する場合もあるので注意する（表6-22）。

2）融　点

　油は常温から温度を下げると白っぽく凝固し，脂に熱を加えると融解して液状になる。このような液体から固体もしくはその逆の変化が起こる温度を**融点**という（表6-22）。一般に脂肪酸の炭素数が多いほど融点が高く，不飽和度が高い（二重結合の数が多い）ほど融点が低くなる。たとえば，チョコレートは口どけのよさが特徴的だが，これはカカオバターを構成する脂肪酸の融点の幅が狭いことによる。また固体脂は，凝固する際の温度管理の方法によって，分子の並び方（結晶型）に粗密ができ，口あたりに差異を生じる。チョコレートに用いられるカカオバターは，脂肪酸を構成する炭素数の類似性が高いため非常に微細な結晶をつくることができる。そのため，溶かしたチョコレートを適切な温度調整（テンパリング）を経て冷やし固めるとつやがあり口どけのよい滑らかなチョコレートとなる。

3）疎水性

　油脂は，**疎水性**を示すので水とは混ざらない。そのため，食品間や食品と器具の間

に油脂があると，互いの付着を防ぐ。サンドウィッチのパンの内側にバターを塗るのは，具材から出る水分をパンが吸収するのを防ぐためであり，炒め物のときのフライパンやケーキ型に塗る油は，材料と器具の接着を防ぐ目的である。

4）　乳化性

　油脂と水は，乳化剤（界面活性物質）が介在すれば，互いに混ざり合い安定な**エマルション**（乳濁液）をつくることができる（**図6-49**）。代表的な乳化剤に，卵黄中の低密度リポたんぱく質やレシチンがある。マヨネーズでは，この両者の仲立ちによって，酢と卵黄由来の水のなかに油が粒子になって分散した**水中油滴型**（O/W型）エマルションが形成される。油のなかに水が粒子になって分散している油中水滴型（W/O型）エマルションには，バターやマーガリンなどがある。

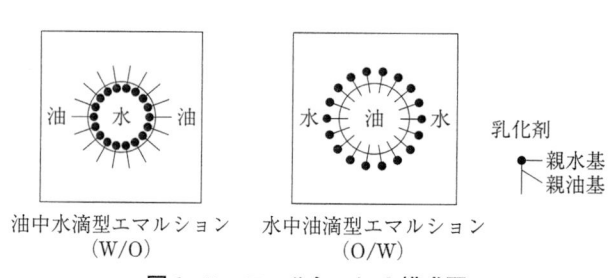

油中水滴型エマルション　　　水中油滴型エマルション
　　　（W/O）　　　　　　　　　　（O/W）

図6-49　エマルションの模式図

5）　可塑性

　固形の油脂は，力を加えると自由に形が変わり，力を除いてもそのままの形を保つことができる。この性質を**可塑性**という。可塑性の有無は，油脂全体に対する固体脂の割合によって決まる。一見，固形の油脂でも液状油と固体脂が混ざった状態にあり，温度が下がれば固体脂の割合が増え，温度が上がれば液状油の割合が高くなる。パンにバターを薄く伸ばして塗れるのも，この性質による。しかし，バターは可塑性を示す温度範囲が比較的狭い（13〜18℃）ので，たとえば，折り込みパイ生地の調製時は，温度管理に注意する必要がある。

6）　クリーミング性

　固形の油脂が，撹拌によって空気を抱き込む性質を**クリーミング性**という。バタークリームでは，細かい気泡が分散することによって，容積が増すだけでなく，軽い口あたりとなる。バターケーキでは，気泡の熱膨張がケーキの膨化に寄与するため，生地調製時にきめ細かい気泡を多く混ぜ込む必要がある。クリーミング性は固体脂の結晶が微細であるほど良好となる。一般に，ショートニング＞マーガリン＞バターの順でクリーミング性が大きい。

7）　ショートニング性

　クッキーやパイなどの菓子では，小麦粉生地に加える油脂量を増やすとサクサクとしたもろく砕けやすい食感（ショートネス）を生む。このような油脂の性質をショー

トニング性とよぶ。これは，小麦粉に含まれるでんぷんやたんぱく質のまわりに油脂が薄膜状に広がることにより，水が内部に浸透しにくくなり，グルテンの網目形成やでんぷんの膨潤が妨げられることによって生じる。

8)　風味・おいしさ

トリアシルグリセロールは無味無臭であるが，抽出時に他の脂溶性成分も溶出するため，特有のにおいを有する油脂がある。加熱によって香気成分が形成され，揚げ物や炒め物に香ばしさが付与される。これらのにおいを活用し，食欲を刺激することができる。また，濃厚でなめらかな食感も付与される。さらに，食品の表面を油脂がコーティングすることによって，水溶性の不味成分などが知覚されにくくなり，食味の改善に寄与しうる。

(3)　油脂の劣化

油脂は，保存や加熱によって変化し，不快臭を生じ，色や味が劣化し，粘性が高くなる。これを**変敗**（酸敗）とよぶ。油脂を構成する不飽和脂肪酸は，空気中の酸素，紫外線，金属などの影響によって**酸化**を受ける。**自動酸化**では，まず，活性メチレン基（ふたつの二重結合に挟まれたメチレン基）から水素が引き抜かれ，それを契機にラジカル連鎖反応が進行し，一次生成物としてヒドロペルオキシド（過酸化物）が生成する。構造が不安定なため，炭化水素やカルボニル化合物，アルコール，脂肪酸といった低分子化合物に分解もしくは重合物を生じる（**図6-50**）。これらの二次生成物の蓄積は，油脂や油脂を含む製品の品質劣化に大きく関与する。

油脂が加熱された場合の熱酸化も現象的には自動酸化と同様であるが，自動酸化より反応が速く，ヒドロペルオキシドの分解速度が速いため，ヒドロペルオキシドが蓄積せず二次生成物や重合物が多く生じる。また，熱分解，熱重合，加水分解などの反応も同時に起こる。その結果，油脂の粘性や泡立ちが増し，着色，不快な加熱油臭を発生する。そのため，必要以上の高温，長時間の加熱は避け，揚げ油を保存する場合は，油かすを除去し，冷暗所に保存するなど取り扱いに注意が必要である。

変敗の著しい油脂は毒性を示すので，使用基準が食品衛生法で定められている（**表6-23**）。

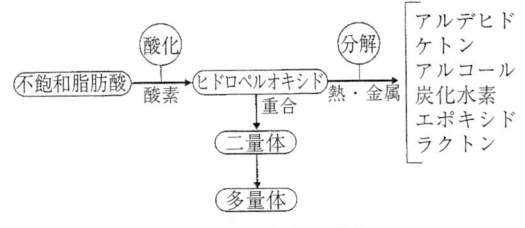

図6-50　油脂の酸化
資料：種村安子ら『イラスト食品学総論』東京教学社，2017，p.48

表6-23　食品衛生法による油脂および油脂加工食品の規格基準

品　目		油脂の規格基準	備　考
即席めん類	成分規格	酸価3以下，または過酸化物価30以下	めんを油で処理したものに限る
	保存基準	直射日光を避けて保存すること	
油脂で処理した菓子（指導要領）	製品の管理	・酸価が3を超え，かつ過酸化物価が30を超えないこと ・酸価が5を超え，または過酸化物価が50を超えないこと	油脂で揚げる，炒める，吹き付けるまたは塗布する等の処理を施した菓子で，粗脂肪が10%以上含むもの
洋生菓子（衛生規範）	製品規格[1]	ア．酸価が3を超えないこと イ．過酸化物価が30を超えないこと	ショートケーキ，パウンドケーキ，シュークリーム等小麦粉，卵，牛乳，乳製品，チョコレート，果実等を主原料としたもので，でき上がり直後の水分が40%以上のもの
	原材料の成分規格	酸価3以下，かつ過酸化物価30以下	
揚げ処理用の油脂（衛生規範）	原材料[1]	ア．酸価が1以下（ただしごま油は除く） イ．過酸化物価10以下	炒め物，空揚，天ぷら，フライ等
	揚げ処理中の油脂	次のア～ウに該当した場合には全て新しい油脂と交換すること ア．発煙点が170℃未満となったもの イ．酸価が2.5を超えたもの ウ．カルボニル価が50を超えたもの	

過酸化物価の単位にはmeq/kg，1）　アおよびイに適合すること（奥山治美・菊川清見編『脂質栄養と脂質過酸化』学会センター関西）

資料：種村安子ら『イラスト食品学総論』東京教学社，2017，p.154

3-3 ┃ ゲル化食品（ゲル形成素材）

　ゲル形成素材には，動物由来の**ゼラチン**，海藻由来の寒天，**カラギーナン**，植物由来の**ペクチン**，微生物由来のジェランガムなどがある。ゲルの種類により，使用濃度，ゲル化条件，透明度，口あたりなどの性状が異なる（**表6-24**）が，これらの多くは，水に分散し加熱溶解すると流動性のあるゾルになり，冷却するとゲル化し凝固する。2種類以上の混合による利用も多い。

（1）ゼラチン

　ゼラチンは，動物の結合組織[33]に含まれる**コラーゲン**を，アルカリまたは酸で前処理後，水とともに熱加水分解して抽出し，濃縮，乾燥したものである。板状，粉状，顆粒状などの形状がある。

33）牛の骨，牛・豚の皮，魚の皮・鱗など。

表6-24　おもなゲル化材料の調理性

ゲル化材料		動物性	植物性			
		ゼラチン	寒　天	カラギーナン	ペクチン	
					HM ペクチン	LM ペクチン
成　分		たんぱく質	糖質（多糖類）		糖質（多糖類）	
		アミノ酸が細長い鎖状に並んだもの	ガラクトースとその誘導体が細長い鎖状に並んだもの		ガラクツロン酸の誘導体が細長い鎖状に並んだもの	
原　料		牛の骨，牛・豚の皮，魚の皮・鱗（コラーゲン）	紅藻類（テングサ，オゴノリなど）	紅藻類（スギノリ，ツノマタ，キリンサイなど）	果実，野菜（柑橘類，リンゴなど）	
抽出方法		アルカリまたは酸処理後　熱水抽出	熱水抽出	熱水抽出	熱水抽出	HM ペクチンをアルカリまたは酸処理
製品の形状		板状，粉状，顆粒状	棒（角）状，糸状，粉状，フレーク状，錠剤型固形	粉状	粉状	
溶解の下準備		水に浸して膨潤させる	水に浸して膨潤させる	砂糖とよく混合しておいてから水に浸して膨潤させる	砂糖とよく混合しておいてから水に浸して膨潤させる	
溶解温度		40～50℃（50～60℃湯煎）	90～100℃	70～80℃	90～100℃	
ゲル化の条件	濃　度	2～4%	0.5～1.5%	0.5～1.5%	0.5～1.5%	
	温　度	要冷蔵（5～10℃）	室温（28～35℃）	室温（37～45℃）	要加熱室温でややかたくなる	室温
	酸の影響	酸にやや弱い（pH4～）	酸にかなり弱い（pH4.5～）	酸にやや強い（pH3.2～）	酸（pH2.7～3.4）と糖（55～70%）の共存	酸にやや強い（pH3.2～6.8）
	その他	たんぱく質分解酵素を含まないこと		κ：K^+，たんぱく質，ローカストビーンガムなどの共存　ι：Ca^{2+}などの共存　λ：ゲル化しない		Ca^{2+}など2価の陽イオンの共存
ゲルの特性	光学的性質	透明なゲル	不透明なゲル	透明なゲル		
	口当たり	やわらかく独特の粘りをもち付着性がある，なめらかで口溶けがよい	かたくて粘りがなくもろい，つるんとした喉ごしをもつ	やわらかくしなやかな粘弾性をもつ	かなり弾力性をもつ	粘りと弾力性をもつ
	保水性	保水性が高い	離漿しやすい	やや離漿する	最適条件から外れると離漿する	
	熱安定性	熱可逆性	熱可逆性	熱可逆性	熱不可逆性	熱可逆性
		夏期に崩れやすい融解温度20～25℃	室温で安定融解温度85℃以上	室温で安定融解温度60～65℃	室温で安定	
	冷凍安定	冷凍できない	冷凍できない	冷凍保存できる	冷凍保存できる	
	消化吸収	消化吸収される	消化されない	消化されない	消化されない	
用途例		多層ゼリー，グミ，ムース，ババロア，アイスクリーム	和菓子（ところてん，水ようかん，淡雪かん，みつ豆），奶豆腐	ゼリー，プリン，ムース，アイスクリーム	ジャム，ゼリー，フルーツソース	低糖度ジャム，ミルクゼリー，ヨーグルトドリンク

資料：渋川祥子，畑井朝子編『ネオエスカ調理学第二版』同文書院，2006，下村道子，和田淑子編『新調理学』光生館，2016，大谷貴美子，松井元子編『栄養科学シリーズ NEXT 食べ物と健康，給食の運営 基礎調理学』講談社，2017，本田佳子編『食べ物と健康Ⅳ 調理学 食品の調理と食事設計』中山書店，2018 より作成

1）成分と利用

主成分はたんぱく質である。アミノ酸組成は，リシン，グリシン，プロリンなどが多いが，必須アミノ酸であるトリプトファンやシスチンが少なく，アミノ酸価は低い。ゲル化性を活かしたゼリーの他，起泡性や安定性を活かしたババロア，アイスクリーム，保水性や増粘性を活かしたハム，ドレッシングなどに広く利用されている。消化吸収がよい。

2）ゾル化（溶解）・ゲル化（凝固）の条件

使用濃度は，ゼリーで2〜3%，マシュマロで4%である。6〜10倍の水に，板状は20〜30分，粉状は水に振り入れ5分ほど浸漬し，吸水・膨潤させる。

溶解温度は40〜50℃なので，50〜60℃の湯煎で溶解する。顆粒状は浸漬せず，60〜70℃の溶液に直接溶解できる。80℃以上で加熱すると，ペプチド結合が分解されてゲル強度が低下するので注意する。氷水か冷蔵庫で5〜10℃に冷却するとゲル化する。**熱可逆性**で，融解温度が20〜25℃のため，口溶けはよいが，夏期など室温に放置すると融けてしまうので注意する。

3）添加物の影響

①　砂　糖

砂糖の親水性で，ゲルの凝固・融解温度，透明度，ゲル強度が高くなる。

②　酸，果汁（果物）

有機酸を含む果汁を加え加熱すると，ゲル強度が低くなる。凝固温度付近まで冷ましてから果汁を加える。**たんぱく質分解酵素（プロテアーゼ）を含む果物（パイナップル[34]など）や果汁を生のまま加えるとゲル強度が低くなるか凝固しないので，加熱し酵素を失活させて使用する。

③　牛　乳

牛乳中の塩類の影響により，ゲル強度が高くなる。

④　気泡クリーム・卵白

ゼラチンゾルより比重が小さい気泡クリームや卵白を混合するババロアは，分離しやすい。両者のとろみを同程度にして混合すると分離を防げる。

4）ゲルの特徴

透明で，やわらかな粘りをもち，なめらかで口溶けがよい。**保水性**が高く，離漿（りしょう）[35]は少ない。また，付着性が強いため，3色ゼリーなどの多層ゼリーに適する。

（2）寒　天

寒天は，テングサ，オゴノリなどの紅藻類に含まれる多糖類を，熱水により抽出し，

34）パイナップルにはブロメライン，キウイフルーツにはアクチニジン，パパイアにはパパイン，イチジクにはフィシンといった，たんぱく質分解酵素（プロテアーゼ）が含まれる。
35）離漿：自由水が分離し放出される現象。

ろ過，冷却・凝固，脱水，乾燥したものである。角（棒）状，糸（細）状，粉状，フレーク状，錠剤型固形などの形状がある。高強度寒天，高融点寒天，易溶性寒天，介護食用に改良された介護食用寒天などもある。

1）　成分と利用

ガラクトースを基本骨格とする多糖類で，**アガロースとアガロペクチン**から成る。アガロースにゲル化能がある。難消化性の食物繊維である。

和菓子の他，奶豆腐（牛乳かん），ヨーグルト，アイスクリームなどに広く利用されている。

2）　ゾル化・ゲル化の条件

使用濃度は，角寒天で 0.5〜1.5% 程度である。角寒天 1 に対して，糸寒天 0.8〜0.9，粉寒天 0.5 倍量を用いると，同程度のゲル強度が得られる。角寒天や糸寒天では細かくちぎってから約 20 倍の水に 30 分〜1 時間，粉寒天では約 10 倍の水に振り入れて 5〜10 分浸漬し，吸水・膨潤させる。目的とする最終濃度より低濃度で加熱して煮詰める。溶解温度は 90〜100℃ であり，沸騰させながら十分に溶解する。

凝固温度は 28〜35℃ のため，室温での放冷でゲル化する。**熱可逆性**で，再び 85℃ 以上に加熱すると融解する。室温では溶けないが，離漿する。

3）　添加物の影響

①　砂　糖

砂糖は，寒天が溶けてから加える。親水性の高い砂糖を最初から加えると，寒天が溶解するための水が不足して溶解しにくくなる。ただし，最初から砂糖を加え長く加熱したほうがゼリー強度は高くなる。砂糖濃度が高いほど，ゲルの凝固・融解温度，透明度，ゲル強度が高くなり，離漿が抑えられる。ただし，砂糖濃度が 60% 以上と高くなると，ゲル強度は低くなる。

②　酸，果汁

有機酸を含む果汁を加え加熱すると，寒天が加水分解されゲル強度が低くなる。果汁は寒天ゾルを 50〜60℃ に冷ましてから加えるとよい。

③　牛　乳

奶豆腐では，牛乳中の脂肪やたんぱく質の影響によりゲル強度は低下するが，凝集性は増加し，離漿が抑えられる。

④　小豆餡，気泡卵白

寒天ゾルと比重が異なる副材料を混合する水ようかん（小豆餡の比重が大きい）やあわ雪かん（気泡卵白の比重が小さい）は分離しやすい。両者のとろみや比重を同程度にして混合すると分離を防げる。寒天ゾルが粘性を増し凝固する前の 40〜45℃ 付近でとろみのある状態で副材料を混合したり，砂糖の量で比重を調整したりする。

⑤　ゲルの特徴

　透明度はゼラチンよりも低い。かたくてもろく歯切れがよい。離漿しやすいため喉ごしがよい。また，付着性が低いので，容器から取り出しやすい。

(3)　カラギーナン

　カラギーナンは，紅藻類（スギノリ，ツノマタ，キリンサイなど）に含まれる多糖類を，熱水により抽出し，濾過，濃縮後，粉状にしたものである。

1)　成分と利用

　ガラクトースとアンヒドロガラクトースを基本骨格とする多糖類である。寒天と似た構造であるが，硫酸基が多い点が異なる。硫酸基の量と結合部位，3,6-アンヒドロ架橋の有無によって性質が異なり，κ（カッパ），ι（イオタ），λ（ラムダ）の3タイプがある。ゲル化するのはκタイプとιタイプで，κタイプのほうが強いゲル化能をもつ。λタイプはゲル化せず，高い粘性を示す。難消化性の食物繊維である。

　市販ゼリーの多くは，カラギーナンを利用している。ゲル化性の他，保水性，安定性，増粘性，乳化性などを活かし，広くさまざまな食品に利用されている。

2)　ゾル化・ゲル化の条件（κタイプとιタイプについて）

　使用濃度は0.5〜1.5％程度である。水への分散性が悪いので，親水性の高い砂糖とよく混ぜ合わせておいてから，水のなかに撹拌しながら加え，5〜10分浸漬し，吸水・膨潤させる。約70℃以上で加熱溶解する。

　凝固温度は37〜45℃のため，室温での放冷でゲル化する。熱可逆性で，融解温度は60〜65℃程度で，室温では溶けない。硫酸基の負電荷により，κタイプは，陽イオン（特にカリウムイオン）や両性電解質であるたんぱく質（牛乳カゼインなど）の共存でゲル化が促進し，かたいゲルとなる。また，**ローカストビーンガムやコンニャクグルコマンナン**との相乗作用により，かたく粘弾性に富むゲルとなり離漿も減少する。ιタイプは，陽イオン（特にカルシウムイオン）の共存で，粘弾性に富むゲルとなる。

3)　添加物の影響

①　砂　糖

　砂糖濃度が高いほど，ゲルの融解温度，透明度，ゲル強度が高くなり，離漿が抑えられる。

②　酸，果汁

　寒天よりは酸に強いが，寒天同様，酸によりカラギーナンが加水分解されゲル強度が低くなるため，果汁はゾルを約50℃に冷ましてから加える。

③　牛　乳

　牛乳中のカリウム，カルシウム，カゼインにより，ゲル強度が高くなる。

4)　ゲルの特徴

　寒天よりも透明度は高く，融解温度も低く，同じ濃度の場合，やわらかくしなやか

で適度な弾力やもろさがあり，ゼラチンと寒天の中間的な口あたりである。離漿は寒天よりも少ない。耐冷凍性があり，冷凍保存できる。

(4)　ペクチン

ペクチンは，野菜や果物の細胞壁や細胞壁間をつなぐ中葉組織に含まれる**ガラクツロン酸**を主体とする複合多糖類である。柑橘類の果皮やリンゴの搾汁粕などから熱水抽出・精製，乾燥後，粉状にしたものである。

1)　成　分

ペクチン質は，プロトペクチン，ペクチニン酸，ペクチン酸に分類され，ゲル化するのは**ペクチニン酸**（狭義のペクチン）である。ペクチニン酸は，ポリガラクツロン酸のカルボキシル基（-COOH）の一部がメチルエステル化されメトキシル基（-OCH$_3$）がついたもので，メトキシル基が7%以上の**高メトキシル**（HM）ペクチンと，それ以下の**低メトキシル**（LM）ペクチンに分けられる。難消化性の食物繊維である。

2)　ゾル化・ゲル化の条件と利用

ペクチンの粉末は水への分散性が悪いので，親水性の高い砂糖とよく混ぜ合わせておいてから，水のなかに撹拌しながら加えて，90～100℃で加熱溶解する。単独ではゲル化せず，ゲル化の条件はHMペクチンとLMペクチンで異なる（前掲，**表6-24**参照）。

①　HMペクチン

酸と糖の共存が必要で，ペクチン濃度0.5～1.5%，pH2.7～3.4，糖（砂糖）濃度55～70%の条件下で加熱するとゲル化する。**熱不可逆性**のゲルである。ジャム，ゼリーなどに利用されている。

②　LMペクチン

カルシウムイオンなど2価の陽イオンの共存により，室温でゲル化する。そのため，乳製品中のカルシウムを利用したミルクゼリーやヨーグルトドリンクなどに利用されている。また，酸と糖を必要としないので，低糖度ジャムにも利用されている。熱可逆性のゲルである。

③　ゲルの特徴

透明感があり，やわらかく，粘稠性がある。

(5)　その他

1)　ジェランガム

微生物（Sphingomonas elodea）が産生する多糖類である。カルシウムなど2価の陽イオンを添加し，約90℃で水に溶解後冷却すると，耐熱性，耐酸性をもつ熱不可逆性のかたい透明なゲルとなる。ゼリーやジャムなどに利用されている。

2)　キサンタンガム

微生物（Xanthomonas campestris）が産生する多糖類である。冷水によく溶解し，高

い粘性を維持する。耐酸性，耐塩性，耐熱性，耐冷凍性がある。増粘安定剤や，嚥下困難者用のとろみ剤などに利用されている。単独ではゲル化しないが，ローカストビーンガムやコンニャクグルコマンナンとの混合によりゲル化する。

3）　ローカストビーンガム

地中海沿岸に生育するマメ科のカロブ樹の種子胚乳部から得られる多糖類で，ガラクトマンナン[36] のひとつである。80℃ 以上で水に溶解し，粘性を示すため，増粘安定剤として利用されている。単独ではゲル化しないが，κ–カラギーナンやキサンタンガムとの混合によりゲル化する。

4）　コンニャクグルコマンナン

サトイモ科のコンニャクイモの球茎から得られる多糖類である。単独ではゲル化しないが，水に膨潤後，アルカリ性化合物を添加し加熱すると，弾力がある熱不可逆性のゲルとなる。これがコンニャクである。また，κ–カラギーナンやキサンタンガム，ガラクトマンナンとの混合によるゲル化も利用されている。

【参考文献】

大谷貴美子ら編『栄養科学シリーズ NEXT 食べ物と健康，給食の運営 基礎調理学』講談社，2017
渋川祥子ら編『ネオエスカ調理学第二版』同文書院，2006
下村道子・和田淑子編『新調理学』光生館，2015
山崎英恵編『食べ物と健康Ⅳ 調理学 食品の調理と食事設計』中山書店，2018
西成勝好ら編『食感創造ハンドブック』サイエンスフォーラム，2005
西成勝好ら編『新食感事典』サイエンスフォーラム，1999
西成勝好『食品ハイドロコロイドの開発と応用』シーエムシー出版，2007
松崎政三ら編『映像で学ぶ調理の基礎とサイエンス』学際企画，2015
宮本武明ら編『天然・生体高分子材料の新展開』シーエムシー出版，1998
山崎清子ら『NEW 調理と理論』同文書院，2011

4 調味料

4-1 ▎甘味料

食品に甘味を付与するために用いられる調味料を甘味料という。甘味は一般に人びとにおいしさと喜びを感じさせるが，これは甘味料が効率的なエネルギー供給物質であることに対する生理的反応であると考えられている。甘味料は大別すると糖質系甘味料と非糖質系甘味料に分類され，糖質系甘味料の代表的なものとして砂糖がある。

[36) ガラクトマンナン：植物性の中性多糖類のことである。代表的なガラクトマンナンには，ローカストビーンガムの他，グアーガム，タラガムなどがある。

（1）　砂　糖

1）　砂糖の分類

砂糖は主にイネ科のサトウキビ（甘蔗^{かんしょ}）とアカザ科のサトウダイコン（甜菜^{てんさい}, ビート）を原料としてつくられる。原料の搾り汁を濃縮固化したものを**含蜜糖**, 搾り汁中のショ糖（スクロース）を結晶化させて糖蜜を除去したものを**分蜜糖**といい, 多くの砂糖類は分蜜糖をさらに精製・加工して製造される。分類を**表6-25**に示す。

日常最も多く用いられているのは, 上白糖である。以降では主に上白糖を想定し, 砂糖の調理性について述べる。

表6-25　砂糖の分類

分　類			呼　　称	ショ糖濃度（%）	特　　徴
含蜜糖			黒砂糖	77-85	沖縄が主産地
分蜜糖	分蜜粗糖		和三盆糖	93-97	四国が主産地
	精製糖	車糖	上白糖	97.8	細かい結晶に転化糖添加
			三温糖	96.4	黄褐色結晶に転化糖添加
		ざらめ糖	グラニュー糖	99.9	高純度の0.2-0.7 mm結晶
			白ざら糖	99.9	無色の大粒（1-3 mm）結晶
			中ざら糖	99.7	表面にカラメル色素着色した大粒結晶
		加工糖	角砂糖	99.9	グラニュー糖を固化
			氷砂糖	99.9	精製糖を大きく結晶化
			粉糖・顆粒糖	98.4-99.9	

2）　砂糖の調理性

①　砂糖の溶解性と比重

砂糖（ショ糖）は分子のなかに水酸基（-OH基）を多くもつため親水性が大きく, 水に溶けやすい。また水温が高いほど溶解する砂糖量が増える。砂糖溶液は濃度が高いほどねっとりとした粘性が強くなり, 比重が大きくなる。砂糖溶液と比重の関係は, たとえば, 水温10℃では水重量の1.9倍量の砂糖が溶解し比重は約1.32（純水を1.0とする）であるのに対し, 水温が60℃に上がると水の2.9倍量溶解し比重が約1.39となる。中国料理の杏仁豆腐は, 砂糖濃度20～30%の冷したシロップを入れて砂糖濃度10%以下の寒天ゼリーを浮き上がらせる比重の差を利用した料理である。

②　加熱による状態変化と調理

砂糖溶液の加熱による状態変化を**表6-26**に示す。砂糖溶液は, 砂糖濃度の増加にともない沸騰温度が上昇する。たとえば, シロップ, ホットケーキやみつ豆のみつは, 砂糖濃度50%程度の水溶液を103℃まで加熱すると得られる。0℃における砂糖の飽和濃度が64%なので, シロップ液は冷却しても結晶化しない。高濃度の砂糖溶液は高温で加熱すると溶解するが, 液温が下がると溶けきれなくなった砂糖が結晶になっ

表6-26　砂糖溶液の加熱による状態変化 (橋本ら, 1988)

温度℃	加熱中	水中 (15℃)	調理
103〜105	細かい泡 消えやすい大きな泡	散る	シロップ, 寄せ物のかけ汁, 飲料の甘味
106〜110	一面に泡 やや消えにくい泡	ゆるやかに散る やわらかい球	フォンダン
115〜120	粘りのある泡 消えにくい泡	ややかたいが押すと つぶれる球	砂糖衣, キャラメル
140〜165	消えにくい大きな泡 温度上昇で色づき	糸を引く かたいが落とすと割 れやすい球	140〜145℃：銀糸 160〜165℃：金糸, あめ細工, かるめ焼き
170〜180	黄褐色〜褐色 カラメル臭	円板状に固まる	カラメル, コンソメやソースの着色風味づけ

資料：橋本慶子ら編『調理科学講座6　食成分素材・調味料』朝倉書店, 1993, p.141を一部改変

て析出してくる。このような砂糖の結晶化を利用した加熱調理が, **フォンダン** (106〜110℃) や**砂糖衣** (115〜120℃) である。

　フォンダンは濃厚な砂糖溶液を107℃まで加熱し, 約40℃まで冷却して撹拌し, 過飽和のショ糖を結晶化させて白く滑らかなクリーム状にしたものである。同様に115℃程度まで加熱し濃厚砂糖溶液にピーナッツなどを加えて手早く撹拌すると, 急激な温度低下にともない過飽和状態のショ糖が粗く白く結晶化した砂糖衣となり, カリッとした食感を有する。

　砂糖溶液を140〜160℃まで加熱すると, 砂糖 (ショ糖) の一部が分解しブドウ糖と果糖になる。このような状態を**転化糖**といい, 粘りの強い飴状となり80〜100℃まで温度低下すると糸を引くようになるので, 中国料理の抜糸や西洋料理の飴掛け(パースー)に使われる。150℃以上で黄色に色づいた状態の砂糖液を型に流し固めたものが, べっこう飴である。この温度帯まで結晶が出ないように加熱するために, 実際には食酢やレモン汁を10％程度加えて加熱し転化状態にすることが多い。液温が170℃以上になると黄褐色から褐色に色づき, 特有の苦みとカラメル臭が特徴の**カラメル**が形成される。この状態を利用した調理加工としては, カスタードプディングのカラメルソースや, しょうゆやソース類における着色・風味づけの添加剤などがあげられる。

3)　調理に用いる砂糖の効果

　砂糖を調理に用いる目的は, 調味料として甘味を付与する以外に, 以下のような効果が期待される。

①　でんぷんの老化抑制

　生でんぷんに水と熱を加えると糊化でんぷんになるが, 室温や冷蔵庫内に放置するとその会合状態が一部変化し, 水和性を失った老化でんぷんとなる (本章「3-1▶でんぷん」参照)。調理時に多量の砂糖を加えると, 砂糖の親水性により水分を含んだ糊

化でんぷんの状態を長く保持でき，老化を防止できるため，蒸しようかんやぎゅうひ，カステラなどがかたくなりにくい。

② 防腐作用

砂糖濃度が高くなるほど自由水が減少して水分活性が低下し，微生物が生育するのに必要な水分が不足するため，保存性が高まる。果物の砂糖漬けなどがこの例である。

③ ゼリーの形成

ジャム，マーマレードの材料として，ペクチン含有量の多い柑橘類などが用いられるが，ゲル化には，適度な糖量（糖度55％以上）と酸度（pH3程度）が必要である。このとき砂糖が自由水を奪い，ペクチン分子間の網目構造を強固にする。同様に寒天やゼラチンを用いてゼリーをつくる際，砂糖の添加量が多いほどゼリー強度が増し，透明度が高くなる。

④ たんぱく質の熱凝固抑制

卵の調理に砂糖を加えると，砂糖はたんぱく質の保護コロイドとなって熱凝固を阻害する。たとえば，カスタードプディングをつくる際に卵と牛乳の希釈液に加える砂糖は，ゲル化を遅らせすだちをできにくくする。

⑤ 気泡の安定性

卵白を泡立ててメレンゲをつくる際に砂糖を加えると，気泡まわりの水分を砂糖が取り込み卵白泡の乾燥を防ぎ，消泡が抑制されて泡の安定性が向上する。一般にメレンゲの調製には卵白を起泡させてから砂糖を加えるが，これは起泡前に加えると粘性が高くなり泡立ちにくくなるからである。

⑥ 褐色物質の生成（アミノ・カルボニル反応）

アミノ基とカルボニル基が共存すると，アミノ・カルボニル反応が起こり，褐色物質（メラノイジン）を生成する。調理例では，ケーキやパンなどを焼いたときや，ドーナッツなどの揚げ加熱中の茶褐色の着色が該当する。これらの焦げ色と同時に生じる香ばしい香りは，食品の嗜好性の向上に大きく寄与している。

(2) 砂糖以外の甘味料

砂糖以外の甘味料の主なものを表6-27にまとめた。単糖はブドウ糖（グルコース），果糖（フラクトース），**異性化糖**[37] がある。また，糖アルコールの**エリスリトール**，**キシリトール**や糖誘導体の**カップリングシュガー**（グリコシルスクロース），**フラクトオリゴ糖**も利用されている。

二糖類以外のオリゴ糖や糖アルコールは消化管で分解・吸収されにくく，一部のみが大腸内細菌により分解されて吸収されるためショ糖などに比べ，低エネルギーのものが多い。砂糖はエネルギー源となるだけではなく，むし歯を誘発しやすいため，低

37）異性化糖：ブドウ糖に異性化酵素を作用させて一部を果糖に異性化したもの。

表6-27　甘味料の種類と特徴

種　類	名　称	甘味度	甘味特性	エネルギー (kcal/g)	特性・機能性
糖　質	砂糖（ショ糖）	1.0	—	4	
	ブドウ糖	0.6〜0.7	穏やかな甘味	4	清涼飲料などに適
	果　糖	1.3〜1.7	低温で甘味増す	4	甘味度強く，低コスト
	異性化糖	1.0〜1.1	低温で甘味増す	4	液状。清涼飲料や冷菓に適。
糖アルコール	エリスリトール	0.8	清涼感，後味の切れ	0	低う蝕性，低エネルギー，血糖上昇抑制，緩下作用
	キシリトール	0.7	清涼感，後味の切れ	3	
糖誘導体	カップリングシュガー	0.5〜0.6	穏やかな甘味	4	結晶析出しにくい。高糖度の菓子類に適。
	フラクトオリゴ糖	0.6	砂糖類似	2	低う蝕性，整腸作用，ミネラル吸収促進
非糖質天然甘味料	ステビオシド	200〜270	後味が長い	—	低う蝕性，低エネルギー
	グリチルリチン	250	立ち上がりが遅く後に引く	—	
アミノ酸系甘味料	アスパルテーム	200	砂糖類似	—	
その他の甘味料	アセスルファムカリウム	200	スッキリして後引きが少ない	—	

資料：安原安代ら編『調理学　健康・栄誉・調理』アイ・ケイコーポレーション，2009, p.128 より作成

エネルギーあるいは低う蝕性の甘味料が利用されることが増えている。また，オリゴ糖はビフィズス菌などの腸内有用菌の増殖効果を有するため，整腸作用がある。高甘味度甘味料には天然の配糖体であるステビオシドやグリチルリチンなどに加え，アミノ酸系のアスパルテームやその他の構造を有するアセスルファムカリウムなどがある。

4-2 ▌塩味料

　塩味（塩からい味）は，主として食塩（塩化ナトリウム，NaCl）の呈する味で，調理の味つけの基本となっている。また，生理的にも重要な意義があり，ナトリウムが細胞外液の浸透圧の維持などに重要な役割を果たしている。しかし，生理的必要量に対してわれわれが摂取している食塩量は過剰であり，血圧上昇や胃がんなどの促進因子と考えられている。そこで，日本人の食事摂取基準（2020年版）による1日あたりの摂取量目安は，成人男性7.5g未満，成人女性6.5g未満と以前よりさらに低く設定されている。食塩以外の日本伝統の塩味料であるしょうゆ，みそも食塩の塩味を利用している。

(1)　食　塩

1)　塩の種類

　国内でつくられている塩は主に海塩であり，岩塩，湖塩は海外から輸入されている。国産の塩は，主にイオン交換膜法により製造されているが，塩化カルシウムや塩化マグネシウムなどのにがり成分を含む天日塩もある。**食塩**の種類は食卓塩[38]，精製塩[39]，食塩[40]，漬物塩[41]，その他低塩用として塩化ナトリウムの代わりに塩化カリウムを多く含む塩などもある。ここでは一般的な食塩について述べる。

2)　食塩の調理性

　おいしいと感じる塩味の塩分濃度は，人間の体液とほぼ等しい 0.8～0.9％である。ほとんどの料理の塩味はこの濃度を中心に整える必要があり，特に汁物の塩味濃度はこの濃度が好まれる。昆布とかつおぶしの混合だしや煮干しだしでは 0.1～0.2％，風味調味料では 0.3％の食塩がだし中に含まれるので，加える塩やしょうゆなどの量を控える必要がある。調味による他の味との相互作用については，単独に用いた塩味よりも酸味が加わると塩味がまろやかになる味の**抑制効果**が期待できる（第 4 章 1 節，第 5 章 3 節参照）。たとえば，和え物の調味酢や，魚の塩焼きにレモンやユズなどの搾り汁をかける場合がその例である。また，だし汁に塩味をつけるとうま味が引き立つ現象や，和菓子の餡やしるこなどの砂糖を多く使った調理に少量の塩を加えると，甘味がより強く感じられる現象は，味の**対比効果**の例である。その他，次に示すような調理性がある。

①　防腐作用

　細菌は 5％以上の食塩濃度で生育が阻害され，15～20％の食塩濃度で繁殖できない。このように調理における高濃度の食塩の使用は結合水を増して，水分活性を低下させ微生物が生育するのを阻害する防腐作用があり，保存性が向上する。

②　浸透圧による脱水作用

　水分が多い野菜類に食塩を加えてつくる漬物は，野菜の等張圧である 0.85％以上の食塩水が存在することにより，細胞内の水分が半透性の細胞膜を通って細胞外液に引き出されて**脱水**し，さらに細胞膜の半透性が失われて調味成分が細胞内液に浸透し，味の濃縮と軟化したテクスチャーを生じさせたものである。

　また魚肉の**塩じめ**操作は，食塩による**浸透圧**で魚肉から水分を滲出させる調理操作であり，水とともに魚の生臭みを取り，味の濃縮と魚肉をかたくしめることができる。同様に，白身魚を昆布で挟み重石をしてつくる昆布じめは，水分を昆布に吸収させ，

---

38)　食卓塩：塩化ナトリウム 99％以上，食卓用に粒度大。
39)　精製塩：塩化ナトリウム 99.5％以上，吸湿防止剤として炭酸マグネシウム添加，家庭調味用。
40)　食塩：塩化ナトリウム 99％以上，料理・調味用。
41)　漬物塩：塩化ナトリウム 95％以上，リンゴ酸など有機酸とにがり成分添加，粒度大，漬物，焼き魚用。

昆布の塩味とうま味を魚肉に移す日本料理の調理法である。

③　たんぱく質への作用

食肉・魚肉・卵などのたんぱく質性食品に対し，食塩を加えると次のような効果が期待できる。

ⅰ）　熱凝固の促進

日本料理の茶わん蒸しは，卵をだし汁で3～4倍に薄めた卵液を加熱し凝固（ゲル化）させてつくる。卵液に加える食塩やだし汁中に含まれる塩類が，熱凝固を促進させ，ゲルをかたくする。

ⅱ）　肉の弾力性と保水性の向上

ハンバーグや魚すり身だんごなどの調理では，ひき肉や魚肉すり身に食塩を加えてこねると，筋原線維たんぱく質のアクチンとミオシンが結合してアクトミオシンを形成する。そのため，肉の粘性が向上し，加熱調理後の保水性が増し，歯ごたえとジューシーさを保ったしあがりとなる。

ⅲ）　グルテンの形成促進

うどんなどをつくる際に食塩を加えた小麦粉ドウでは，よくこねるほどたんぱく質グリアジンの粘性が強まり，グルテニンとの網状構造を緻密で強靭<ruby>強<rt>きょう</rt></ruby><ruby>靭<rt>じん</rt></ruby>にし，粘弾性の強いグルテンが形成される。

④　酵素的褐変の抑制

野菜や果物に多く分布しているポリフェノール類は，調理における切る，擦るなどの操作で空気にふれ，酸化酵素によって酸化され，褐変する。これを防止するには，通常水につけ，水溶性のポリフェノールと酵素を水中に溶出させ，また酸素との接触も少なくする。その際，水に食塩を加えると食塩が酵素活性を抑制するので褐変防止にさらに効果がある。

⑤　その他

魚介類などに塩をつけて洗うと，粘質物を凝固させてぬめりをとることができる。野菜類の板ずりや塩もみでは食塩の結晶構造を活用し，表面に傷をつけてしなやかにし，色よくしあげる効果がある。

（2）　しょうゆ

1）　特　性

しょうゆは大豆，小麦，食塩を原料として発酵熟成させてつくられるが，原料である大豆や小麦のたんぱく質や脂質，でんぷんが醸造中に微生物により分解されるため，複雑な風味とうま味をもつ。具体的にはグルタミン酸などのうま味成分，3～5％のグルコースなどの糖分，約2％の乳酸などの有機酸と塩分が含まれる。食塩濃度は薄口しょうゆで16.0％，濃口しょうゆで14.5％程度である。

2)　調理性

①　調味性

しょうゆがもつ呈味成分の影響で，食塩のみでの味つけよりも複雑な調味ができる。淡白な味や香りの野菜類の調味や色を薄くしあげたい吸い物などには薄口しょうゆが，濃厚な味やくさみをもつ材料には濃口しょうゆが適する。

また，塩ざけのように塩味が強くうま味を感じにくいものに少量かけると，うま味を強く感じることがあるが，これはしょうゆの酸味が塩味をやわらげるためである。

②　アミノ・カルボニル反応

しょうゆのアミノ酸は，みりんや砂糖などとともに加熱すると**アミノ・カルボニル反応**を起こして褐色物質を生成し，焦げ色と香ばしい香りを生成する。しょうゆせんべいや照り焼きはこの代表的なものである。

3)　その他

しょうゆは，魚や獣肉のくさみを抑制する。高濃度で用いた場合は，腐敗防止や殺菌効果などもある。しょうゆのpHは，発酵生成物である有機酸の影響で約4.6〜4.8の酸性であるため，緑黄色野菜に加えて加熱すると緑色が褐色に変化する（本章「1-6▶野菜・山菜・果実類」参照）。

(3)　み　そ

1)　みその特性

みそは蒸した大豆を細くつぶし，米，大麦あるいは大豆でつくった麹と食塩を混合し，発酵分解させた調味料である。地域により主材料となる麹の種類，大豆との配合比や塩分量，発酵期間などが異なるため色調も異なり，米みそ（甘みそ，辛みそ），麦みそ，豆みそ・八丁みそなどに分類される（**表6-28**）。

表6-28　味噌の種類

麹原料	味・色		塩分（%）	主な銘柄あるいは産地	麹歩合＊	醸造期間
米	甘	白	5-7	白味噌，西京味噌	15-30	5-20日
		赤	5-7	讃岐味噌，江戸甘味噌	15-20	5-20日
	甘口	淡色	7-11	相白味噌（静岡）	8-15	5-20日
		赤	10-12	中甘味噌，御膳味噌（徳島）	10-15	3-6月
	辛	淡色	11-13	信州味噌	5-10	2-6月
		赤色	12-13	仙台味噌，加賀味噌，北海道味噌	5-10	3-12月
麦	淡色系		9-11	九州，四国，中国	15-25	1-3月
	赤系		11-12	九州，埼玉，栃木	10-15	3-12月
豆	辛	赤	10-11	八丁味噌，三州味噌，	―	6-12月

＊：原料大豆に対する麹重量割合。大豆と等量なら麹歩合10。

資料：日本フードスペシャリスト協会編，青柳康夫ら『三訂食品の官能評価・鑑別演習』建帛社，2014を改変

2）　みその調理性

①　調味性

みそは塩分濃度が 10％程度のものが多いことから，食塩の約 10 倍量を用いる。みそは加熱すると新しい香気成分が生成して風味が向上することもあるが，加熱時間が長くなると香味が低下する。また，みそは食品に浸透しにくいので，みそを表面にからませたり，和えたりして用いるのに適している。

②　分散性

みそはよくすりつぶすと，粒度の細かいコロイド溶液となり分散性が増し，口あたりが向上する。分散性はみその種類や製法によって異なるが，八丁みそや仙台みそは分散性がよい。

③　消臭効果

みそは魚や獣肉の好ましくない臭気を消去したり，食材のくせの強いにおいを適度にやわらげたりする。これはみそ自体の香気によるマスキング効果とコロイド粒子が吸着作用をもつためであると考えられる。

4-3 ▎酸味料

調理で用いられる**酸味料**とは，酢酸を中心とした有機酸が解離して生じた水素イオン（H^+）によって酸味を感じさせる調味料のことである。主に用いられるのは醸造酢とレモン，ユズ，スダチ，カボスなど柑橘類の搾り汁である。醸造酢は，原料の違いにより大きく穀物酢と果実酢に分けられる（**表 6-29**）。

米酢などの穀物酢は，酢酸発酵させてつくられる酢酸を 4％以上含有し pH は 2.7 程度である。果実酢はリンゴやブドウなど果実を主原料としてつくられている。原料に由来するコハク酸，リンゴ酸，クエン酸などの有機酸の量や割合で，酸味の質や香りが異なる。発酵で生じたアミノ酸，糖，エステル類も微量含有し，呈味に寄与している。緩衝能が強く，ある程度薄めても pH の変化は少ない。酸味料単独ではなく，他の呈味調味料と併用することで深みのある味をつくる。

たとえば，酸味と塩味では相互に味の**抑制効果**で丸みのある味となり，酸味と甘味では酸味はおだやかになる。この調理例としては日本料理における二杯酢や三杯酢，中国料理の酢豚用の調味酢などがある。酸味以外に以下に述べる調理性がある。

表 6-29　醸造酢の種類と特徴

種　　類		酢酸濃度（％）	主原料	主な用途
穀物酢	米酢	4.5-4.6	米	すし酢
	穀物酢	4.2-4.6	小麦・酒粕・トウモロコシなど	一般料理全般
果実酢	リンゴ酢	4.7-5.0	リンゴ	ドレッシング・西洋料理
	ワインビネガー	5.0-5.3	ブドウ	

(1) たんぱく質の変性

　魚肉や卵などたんぱく質の多い食品では,食酢の添加でたんぱく質が白く変性する。落とし卵（ポーチドエッグ）をつくる際にゆで水に食酢を少量添加すると,卵白アルブミンの熱凝固を促進し卵白の分散を防ぎ丸く固まりやすくなる。同様に,ゆで卵をゆでる際,卵の殻が割れても卵白が広がり出るのを抑制する効果がある。

(2) テクスチャーの変化

　肉を酢に漬けるとやわらかくなる作用を利用したものに,マリネがある。また,イワシの煮物では魚臭を減らして骨を軟化させ,カルシウムの吸収効率が向上する。昆布のつくだ煮をつくる際に少量の食酢を加えると軟化が促進される。

　一方,ペクチンの多いレンコンの酢煮やジャガイモの梨もどきのように,食酢を加えて加熱し,ペクチンの分解を抑えてシャキシャキとした歯ざわりを楽しむ料理もある。

(3) 酵素作用の抑制

　レンコンやウドの切り口が褐変する現象は,食品中の酵素ポリフェノールオキシダーゼにより,ポリフェノールが酸化されて生じる。褐変防止に水に浸ける方法があるが,浸け水中に食酢を加えると酸性となり,酵素作用をより抑制できる。

(4) pHと色素の変化

　紫キャベツやナスなどにはアントシアニン色素が含まれており,食酢や柑橘果汁で和えると酸性になり,紫色から鮮やかな赤紫色に変化する。酢とりしょうがのピンク色も同様の現象である。また小麦粉,タマネギ,カリフラワーの乳白色はフラボノイド色素であるため,カリフラワーをゆでるときに食酢を加えるとより白くしあがる。しかし,クロロフィルを含む緑色の野菜を食酢で処理するとクロロフィル色素が変化して,褐色のフェオフィチンとなり見栄えが悪くなる。

(5) 魚臭の除去

　魚は新鮮なうちは魚臭を発しないが,鮮度が落ちると生臭みが強くなる。この要因は,魚臭成分のアミン類の一種トリメチルアミンなどの塩基性揮発成分なので,これを酸性の酢水で洗う酢洗いすることで,ある程度除去できる。

(6) 防腐・殺菌効果

　酢を調理に用いることでpHを低下させ,微生物の繁殖を抑制できるため,魚や野菜の酢漬けは保存性が向上する。また,マヨネーズは卵と油と酢を用いてつくられるO/W型のエマルションであるが,分散媒に酢を含むので常温で放置しても変質しにくい。また,すし飯が普通の白飯に比べて腐敗しにくいのは食酢の効果である。

4-4 うま味・風味調味料

　古くから,煮汁や煎じ汁が調味料として用いられてきた。それらのなかにはうま味

成分が含まれており，現在ではうま味成分の抽出物，発酵生成物やそれらの加工品が調味料として使用される。うま味成分の代表的なものは，アミノ酸，有機酸，核酸分解物のヌクレオチドなどである。

　天然素材からだしを抽出する場合について説明する。和食のだしは，香りとうま味成分のみを引き出すことを目的としているため，不味成分を取り出さないように，抽出温度と抽出時間に配慮する必要がある。たとえば，昆布だしには上品な昆布の香りだけを取り出したいので，加熱前に 20 分以上水浸漬する水出し法，または水に入れた昆布を加熱してぬめりと昆布臭が出ない沸騰直前に取り出す方法とがある。かつお節だしは，液の 2～4％重量の薄く削り表面積を大きくしたかつお節を，沸騰水に一度に加えて 0.5～1 分短時間加熱し，苦みや魚臭のない透明なだしをとる。これを一**番だし**という。こした一番だしのかつお節に，一番だしの半量の水を加えて加熱し沸騰 3 分間後に抽出することで，**二番だし**が得られる。しかし，うま味成分は一番だしでほぼ抽出されており，二番だしのうま味成分は一番だしの 10％程度である。

　一方，西洋料理の**スープストック**では，コラーゲンの多いかたいすね肉などの塊肉を用い，タマネギ，セロリなどの香味野菜とこしょう，ローリエなどの香辛料とともに弱火（92℃ 程度）で長時間煮出す方法をとる。加熱途中に水溶性たんぱく質や油脂があくとして溶け出して濁りの原因となるので，澄んだスープを取るにはあくを除去しながら長時間加熱を行う。

　中国料理の湯（タン）では，肉のほかにするめや干しシイタケなどの乾物類もだし素材としてよく利用される。また，多種類の食材を用いて複雑で濃厚なだし汁を取るために，液の濁りはあまり意識しないで抽出することもある。

（1）うま味調味料

　単一うま味調味料としては，アミノ酸系の L–グルタミン酸ナトリウム（MSG）および核酸系の 5′–**イノシン酸**ナトリウム（IMP），5′–**グアニル酸**ナトリウム（GMP）および 5′–リボヌクレオチドナトリウム（IMP と GMP の混合物）がある。

　複合うま味調味料は，アミノ酸系うま味物質と核酸系うま味物質を混合したもので，うま味物質の**相乗効果**を利用しているためより強いうま味が得られる。一般的に，使用量は食塩の 5～10％が目安である。

（2）風味調味料

　日本農林規格（JAS）における**風味調味料**の定義は，「調味料（アミノ酸等）及び風味原料に砂糖類・食塩等（香辛料を除く）を加え，乾燥し，粉末状，か粒状等にしたものであつて，調理の際風味原料の香り及び味を付与するものをいう」とされている。つまり，うま味調味料にかつお節や昆布などの天然素材の抽出濃縮物や，植物たんぱく加水分解物などが添加され，さらに，食塩，でんぷんなどの賦形剤（ふけい）や有機酸，糖類，アミノ酸などが呈味補助剤として加えられている。形状としては，粉末，顆粒状，液

体状のものがある。

　風味調味料は，時間や手間が節約でき簡便に利用できるが，一定量の塩分が含まれているため，調味には配慮が必要である。

4-5 香辛料

(1) 香辛料

　香辛料とは，植物の葉，茎，果実や花などの生鮮品，または乾燥品やその粉末を用い，特有の香りや味を利用して風味を増大したり，着色により嗜好性を高めたり，辛味などの刺激を加えることにより食欲を増進させたりする作用をもつものの総称である。近年の研究により，一部の香辛料は代謝調整機能や血圧調整機能などを有することが明らかになりつつあり，日常的な摂取の意義がさらに高まっている。

(2) 香辛料の調理性

　調理における香辛料の種類と基本的な作用を**表6-30**にまとめた。これらの香辛料は単独で用いることもあるが，実際には何種類かを同時に使用することも多い。香辛料の特性や用途に応じて，下味をつける際，加熱中，調理終了直前あるいは調理後など適時に使用することが重要である。

表6-30　調理における香辛料の基本的な作用

基本的な作用		香辛料名
矯臭作用 （におい消し）	肉や魚のくさみを消す，マスキングする	ガーリック，ジンジャー，ベイリーブ，クローブ，タイム，オニオン，セージ，オレガノ，キャラウェイ，ローズマリー
賦香作用 （香りづけ）	素材に合わせてにおいをつける効果（3種以上をブレンドすることが多い） 牛乳と卵料理	オールスパイス，アニス，バジル，セロリー，キャラウェイ，カルダモン，クローブ，ミント，シナモン，コリアンダー，デイル，ナツメグ，メース，セージ，フェンネル，パセリ，クミン，八角，バニラ
食欲増進作用 （辛味づけ）	辛味と芳香が食欲を増進させる	ブラックペッパー，ホワイトペッパー，レッドペッパー，ジンジャー，マスタード，ガーリック，オニオン，わさび，さんしょう
着色作用 （色づけ）	料理に特有の色をつける	ターメリック（黄色），マスタード（黄色），パプリカ（赤橙色），サフラン（黄色）

【参考文献】
川端晶子ら『Nブックス調理学』，建帛社，2008

5 飲料類

　嗜好性の飲料は，茶，コーヒー，ココアなどの非アルコール飲料と清酒，ビール，ワインなどのアルコール飲料に分けられる。

5-1 ▌非アルコール飲料類

(1) 茶 類

　日常用いる茶として，緑茶，紅茶，ウーロン茶などが一般的である。いずれもツバキ科の樹木の葉を原料としており，原料茶葉はビタミンC，テアニン（うま味），高い抗酸化能をもつ**タンニン類**（渋味）や**カフェイン**（苦味，刺激作用）を含有している。特にタンニン類の茶カテキンは抗菌，抗酸化作用，カフェインは覚醒，利尿作用などの機能性が注目されており健康面でも有用である。製茶の工程で酵素のはたらきをどの程度受けるかにより，緑茶[42]，ウーロン茶[43]，紅茶[44] に分類される。それぞれの茶のいれ方を**表6-31** に示す。

表6-31　茶のいれ方

茶　種	分量ひとり分(g)	湯　温(℃)	湯　量ひとり分(mL)	浸出時間(分)	備　考
玉　露	3〜4	60	50	2	
煎　茶	3	80	80	0.5	
番　茶	2	熱湯	100	0.5	
中国茶	3	熱湯	100	2〜3	茶葉の種類により適量（茶葉の分量〈g〉，湯量〈mL〉）は異なる。
紅　茶	2	熱湯	150	1〜4	ストレートで飲む場合，浸出時間は細かい茶葉（ブロークン）は1〜2分，大きめの茶葉は3〜4分。

　資料：中嶋加代子編著『調理学の基本—おいしさと健康を科学する—』同文書院，2010，p.189 より作成

1) 緑 茶

　日本および中国で主に製造される。酵素失活の処理として日本では蒸し加熱を，中国では**釜炒り**[45] 加熱をする。製造過程で酵素的酸化分解を受けていないので，**緑茶，紅茶，ウーロン茶**の3種の茶のなかで唯一ビタミンCが残存しており，クロロフィルも保持されている。ビタミンC以外にも水溶性成分の**カフェイン**，タンニン（カテ

42）緑茶：製茶の段階で蒸したり炒ったりして酵素活性を止めた不発酵茶。
43）ウーロン茶：中程度発酵させた半発酵茶。
44）紅茶：発酵茶。
45）釜炒り：直火にかけた鉄釜で茶葉を炒る。加熱温度が蒸し加熱より高いためクロロフィルが若干退色し，加熱香気は増す傾向がある。

キン類），遊離アミノ酸などの成分を浸出させて飲む。

　抽出に用いる湯の温度を適宜変える。すなわち，玉露や上煎茶は 50～60℃ の湯を，煎茶は 80℃ の湯を，番茶は 100℃ の沸騰湯を使用する。玉露同様に遮光栽培された碾茶を粉末にした抹茶は抽出液ではなくすべて飲むので，栄養成分全体を摂取できる。飲用以外に，抹茶はようかんや寒天ゼリーなどの和菓子に加えて，各種洋菓子にも利用が拡大しており，番茶は茶飯などに利用される。

2）　ウーロン茶

　中国や台湾で主に製造される。産地，発酵の程度によりさまざまな種類が存在する。一般に，発酵にともないカテキン類が酸化重合しテアフラビンが生成するため，発酵度の低いものは色が淡く，発酵度の高いものは色が濃くなる傾向にある。一例として発酵度の低いものから，包種茶，黄金桂，水仙，東方美人などがある。100℃ の湯で抽出するが，何度も湯を変えて賞味でき，花や果実様の香りをもつものが多い。

3）　紅　茶

　世界各地で製造され，産地や製造方法により多種多様である。発酵によりビタミンCは消失し，カテキン類の酸化重合が進みテアフラビン，テアルビジンが生成するため独特な赤褐色を呈する。100℃ の沸騰湯で 1～4 分間抽出して飲用する。カフェイン，タンニンが多く，適度な苦味と渋味と，特有の複雑な芳香を楽しむ。

　調理例としては，浸出液を利用したゼリー菓子や，粉砕した紅茶葉を添加したケーキやクッキーなどがある。

　浸出液を冷却する際に，白く濁るクリームダウン現象が起こることがあるが，これはタンニンとカフェインが結合し温度低下にともない析出するためである。緩慢冷却で生じやすく，急速冷却するか再加熱すると防止できる。紅茶にレモンを入れると水色が薄くなるのは，テアルビジンが酸性で退色するためである。

（2）　コーヒー

　アカネソウ科のコーヒー樹から採取した豆を乾燥，焙煎したのちに摩砕するとコーヒーパウダー（レギュラーコーヒー）が得られる。コーヒー樹の品種や産地，焙煎程度や粉砕粒度により色，味，香りの異なるコーヒーが得られる。カフェインに加え，苦味と酸味をもつクロロゲン酸が含まれる。

　紅茶のように沸騰水中に入れてこして飲む熱浸法と，コーヒーパウダーの上から熱湯を回しかけて浸出する透過法，両法を組み合わせたサイフォン法などがある。使用するコーヒーパウダーの量は 1 人分 10 g 前後で，熱湯を 150～200 mL 用いる。

　インスタントコーヒーはレギュラーコーヒーの抽出液を噴霧乾燥，または凍結乾燥し，粉末もしくは顆粒状にしたものであり，湯や冷水への溶解性も高く手軽である。

（3）　ココア

　アオギリ科のカカオ果実の種子（カカオ豆）を焙煎し，カカオ脂を除去して粉にし

たもので, 抹茶と同じように抽出液ではなくすべてを飲用する。主成分は, 糖質 (42%), 脂質 (22%), たんぱく質 (19%) であり, 苦味成分として**テオブロミン**と**カフェイン**も含まれる。食物繊維 (24%) やミネラル (鉄が14mg%), ポリフェノールも含み, 栄養価が高い。

　市販のココアには**ピュアココア**と**調整ココア** (ミルクココア) とがあり, 調整ココアには, 溶解性を上げるために乳製品や砂糖が加えられている。ピュアココアを用いる際にはあらかじめひとり分約5gを砂糖約8gとよく混ぜ, 少量の牛乳で練ったのちに牛乳100~150mLと混ぜて撹拌しつつ加熱する必要がある。

(4)　清涼飲料

　アルコールを含まず (1%未満), 乳酸菌飲料, 発酵乳のような乳, および乳製品を除く飲料を**清涼飲料**とよぶ。清涼飲料は炭酸飲料と非炭酸飲料に分類され, 非炭酸飲料として果実飲料, 茶系飲料, スポーツドリンクおよびミネラルウォーター類などがある。

1)　炭酸飲料

　日本農林規格 (JAS) で**炭酸飲料**は, 飲用適の水に二酸化炭素を圧入したもの, および, これに甘味料, 酸味料, フレーバリングなどを加えたものとされている。フレーバリングを添加していない炭酸飲料としては炭酸水が, フレーバリングを添加したものとしてはサイダーやラムネ (香料添加), フルーツソーダ (果汁または果実ピューレ添加), コーラやジンジャーエール (植物やその抽出物添加), クリームソーダ (乳または乳製品添加) などがある。

2)　果実飲料

　果実飲料は日本農林規格により, 果実分が10%以上含まれるものと規定されている。濃縮果汁, 果実ジュース, 果実ミックスジュース, 果粒入り果実ジュース, 果実・野菜入りミックスジュース, 果汁入り飲料の6種類に分類される。

3)　スポーツドリンク

　スポーツドリンクは, 主に発汗により失われる水分や電解質の補給を目的としてつくられている。エネルギーの補給のため糖分, ナトリウムなどのミネラルやビタミンCやB群などのビタミンと, アミノ酸が添加されていることが多い。飲用後の吸収速度を上げるために, 成分濃度を体液の浸透圧と同等に調整している。

4)　ミネラルウォーター類

　ミネラルウォーター類とは, 水のみを原料とする清涼飲料水のこととされており, 二酸化炭素を注入したものやカルシウムなどを添加したものも含まれる。

　だしや茶類などの飲料には, 水の性質がおいしさに大きくかかわってくる。その指標として水の硬度がある。これは水に含まれるカルシウムとマグネシウムの濃度をもとに算出された値で, 数値が高いつまり含有量の多い水が硬水, 少ない水が軟水であ

る。日本では100以下を軟水，100〜300を中硬水，300以上を硬水としており，日本のミネラルウォーターのほとんどは軟水でヨーロッパのものは硬水が主である。

5-2 ▎アルコール類

アルコール分1％以上含む飲料を酒税法第2条では酒類と規定し，酒税の対象としている。種類は発酵方法により醸造酒，蒸留酒および混成酒に，発酵原料により穀物酒，果実酒，乳酒に，産地により日本酒，中国酒，洋酒などに分類される。

アルコール類は調理に用いる場合と，食前や食中，食後に飲用し，料理を引き立てたり，食欲を増進させたり消化を助けたりする効果がある。アルコールを調理に用いる際の一般的な調理性は次のとおりである。

・調味料の浸透促進。
・風味をつける。
・甘味やこくを与え，照り，つやをよくする。
・魚，肉などの生臭みを消すマスキング効果。
・テクスチャーの改善（肉にワインを加えて加熱すると肉がやわらかくしあがる）。

（1）清　酒

日本の伝統的な醸造酒である。蒸し米と米麹を混ぜ，でんぷんの糖化と酵母のアルコール発酵を同時に行う。アルコール分は15〜20％であり，発酵により生成したアミノ酸や糖類，エステル類を中心とした香気成分などがこくやうま味，香りを生み出す。

清酒の比重を示す値として日本酒度があり，一般に糖分が多いとマイナス，少ないとプラスとなるため，マイナスの数値が大きいほど甘口，プラスの数値が大きいと辛口である。また，含まれる酸の総量を酸度で示し，日本酒度が同じでも酸度が高いと辛く濃い味に感じられる。

飲用温度は5℃付近から熱燗まで幅広い。和食の調理においては既述の調理性を期待して幅広く用いられる。

（2）ビール

大麦麦芽とホップと水を原料とし，発酵により生じた炭酸ガスを含有する発泡酒である。ホップに由来するフムロン類を含むため爽快な苦みがあり，アルコール含量は3〜5％である。世界各地で特徴あるビールが生産されており，酵母の発酵様式により上面発酵（エール）と下面発酵（ラガー）に大別され，国産のビールはほとんどが下面発酵である。ビールの風味を楽しみ，泡立ちをよくするためには10℃前後がよいとされている。

（3）ワイン

ブドウ果汁をアルコール発酵させた醸造酒である。ブドウの品種や搾汁方法の違い

により，赤ワイン，白ワイン，ロゼワインがあり，発酵により生成した二酸化炭素を含むスパークリングワインもある。アルコール含量は7〜14％で，ブドウに由来する酒石酸やリンゴ酸などの有機酸やカリウムなどのミネラルを含む。

　食前酒としてはスパークリングワインなどが，食事中は魚料理には白ワイン，肉料理には赤ワインが，食後酒には甘口でアルコール度が高いポートやマディラなどが適しているといわれる。

　料理への利用としては，各種ソースをつくる際に加える他，肉の漬け込みに利用すると含まれる有機酸による酸性の影響で肉を軟化させる効果がある。

(4)　みりん

　もち米を，アルコール存在下で米麹により糖化したものが**本みりん**である。約40％の糖類と約14％のアルコール分を含むことから，酒税法でも酒類として扱われる。**みりん風調味料**はアルコール分が1％未満で，糖類やアミノ酸，香料と少量のアルコールを混ぜてつくられており，酒税の対象とならない。**発酵調味料**（加塩みりん）は，本みりんあるいはその混合物に塩を加えて不可飲処理しているため，アルコール含量は高いが酒税の対象とはならない。

　みりん中のアルコール分が料理の味を損ねる場合には，事前にみりんを加熱してアルコール分を除く操作（煮きり）を行う。みりん風調味料は煮きる必要がない。みりんの調理性は次のとおりである。

- ・甘味とうま味をつける（糖類やアミノ酸を含むため）。
- ・焼き色と香りの付与（加熱によるアミノ・カルボニル反応）。
- ・照り，つや，粘稠性を与える。
- ・酸味や塩味などの抑制効果。
- ・魚の生臭さをマスキングする。
- ・アルコール分が味の浸透を促進させる。
- ・煮崩れを防ぐ（これを目的とする場合は初めから用いる）。
- ・保存性を高める（糖類が35〜42％含まれており，煮詰め操作によりさらに濃厚となる）。

7章

調理の設備・器具・エネルギー源

1 厨房設備

　調理操作を行う場所は，家庭では台所，大量調理などでは厨房や調理室とよばれる。調理作業をする場所には，基本的に流し，加熱用設備，調理台，保存用設備が必要である。1回につくる食数によって，設備の規模や備品の種類が異なってくる。

1-1 流し（シンク）

　材質はステンレスのものが，耐熱性・耐久性・耐摩耗性が高く，衛生的で手入れも簡単なため最も普及している。ホーローびきや樹脂製のものもある。シンクの深さは，200〜300 mm が多く，厨房の規模により複数のシンクを設ける。

1-2 加熱用設備

　加熱用設備はガスコンロが主流であるが，電気コンロも使われている。大量調理では，エネルギー量が大きいバーナーが使用され，複数個のコンロを並べる。また，鍋やフライパンとコンロが一体になった回転釜，グリドル（鉄板），フライヤー（揚げ物器）など，大型で限られた目的の加熱のために使用される機器が設置されることが多い。

1-3 調理台

　調理台の材質は清潔を保てるようにステンレスが使われることが多い。調理操作の流れにしたがって，効率よく作業が進められるように，調理台はシンクと加熱設備の間に配置される。

1-4 保存用設備

　食品の保存のためには，常温保存と低温保存のための設備がある。

（1）　食品庫

　食品庫は，日光がさしこまず，低温が保てる場所に置く。

(2)　冷蔵庫・冷凍庫

食品の保存や冷却のために，必須の設備である。容量 300〜1,500Lのものは，冷凍冷蔵庫が多いが，設備が大きくなると冷凍庫と冷蔵庫が別々のものが多い。業務用では人が歩いて入ることのできるウォークインタイプや，上部を調理台として使うテーブルタイプのものもある。また，小型の冷蔵庫を目的別（短期の保存用，短期の冷却用，調理済み食品の保管用）に使用することもある。

冷蔵庫の冷却は，冷媒の気化熱・凝縮熱を利用したガス圧縮式とガス吸収式，ペルチェ効果[1]を利用した電子式の3種の方法で行われている。家庭用の冷蔵庫はガス圧縮式が主流である。ガス吸収式と電子式は圧縮機を使用しないため，作業音が静かという利点があり，ホテルや病院など静音性を求める場所に適している。電子式は冷却効率が悪く消費電力が大きくなるため，小型の冷蔵庫で用いられている。

冷却方式は，自然対流式（直冷式）と強制対流式（ファン式）の2種類があり，現在はファン式のものが主流となっている。ファン式では冷却器によって冷却された空気が庫内を循環するため，冷蔵庫内の温度むらは少ないが，食品は乾燥しやすい。

最近は，冷蔵（3〜5℃），冷凍（−18℃以下）の区分の他，**チルド**（0℃），**氷温**（−1℃），**パーシャル**（−3℃）という温度帯の使い分けが行われている[2]。

2　調理器具

2-1 ▌調理用計器

調理を行うにあたっては，栄養管理上も，また，調理を失敗なく合理的に行うためにも，計量を行うことが大切である。重量で量る場合と容量で量る場合がある。

(1)　重量測定器具

秤量（計ることのできる最大重量）が 1〜60kg 程度，感量（計ることのできる最小重量）は 0.1〜20g 程度のものまで数種類あり，目的に応じて使い分ける。現在は電動式のデジタルで，風袋引きできるものが多い。

(2)　容量測定器具

液体や少量の粉体は容量で計量することが多い。計量カップ（200mL，500mL，1000mL 他）や，計量スプーン（2.5mL，5mL，15mL 他）などが用いられる。食品の重量と容量の関係は量り方によっても異なるが，およそ**表7-1**に示す通りである。

1）ペルチェ効果：2種類の異なる金属を電気的に直列に接合して直流電流を流すと，その接合部分に吸熱および発熱が発生する現象をいう。
2）（　）内の温度は，日本工業規格（JIS）による。

表7-1 食品の体積と重量の関係

(単位：g)

品　名	小さじ (5mL)	大さじ (15mL)	計量カップ (200mL)	品　名	小さじ (5mL)	大さじ (15mL)	計量カップ (200mL)
水・酢・酒	5	15	200	トマトケチャップ	6	18	230
精製塩	6	18	230	ウスターソース	5	16	220
砂糖（上白糖）	3	9	120	マヨネーズ	4.5	14	180
しょうゆ・みりん	6	18	230	カレー粉	2	7	—
みそ	6	18	230	小麦粉（薄力粉）	2.5	8	100
油	4	12	160	米	—	—	170
バター	4	13	180	ごま	2	6	120

(3) 温度測定器具

　揚げ物調理や砂糖の煮詰め操作などは，温度を測定しながら行うことがある。調理用温度計には，一般的な棒状温度計（アルコール，水銀[3]）の他，バイメタル温度計，熱電対温度計などが用いられる。

(4) 時間測定器具

　壁面に厨房用の時計を設置する他，タイマーも利用する。

2-2 ▎非加熱用器具

(1) 切砕・磨砕・粉砕用の器具

　食品を切ったり，潰したり，細かくするための器具で，代表的なものは包丁とまな板である。包丁にはさまざまな種類があり，目的に応じて使い分けられる（**図7-1**）。材質は鋼，ステンレス，セラミックなどがある。牛刀と菜切り包丁の長所を合わせて日本で開発された文化包丁（三徳包丁）は，多目的に使われ便利である。

　まな板の材質は木製と合成樹脂製がある。木製は吸水性があるので，衛生的には吸水しない合成樹脂製のものが扱いやすい。しかし，合成樹脂製は刃当たりがかたくすべりやすいため，木製のほうが食品を切りやすい。

　食品の組織を細かく砕くために，おろし器，すり鉢，すりこぎ，裏ごし，ポテトマッシャーなどがある。回転電動調理器として，ミキサーやジューサー，フードプロセッサーなどがある。

(2) 混合・撹拌用の器具

　混ぜるための道具として，しゃもじやターナー，箸を用いる。卵白の泡立てのように撹拌力の必要な場合には，手動や電動の泡立て器（ハンドミキサー）がある。パンやうどん，パスタなどの生地をこねる混合用機器としてニーダーが使用されている。

3）水銀温度計については，水銀の毒性から定められた処理方法にしたがって廃棄する必要がある。また破損した場合の扱いにも注意が必要であり，安全のためには早めに廃棄処理をすることが望ましい。

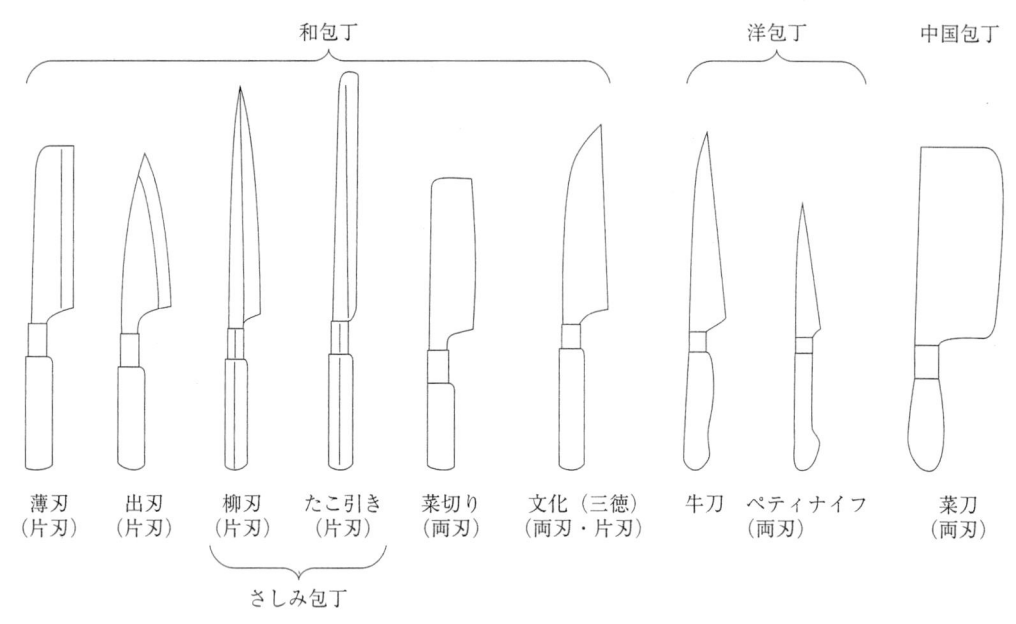

図7-1　包丁の種類

（3）　形づくるための器具

　巻きす，押し型，抜き型などの他，加熱時や冷却時に形をつけるケーキ型やゼリー型などがある。加熱，冷却を急速に行いたいときは熱伝導のよい金属が使われ，ゆっくりと行いたいときはガラスや陶磁器の型が使われる。

3 加熱用器具

3-1 ▎熱を供給する器具

（1）　ガスコンロ

　ガスコンロはバーナー部分と「ごとく」で構成されている。バーナーの多くはリング状であり，空気孔から吸入される空気とガスが混合されて燃焼する。

　家庭用のガスコンロのリングバーナーは，2.0～3.0kW が多いが，中華料理用などに火力を強くした 4.0～5.5kW のコンロもある。業務用ガスコンロでは，リングバーナーを 2～3 重にして火力を強くしているものや，中部火口にして熱効果を高くしたものなどがある。

　ガスコンロは，鍋底を加熱して対流伝熱や伝導伝熱で加熱するには適しているが，直火焼きのような放射（輻射）伝熱による加熱には不適当である。そこで，魚焼き用のガスグリルは，棒状のバーナーで金属の網やセラミックを加熱するタイプのものや，

シュバンクバーナーなどを利用して放射熱を強くするように工夫されている。

2009年10月以降は，家庭用ガスコンロには鍋底の温度を感知するセンサーの装備が義務化され，鍋底の温度調節機能や焦げつき消火機能などに利用されている。

(2) 電気ヒーター

従来から，**電気ヒーター**としては，発熱体のニクロム線をニッケル鋼パイプで覆ったシーズヒーターが使われており，これを渦巻状にし，電気コンロとして利用している。一方，鋳鉄製の円盤状プレートのなかに発熱体が埋め込まれているエンクロヒーターのコンロや，耐熱ガラスやセラミックプレートの下にニクロム線コンロを装着したラジエントヒーターのコンロもある。ラジエントヒーターは通電すると，トッププレートが赤熱し，シーズヒーターやエンクロヒーターよりも発熱が速い。3口以上のIHクッキングヒーターのうちの1口にラジエントヒーターが使われているものが多い。電気コンロの場合には，通電を停止したあともヒーターやその周囲のプレートなどの温度が高い状態であるため，それを余熱として利用することができる。

電気ヒーターは放射熱が強く，オーブンやトースターなどの熱源としても使用されており，シーズヒーターの他に，石英管ヒーターや遠赤外線ヒーターなどがある。ヒーターの種類によって放射される赤外線の波長による放射率が異なるため，食品の加熱特性（時間や焼き色など）が異なる。

(3) 電磁調理器 (Induction Heating : IH)

IHとは，誘導加熱を利用した調理器具である（第5章2節参照）。磁力線によって鍋自体が発熱するため，熱効率が高い。コンロ型のものをIHクッキングヒーターという。電源が200Vであれば，家庭用でも最大火力が約3kWであるため，ガスコンロと同等の火力が得られる。ただし，2口以上のIHクッキングヒーターでは，最大消費電力量を超える場合，自動的に出力調整が行われ，火力が落ちるので注意する。

(4) 電子レンジ

電子レンジとは，マイクロ波（2,450MHzの電磁波）を利用した調理器具である（第5章2節参照）。家庭用100Vでは，最大出力は1000Wであり，業務用200Vでは1500〜3000Wのものもある。出力（W数）が大きいほど短時間で加熱することができる。

3-2 ▌熱を受けるための器具

代表的な器具として鍋がある。

(1) 鍋の材質

調理用の**鍋**は，高温に対して安定であること，熱の伝わり方が速いこと，食品の成分に対して安定であること，加工しやすいこと，衝撃に強いことなどの性質を満たす必要があり，多くは金属が使われている。各種材質の熱伝導率・比熱を**表7-2**に示す。

表7-2　各種材質の熱伝導率・比熱

(300Kの値)

材質	熱伝導率 [W/(m·K)]	比熱 [kJ/(kg·K)]
銅	398	0.386
アルミニウム	237	0.905
鉄	80.3	0.442
チタン	21.9	0.522
ステンレス（SUS304）	16.0	0.499
パイレックス（耐熱ガラス）	1.10	0.73
陶器	1.0～1.6	～1.0

資料：日本機械学会編『伝熱工学資料改訂第5版』日本機械学会，2009，pp.281-283, 285, 287-288

　金属としては，アルミニウムが最も多く用いられる。熱伝導率が比較的大であり，成型しやすく，軽く，価格も高くないことが利点であるが，酸や塩分に対しては不安定である。そのため酸化皮膜で表面加工を施すのが一般的で，これを**アルマイト処理**という。その他，鉄，ステンレスが多く使われ，銅も使用されている。銅や鉄は熱伝導率は大きいが，酸化によってさびやすいのが欠点である。ステンレスやチタンはさびないが，熱伝導率は小さい。チタンは硬質で比重が軽いために，薄く成型することで軽く扱いやすいので，炒め物用の鍋に利用されているが高価である。これらの長所・短所を補い合うために，ステンレスで熱伝導率の大きい金属を数種類はさんだ多層鍋がある。

　金属の他，金属板にガラス質をコーティングしたホーローや，耐熱ガラス，セラミック，陶器などの鍋がある。ホーローは食品の成分に対して安定であること，鍋に美しい着色ができることが長所であるが，重いことや熱伝導率が低いことが欠点である。耐熱ガラス，セラミック，陶器でつくられた鍋は，保温性に優れているが，熱伝導率が小さく，衝撃に弱い欠点がある。

　鍋の材質や厚さは，鍋底の温度分布や鍋内の食品の加熱速度に影響する。熱伝導率の小さい材質の場合は，鍋底の温度は熱源の影響を受けやすく，鍋底に温度差ができるので，焦げができやすい。薄手で熱伝導率の大きい材質の鍋では，鍋内の食品の温度が上がりやすい。また，鍋底の厚いものは温度が均一になりやすい。鍋の保温性は鍋の熱容量（比熱×質量）と関連し，比熱が大きく重い鍋は保温性が高い。このような理由で，鍋にはそれぞれ用途があり，たとえば，ゆでものには薄手のアルマイト鍋，ホットケーキを焼くには厚手の鉄板を使い，じっくり煮込むには厚手の深鍋を使う。

(2)　特殊な鍋

　圧力鍋や保温力を利用した鍋がある。

①　圧力鍋

　圧力鍋は，蒸気を鍋内に閉じ込めることで，鍋内の圧力を 150〜250 kPa（1.5〜2.5 kgf/cm²）まで上げ，加熱温度を高くして（沸点 110〜127℃）食品を加熱する鍋であり，加熱時間が短縮される。鍋によって圧力が異なるので，鍋内の最高温度が異なり，食品の加熱所要時間も異なる。加熱時間が短くなるので，熱源のエネルギー量は少なくてすむ。実験的に行った例では，大豆を煮る場合，時間は 1/6，ガス量は 1/4 になる[4]。

　圧力鍋で加熱した食品は加熱温度が高いので，ふつうの鍋で加熱したものと同様にはならず，特有のテクスチャーを示すことが多い。たとえば，魚は骨までやわらかくなり，炊飯すると粘りが強い飯になり，大豆を煮るとねっとりとした食感のある煮豆になる。

②　保温鍋

　保温鍋は鍋を加熱後，鍋の回りに保温性の高い囲い（スカート）をつけたり，魔法びんの構造になった保温容器のなかに入れるなどして，温度降下を防ぎ余熱で食品を加熱する鍋である。短時間加熱したのち保温することで，食品を軟化させることができる。激しい対流が起きないため煮くずれしにくい。

3-3 ▎加熱機器と受熱器具の一体化したもの

（1）　オーブン

　オーブンは焼く調理を行うものであるが，熱源と加熱器具が一体化しており，囲われた空間を加熱することによって，なかに入れた食品を加熱する機器である。食品は加熱された空気による対流伝熱と庫壁からの放射伝熱，天板からの伝導伝熱によって加熱される。他の焼き方に比べて水分の蒸散が少なく，蒸し焼きに近い状態になる。

　さまざまなタイプのオーブンがあり，電気ヒーターが露出しているものや，庫壁に取りつけたファンにより熱風を強制的に循環させる強制対流式のもの（**コンベクションオーブン**）などである。構造が異なると，加熱能力にも差があり，同じ庫内温度で同時間加熱しても，製品の焼け具合は異なる。

　オーブンの加熱能は放射伝熱と対流伝熱を合わせた複合熱伝達率と，全伝熱量に対する放射伝熱量の割合で示すことができる（**表7-3**）。同じ庫内温度であれば，複合熱伝達率が高いオーブンほど食品内部の温度上昇が速く，短時間で焼きあがる。放射伝熱量の割合が高いオーブンは，食品の表面の焼き色がつきやすい。

　食品を加熱するときには，天板を用いることが多い。ファンのない自然対流式のオーブンや電気オーブンでは，天板を用いると加熱時間が短縮され，食品の底の部分の焼き色がつきやすくなる。

4）渋川祥子編『食品加熱の科学』朝倉書店，1996

表7-3　オーブンの加熱能

オーブンの種類	複合熱伝達率［W/(m²・k)］	放射伝熱量の割合［%］
自然対流式ガスオーブン	20	50
電気オーブン	27	85
強制対流式電気オーブン	35	40
強制対流式ガスオーブン	51	25

資料：渋川祥子「調理における加熱の伝熱的解析および調理成績に関する研究」『日本家政学
　　　会誌』49(9) 1998, p.950 より作成

　近年，大量調理の厨房ではオーブン庫内に蒸気を充満させるスチームコンベクショ
ンオーブンが使われるようになった。これは発生させた蒸気を加熱することで，過熱
水蒸気[5] による蒸し加熱とオーブンの熱風加熱が併用できることから，蒸し物，焼き
物，煮物など多くの調理に利用することができる。加熱初期に食品表面で水蒸気が凝
縮することで熱が伝わるため，食品への熱伝達速度が速くなり，加熱時間が短くなる
ことが特徴である。現在は，家庭用の小型オーブンにもスチームを併用できるものが
増えている。

（2）　炊飯器

　自動炊飯器は目的の限られている加熱機器の代表的なものである。

　熱源としては，電気またはガス，あるいは両方を使用するものがある。構造は外釜
と内釜と熱源からなり，温度調節のためのセンサーによって内釜の温度を測定し，火
力や温度の制御を行うようになっている。

　おいしい飯を炊くには，加水量，浸漬時間，加熱経過などが影響するが，これらは，
それぞれの炊飯器で工夫されている。加水量については，釜の蒸発量に合わせて，内
部にメモリがつけてある。加熱の経過は，おいしい飯のできる炊飯経過になるように
工夫されている。電気炊飯器は，IH（電磁誘導加熱）式のものが主流となっている。
炊飯時に加圧するものや，炊飯の最終工程で高温の水蒸気を飯に噴射するものなども
ある。

4 食器・容器

　日本では，従来の日本料理の他に，西洋料理，中国料理など各国の料理を取り入れ
た食生活をしているので，使用する食器も多種多様である。

5）過熱水蒸気：100℃以上に加熱した水蒸気。

4-1 ▎食器

(1) 陶磁器

　食器の素材の中心は陶磁器であり，**陶器**，**磁器**，**炻器**の３種類がある。陶器は，磁器に比べて焼成温度が低く，萩焼，益子焼，唐津焼などのように機械強度が小さく，多孔質で吸水性があり，たたくと低く濁った音がし，透光性はほとんどない。磁器は，高温で焼き締めたものであり，有田焼，九谷焼，清水焼などのように白色でガラス質に近く，吸水性がなく，やや透光性があり，たたくと金属性の音がする。また機械強度が大きく，耐熱性，耐薬品性に優れている。炻器は，陶器と磁器の中間の性質をもち，信楽焼，備前焼，常滑焼などのように透光性はないが，たたくと金属性の音がし，吸水性は低い。

　洋食器においても**陶磁器**が多く，白磁器（チャイナ）や骨灰を用いた乳白色で表面が滑らかな**ボーンチャイナ**などがある。ボーンチャイナは，一般の磁器に比べて，機械強度が大きく，透光性がある。

　近年，陶磁器の皿の底面が電磁波を吸収して発熱するものが開発されている。この皿に食品をのせて電子レンジで加熱すると，食品が加熱されると同時に，皿の底面が熱くなり，接している食品の表面に焼き色がつく。

(2) ガラス

　壊れやすいこと，温度変化に弱いことが欠点であるが，酸・アルカリに強く透明な外観が好まれる。現在は温度変化による膨張収縮が少ない耐熱性のある**ガラス**がつくられるようになり，**ガラスセラミックス**（結晶化ガラス）といわれ，用途が広がっている。熱処理の温度によって乳白色の不透明なものもある。耐熱性があり衝撃に対して非常に強いものがつくられるようになり，大量給食用の食器にも利用されている。

(3) プラスチック

　プラスチック（合成樹脂）は種類が非常に多く，それぞれ加工性や耐熱性，強度などが異なる。一般的な特徴として，成型が容易であること，価格が安いこと，機械強度が比較的強いことなどが長所であるが，表面がやわらかく傷がつきやすいこと，熱に弱いものが多いこと，重量が軽く食器としての重量感に欠けることが欠点である。食器使用される主なプラスチックの特徴を，**表7-4**に示した。

表7-4　食器に使用される主なプラスチックの特徴

種類	原材料	耐熱温度（℃）	特徴
熱可塑性	ポリプロピレン	100～140	比重が小さい
	メタクリル樹脂（アクリル樹脂）	70～90	無色透明で光沢あり
	ポリ乳酸樹脂（PLA樹脂）	50	生分解性
熱硬化性	メラミン樹脂	110～130	かたい，陶器のようなつや

4-2 ▌容器・フィルム

食品素材，調理済食品などを保存しておくための容器である。保存容器の機能としては，水分の移動の防止（防湿または乾燥を防ぐ），酸素との接触や保香のための遮断，虫害からの保護，周辺からの汚染の防止，分離などである。

かん，びんなどの他，現在はプラスチック容器が使用されることが多い。材質や形，重量，価格の面でそれぞれ特色があるので，目的に合ったものを使用するようにする。現在では耐熱性の優れたプラスチック容器やシリコン容器が開発され，冷凍保存から直接オーブンや電子レンジなどに入れて加熱容器として使用できるものもある。

フィルムや袋類も容器の代用として多用されている。フィルムはプラスチックとアルミ箔が多いが，それぞれ気体の透過性や，耐熱性などには差がある。長期保存にはそれぞれの性質の特徴を活かし，積層したラミネートフィルムが多く使われている。また，野菜，果物保存用には鮮度保持フィルムが開発されており，野菜，果物の種類によって使い分けられている。たとえば，ガス透過性を制御できるように加工されたフィルムを使用して野菜や果物の呼吸を抑制するもの（MA包装），野菜が生成するエチレンガスを吸着するゼオライトなどの粉末などが練り込まれたフィルムを使用し，野菜の老化を防止するものなどがある。

電子レンジで加熱調理をするための包材も開発されている。紙製のボックスタイプの包材の底面に発熱シートが貼られており，その上に魚などの食品をのせ，箱を閉じて電子レンジで加熱するとシートに接している部分に焼き色がつく。また，蒸気吹き出し用の口がついた電子レンジ加熱用のプラスチック袋もある。

5 エネルギー源

現在は，都市ガス，プロパンガス，電気が主流である。**表7-5**に特徴を示す。

5-1 ▌ガス

調理加熱用のガスは，**都市ガス**と**プロパンガス**（液化石油ガス）の2種類である。都市ガスは，地下に埋設されたパイプによって供給され，プロパンガスはボンベに充填して配送される。都市ガスは，液化天然ガス，液化石油ガス，国産天然ガスなどを原料として製造されるため，供給しているガス事業者によって種類が異なり，7グループ13種類がある。主に使用されている都市ガスは「13A」であり，主成分はメタン（約90％）で，エタン，プロパン，ブタンを含む。プロパンガスはプロパンやブタンを主成分とし，都市ガスよりも発熱量が大きく，都市ガス（13A）と比較すると約2.2倍

表7-5　エネルギー源の特徴

	電　気	都市ガス	プロパンガス	木　炭
安全性	・漏電，感電など以外は安全性が高い	・燃料の貯蔵をする必要がない ・ほとんどの都市ガスは空気より比重が小さいので上に滞留する	・燃料の貯蔵が必要 ・空気より比重が大きいので下に滞留する	・燃料の貯蔵が必要 ・燃焼ガスに一酸化炭素など有害なガスを多く含む ・消火するのに時間がかかる
	・換気の必要がない	・換気が十分でないと，不完全燃焼を起こし，一酸化炭素中毒のおそれがある		・換気が必要
経済性	・公共料金のため価格が比較的安定している ・エネルギーあたり単価はガスよりも高い	・公共料金のため価格が比較的安定している	・景気，季節，需給バランスにより価格が変動することがある ・地区によって異なるが東京では都市ガスより高い	・国産の良質の木炭（備長炭など）は高価
利便性	・どこでも使える利便性がある	・貯蔵，運搬の場所や手間が不要	・ボンベ交換が必要	・持ち運びができる ・消火した炭は再利用できる ・空気を送り込むことで火力の調整ができる
クリーン性	・無公害	・煤がでず，燃えがらも残らない ・硫黄分がほとんどないので無公害である	左　同	・灰が残る

の熱量がある。ガスの種類によって，発熱量や燃焼性が異なるため，種類に合ったガス機器を使用する必要がある。

5-2 ▎電気

　燃焼のための排ガスが出ないのでクリーンであり，制御が簡単で温度調節をしやすい。日本では，100Vの電力供給が主流であったために火力が弱く，加熱速度が遅いという欠点があったが，現在では200Vの供給も増加し，200V対応の機器を使用すれば，ガスコンロと同程度の火力を得ることができる。

5-3 ▎木炭

　明治時代の一般家庭では薪と木炭が調理に利用されていたが，ガスや電気の普及により，現在では木炭は特殊な焼き物に限って使用されるようになっている。
　木炭には,「白炭」と「黒炭」の2種類がある。炭やきの工程の大筋は同じであるが，炭やきの最後の処理，火の消し方が異なり，まったく違う性質の木炭ができる。白炭は，ナラやカシを使用し，かたく，たたくと金属製の音がし，断面は銀灰色に光り，割れ目が少ない。ウバメガシを原木とする備長炭が有名である。黒炭は，マツ，クヌ

ギ，その他の雑木を使用し，真黒で炭化した樹皮がついており，断面に割れ目が多い。白炭のほうが黒炭よりも揮発分が少なく，炭素含有量が高い。

　炭火は炎をともなわない火で，燃焼して赤くなった炭の表面温度は500〜800℃であり，食品は主として炭の表面から放射される赤外線による放射伝熱で加熱される。白炭は黒炭よりも着火温度が高く，火付きは悪いが，燃焼は長時間持続する，つまり火持ちがよい[6]。うちわなどであおいで空気を送ることで，火の強さを変えることができるが，食品の状態に合わせて火力を調整するには熟練が必要である。

　炭火の赤外線の放射特性は，赤外線波長領域全般において放射率が高いことであり，食品表面に効率よく熱を伝えることができ，食品の表面温度の上昇が速く，焼き色がつきやすい。他の熱源との比較において，炭火焼きの特徴は焙焼香にあり，焼き色が同じであっても，炭火で焼いたもののほうが香りが好まれる傾向にあることが確認されており，炭火特有の燃焼ガスの組成[7] に起因するものであると考えられている[8]。

6）辰口直子ほか「炭焼き加熱特性の解析（第1報）：熱流束一定条件下での伝熱特性の比較」『日本家政学会誌』55(9)，2004，pp.707-714
7）一酸化炭素，二酸化炭素，水素の濃度が高く，酸素濃度が低い。
8）石黒初紀ほか「炭焼き加熱特性の解析（第2報）：炭焼き食品のにおいの検討」『日本家政学会誌』56(2)，2005，pp.95-103

索　　引

よくわかる調理学　　　　　　　　　　　定価はカバーに表示

2024 年 10 月 1 日　初版第 1 刷
2025 年 3 月 25 日　　　第 2 刷

編著者　松　本　美　鈴
　　　　平　尾　和　子
発行者　朝　倉　誠　造
発行所　株式会社　朝　倉　書　店

東京都新宿区新小川町6-29
郵 便 番 号　　162-8707
電　話　03（3260）0141
F A X　03（3260）0180
https://www.asakura.co.jp

〈検印省略〉

© 2024 〈無断複写・転載を禁ず〉　　デジタルパブリッシングサービス

ISBN 978-4-254-61117-5　C 3077　　　　Printed in Japan

コンパクト 食品学 ―総論・各論―

青木 正・齋藤 文也 (編著)

B5 判／ 244 ページ　ISBN：978-4-254-61057-4 C3077　定価 3,960 円（本体 3,600 円＋税）

管理栄養士国試ガイドラインおよび食品標準成分表の内容に準拠。食品学の総論と各論の重点をこれ一冊で解説。〔内容〕人間と食品／食品の分類／食品の成分／食品の物性／食品の官能検査／食品の機能性／食品材料と特性／食品表示基準／他

テキスト食物と栄養科学シリーズ 5 調理学 第 2 版

渕上 倫子 (編著)

B5 判／ 180 ページ　ISBN：978-4-254-61650-7 C3377　定価 3,080 円（本体 2,800 円＋税）

基礎を押さえてわかりやすいロングセラー教科書の最新改訂版。〔内容〕食事計画論／食物の嗜好性とその評価／加熱・非加熱調理操作と調理器具／食品の調理特性／成分抽出素材の調理特性／嗜好飲料／これからの調理，食生活の行方／他

スタンダード人間栄養学 食品の安全性 (第 2 版)

上田 成子 (編) ／桑原 祥浩・鎌田 洋一・澤井 淳・高鳥 浩介・高橋 淳子・高橋 正弘 (著)

B5 判／ 168 ページ　ISBN：978-4-254-61063-5 C3077　定価 2,640 円（本体 2,400 円＋税）

食品の安全性に関する最新の情報を記載し，図表を多用して解説。管理栄養士国家試験ガイドライン準拠〔内容〕食品衛生と法規／食中毒／食品による感染症・寄生虫症／食品の変質／食品中の汚染物質／食品添加物／食品衛生管理／資料

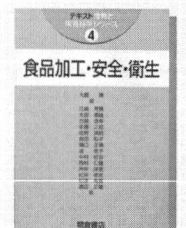

テキスト食物と栄養科学シリーズ 4 食品加工・安全・衛生

大鶴 勝 (編)

B5 判／ 176 ページ　ISBN：978-4-254-61644-6 C3377　定価 3,080 円（本体 2,800 円＋税）

〔内容〕食品の規格／食料生産と栄養／食品流通・保存と栄養／食品衛生行政と法規／食中毒／食品による感染症・寄生虫症／食品中の汚染物質／食品の変質／食品添加物／食品の器具と容器包装／食品衛生管理／新しい食品の安全性問題／他

生食のはなし ―リスクを知って、おいしく食べる―

川本 伸一 (編集代表) ／朝倉 宏・稲津 康弘・畑江 敬子・山﨑 浩司 (編)

A5 判／ 160 ページ　ISBN：978-4-254-43130-8 C3060　定価 2,970 円（本体 2,700 円＋税）

肉や魚などを加熱せずに食べる「生食」の文化や注意点をわかりやすく解説。調理現場や家庭で活用しやすいよう食材別に章立てし，実際の食中毒事例をまじえつつ危険性や対策を紹介。〔内容〕食文化の中の生食／肉類／魚介類／野菜・果実

災害食の事典

一般社団法人 日本災害食学会 (監修)

A5 判／ 312 ページ　ISBN：978-4-254-61066-6 C3577　定価 7,150 円（本体 6,500 円＋税）

災害に備えた食品の備蓄や利用，栄養等に関する知見を幅広い観点から解説。供給・支援体制の整備，事例に基づく効果的な品目選定，高齢者など要配慮者への対応など，国・自治体・個人の各主体が平時に確認しておきたいテーマを網羅。